U0541167

# 中国与拉丁美洲

## 跨越"中等收入陷阱"之路

CHINA AND LATIN AMERICA
Paths to
Overcoming the Middle-income Trap

复旦发展研究院 ◎ 编
Edited by　Fudan Development Institute

中国社会科学出版社

# 图书在版编目（CIP）数据

中国与拉丁美洲：跨越"中等收入陷阱"之路 / 复旦发展研究院编 . —北京：中国社会科学出版社，2020.8

ISBN 978 - 7 - 5203 - 5982 - 5

Ⅰ.①中⋯ Ⅱ.①复⋯ Ⅲ.①中国经济—经济发展—研究②经济发展—研究—拉丁美洲 Ⅳ.①F124②F173.04

中国版本图书馆 CIP 数据核字(2020)第 022830 号

| | | |
|---|---|---|
| 出 版 人 | 赵剑英 | |
| 责任编辑 | 李凯凯 | |
| 责任校对 | 季 静 | |
| 责任印制 | 王 超 | |

| | | |
|---|---|---|
| 出　　版 | 中国社会科学出版社 |
| 社　　址 | 北京鼓楼西大街甲 158 号 |
| 邮　　编 | 100720 |
| 网　　址 | http://www.csspw.cn |
| 发 行 部 | 010 - 84083685 |
| 门 市 部 | 010 - 84029450 |
| 经　　销 | 新华书店及其他书店 |
| 印　　刷 | 北京明恒达印务有限公司 |
| 装　　订 | 廊坊市广阳区广增装订厂 |
| 版　　次 | 2020 年 8 月第 1 版 |
| 印　　次 | 2020 年 8 月第 1 次印刷 |
| 开　　本 | 710×1000　1/16 |
| 印　　张 | 20 |
| 字　　数 | 252 千字 |
| 定　　价 | 99.00 元 |

凡购买中国社会科学出版社图书，如有质量问题请与本社营销中心联系调换
电话：010 - 84083683

**版权所有　侵权必究**

# 编 委 会

主　任：张　怡　米格尔·蒙托亚（Miguel A. Montoya）
　　　　毛里西奥·塞万提斯·塞佩达（Mauricio Cervantes Zepeda）
　　　　丹尼尔·莱穆斯·德尔加多（Daniel Lemus – Delgado）
　　　　钱斯蕴　黄　昊　刘斯媛　辛艳艳　杨　博

翻　译：邵　翔、钱斯蕴、沈婵婧等

策　划：复旦-拉美大学联盟（FLAUC）
　　　　复旦大学（中国）
　　　　蒙特雷科技大学（墨西哥）
　　　　布宜诺斯艾利斯大学（阿根廷）
　　　　拉普拉塔国立大学（阿根廷）
　　　　坎皮纳斯州立大学（巴西）
　　　　圣保罗大学（巴西）
　　　　智利天主教大学（智利）
　　　　智利大学（智利）
　　　　安第斯大学（哥伦比亚）
　　　　罗萨里奥大学（哥伦比亚）
　　　　墨西哥国立自治大学（墨西哥）
　　　　艾森大学（秘鲁）
　　　　圣马尔科斯国立大学（秘鲁）

# 前　言
## 中等收入陷阱：多重视角下的谜题

"中等收入陷阱"（Middle-Income-Trap，MIT）是一个用于讨论发展中经济体增长放缓现象的概念。[①] 不过，这个概念通常指的是"一度经历高速增长而步入中等收入国家行列，却没法一跃成为发达的高收入国家，收入水平一度陷于中游"的国家。[②]

吉尔和卡拉斯首次定义了"中等收入陷阱"的概念。[③] 实际上，通过对东亚经济发展状况的分析，吉尔和卡拉斯提出了这样的概念：中等收入国家正被贫困国家和富裕国家两面夹攻——前者依赖低工资带来的竞争优势占领了成熟产业，后者则凭借雄厚的资金与创新能力主宰着那些正经历急剧技术变革的领域。从这个意义上说，他们认为东亚的中等收入国家可能会经历三个层次的转变："第一，随着各国专业化分工日趋加深，生产和就业的多样化趋势将放缓，然后调头向单一格局发

---

[①] Pruchnik, K. and Zowczak, J., Middle-Income Trap: Review of the Conceptual Framework, Tokyo: Asian Development Bank Institute, 2017.

[②] Richard, F., Doner, R. and Schneider, B. S., The Middle Income Trap: More Politics than Economics, *World Politics*, 2016, 68(4), pp. 608–644.

[③] Gill, I. and Kharas, H., *An East Asian Renaissance, Ideas for Economic Growth*, Washington D. C.: World Bank, 2007.

展；第二，投资在驱动经济发展中的地位下降，而创新则加快步伐；第三，教育系统的功能将会改变，它赋予劳动者的不再是被动地适应当下科技的能力，而是主动创造新产品、开发新工艺的能力"。① 在那些采取了成功的策略从而超越中等收入水平的国家，人们都能看到这样的转变。

普鲁赫尼克和佐克扎克对中等收入陷阱提出了三种定义。第一种定义采用描述性而非实证性的语言阐述了这一概念的内涵。② 概括来说，当一个国家不再能够凭借传统的增长引擎，尤其是低工资水平来维持企业的集聚时，它就陷入了中等收入陷阱。一方面，由于缺乏创新能力，这个国家无法与不具有价格竞争力但具有质量竞争力的发达国家竞争；另一方面，这个国家也无法与工资更低的低收入国家竞争。结果它只好卡在中间，所以才陷入中等收入陷阱。第二种定义为"中等收入陷阱"设置了一个固定的门槛。例如，斯宾塞提出的标准为人均收入（GDP per capita，PPP）在 5000 美元至 10000 美元，③ 因为他认为，在这一发展阶段，向更高收入水平的转变开始变得困难了。第三种定义则围绕着增长放缓的概念展开。艾肯格林、朴东勋和申冠浩研究了在过去的半个世纪中几年内平均 GDP 增速至少达到 3.5% 的中等收入国家。④ 从这一研究来看，中等收入陷阱是指七年平均增长至少两个百分点的国家所遭遇的突然的经济放缓。正如胡永泰所断言的那样："考虑到最富裕国家的收入在

---

① Gill, I. and Kharas, H., *An East Asian Renaissance. Ideas for Economic Growth*, Washington D. C.: World Bank, 2007.

② Pruchnik, K. and Zowczak, J., Middle-Income Trap: Review of the Conceptual Framework, Tokyo: Asian Development Bank Institute, 2017.

③ Spence, M., *The Next Convergence. The Future of Economic Growth in a Multispeed World*, New York: Farrar, Straus and Giroux, 2011.

④ Eichengreen, B., Park, D. and Shin, K., *Growth Slowdowns Redux: New Evidence on the Middle-income Trap*, Cambridge, MA: National Bureau of Economic Research, 2013.

过去两百年里始终稳步上升,当经济学家要确定将一个国家分为高收入、中等收入和低收入的分析指标时,最重要的一点是:这些分析指标必须具有内在的动态性。鉴于全球收入水平(人均产出)的上界仍在攀升……分类的界限不应该以绝对收入水平为基础"。[1]

在界定了中等收入陷阱是什么之后,更重要的是为国家找到摆脱这一陷阱的途径。学术文献提出了许多影响一个国家能否脱离中等收入陷阱的因素。艾肯格林、朴东勋和申冠浩提出,中等收入国家发展停滞的主要原因是生产率增长放缓。因此,这些国家的政府需要想办法促进生产率的提升。阿格诺尔和卡努托强调金融和产品创新对于国家摆脱中等收入陷阱的重要意义。[2] 而江川晓夫认为,一个国家收入越不平等,它陷入中等收入陷阱的可能性就越高。[3] 扬科斯卡、纳根加斯特和拉蒙则指出,缺乏适应快速城市化的能力可能会增加一个国家陷入中等收入陷阱的概率。[4]

其他类似的文献则没有提出任何决定性因素,因为它们认为是多重条件共同造成了这一问题。除了上述几点外,还可以确定的影响因素有:经济不够多样化、人力资本和实物资本不

---

[1] Woo, W. T., The Major Types of Middle-income Trap That Threaten China, In W. R. Woo, M. Lu and J. D. Sachs (Eds.), *A New Economic Growth Engine for China: Escaping the Middle-income Trap by Not Doing More of the Same*, 2014, pp. 3 – 39, Singapore: World Scientific.

[2] Agénor, P. R. and Canuto O., *Middle-Income Growth Traps*, Washington D. C.: The World Bank Group, 2012.

[3] Egawa, A., Will Income Inequality Cause a Middle-income Trap in Asia?, Bruegel Working Paper, 2013, http://bruegel.org/wp-content/uploads/imported/publications/WP_2013_06.pdf.

[4] Jankowska, A., Nagengast, A. and Ramon, J., *The Product Space and the Middle-income Trap: Comparing Asian and Latin American Experiences*, Paris: OECD, 2012.

足、法律和体制框架薄弱、各部门发展之间关联度不够、出口产品种类单一、增加值低。① 艾亚尔等人认为有必要从多角度解决中等收入陷阱的难题。他们的研究涵盖了制度、交通、通信基础设施、区域一体化、人口结构、宏观经济环境、经济结构、法律体系和产权保护质量差、公共部门过度扩张、高科技产品出口少乃至人口老龄化趋势等一系列问题。② 最后，普鲁赫尼克和佐克扎克指出了一个国家会落入中等收入陷阱的七个原因，它们分别是人口结构老龄化、经济多样化程度低、金融市场效率低下、先进基础设施不足、创新水平低、制度薄弱与劳动力市场效率低下。③

事实上，上述因素都与国家竞争力之间存在着密切的关系。因此，对国家的全球竞争力及其能否摆脱中等收入陷阱的关系进行考察是合乎逻辑的。拉丁美洲和加勒比国家（Latin American and the Caribbean countries，LACs）的状况明显说明具有更强竞争力的国家同时也是发展得更好的国家。

表1显示了世界银行提供的拉美国家的全球竞争力指数（2017—2018年），其中我们可以看到，大多数拉丁美洲国家都排名50位以下，竞争力较低，故而（在理论上）属于难以规避中等收入陷阱的国家。

---

① Felipe, J., Kumar, U. and Galope R., *Middle-income Transitions: Trap or Myth?*, Tokyo: Asian Development Bank, 2014.

② Ayiar, S., Duval, R., Puy, D., Wu, Y. and Zhang, L., *Growth Slowdowns and the Middle Income Trap*, Washington, DC: International Monetary Fund, 2013.

③ Pruchnik, K. and Zowczak, J., Middle-Income Trap: Review of the Conceptual Framework, Tokyo: Asian Development Bank Institute, 2017, Agénor, P. R.

表1 2017—2018年拉美国家全球竞争力指数

| 国家 | 全球排名 |
| --- | --- |
| 智利 | 33 |
| 哥斯达黎加 | 47 |
| 巴拿马 | 50 |
| 墨西哥 | 51 |
| 哥伦比亚 | 66 |
| 牙买加 | 70 |
| 秘鲁 | 72 |
| 乌拉圭 | 76 |
| 巴西 | 80 |
| 危地马拉 | 84 |
| 阿根廷 | 92 |
| 尼加拉瓜 | 93 |
| 洪都拉斯 | 96 |
| 厄瓜多尔 | 97 |
| 多米尼加共和国 | 104 |
| 萨尔瓦多 | 109 |
| 巴拉圭 | 112 |
| 委内瑞拉 | 127 |
| 海地 | 128 |

资料来源：2017—2018年全球竞争力报告。[①]

另外，金斯伯格[②]提出了看待中等收入陷阱的又一不同视角。在他看来，"中等收入国家面临着一系列挑战，而这些挑战

---

[①] World Economic Forum, The Global Competitiveness Report 2017 – 2018, 2018, http://www3.weforum.org/docs/GCR2017 – 2018/05FullRe-port/The-GlobalCompetitivenessReport2017％E2％80％932018. pdf.

[②] Ginsburg, T., Law and Development of Middle-Income Countries: Avoiding the Middle-Income Trap, In T. Ginsburg and R. Peerenboom, *Law and Development of Middleincome Countries: Avoiding the Middle-income Trap 2014*, New York: Cambridge University Press, pp. 246 – 269.

最终是政治的挑战，而不是技术或纯乎经济的。其中，基本的问题是路径依赖。适合发展早期阶段的制度可能并不适用于后期。但现实是，一旦国家发展到中等收入阶段，政府很可能会坚持采取曾经有利的策略和制度。毕竟，早期的经济增长巩固了政权的合法性，并且能够在特定的制度框架中产生越来越多的政治回报。中等收入国家的政治领导层面临的挑战是如何在正确的时间改革增长的政治和制度基础，以避免经济学家称为'局部最大值'的困局。"[1] 根据这个想法，多纳和施耐德声称，大多数对中等收入陷阱的研究都指出了制定必要政策所需的一些最起码的政治条件。这些条件包括政治决心、政治领袖的长远视野、广泛的社会共识、商界与政府的合作以及某种意义上的包容性政治。[2]

尽管学界致力于寻找中等收入陷阱的精准定义以及走出陷阱的方法，中等收入国家（Middle Income Countries，MICs）的现实仍旧令人不知所措。这些国家各有特点，境况各异。全球中等收入国家的标准是人均国民总收入在1026美元至12475美元之间（2011年）。因此，这些国家在规模、人口和收入水平上是一个多元化的群体。表2显示了与发达国家相比，拉美地区最重要国家人均GDP的变化。这一证据向我们展示了两个重要的事实。一是，在过去的二十年中，人均国内生产总值的增长不足以使该地区大多数人过上更好的生活。二是，在现有收入水平以及陷入中等收入陷阱的可能性方面，拉美国家内部存在巨大差异。

---

[1] Ginsburg, T., Law and Development of Middle-Income Countries: Avoiding the Middle-Income Trap, In T. Ginsburg and R. Peerenboom, *Law and Development of Middleincome Countries: Avoiding the Middle-income Trap 2014*, New York: Cambridge University Press, p. 21.

[2] Richard, F., Doner, R. and Schneider, B.S., The Middle Income Trap: More Politics than Economics, *World Politics*, 2016, 68(4), pp. 608–644.

表2　　　　　　　人均GDP（按现行美元计算）

| 国家和地区 | 1996 | 2006 | 2016 | 在2016年是否为中等收入国家 |
|---|---|---|---|---|
| 拉丁美洲和加勒比国家 ||||| 
| 阿根廷 | 7684 | 5879 | 12440 | 是 |
| 巴巴多斯 | 9069 | 15440 | 15892 | |
| 玻利维亚 | 959 | 1234 | 3105 | 是 |
| 巴西 | 5157 | 5860 | 8650 | 是 |
| 智利 | 5383 | 9485 | 13793 | |
| 哥伦比亚 | 2554 | 3709 | 5806 | 是 |
| 哥斯达黎加 | 3230 | 5245 | 11825 | 是 |
| 多米尼加共和国 | 2258 | 3837 | 6722 | 是 |
| 厄瓜多尔 | 2159 | 3351 | 6019 | 是 |
| 萨尔瓦多 | 1819 | 3063 | 4224 | 是 |
| 危地马拉 | 1472 | 2257 | 4147 | 是 |
| 海地 | 365 | 506 | 740 | |
| 洪都拉斯 | 688 | 1438 | 2361 | 是 |
| 墨西哥 | 4153 | 8768 | 8209 | 是 |
| 尼加拉瓜 | 917 | 1241 | 2151 | 是 |
| 巴拿马 | 3530 | 5349 | 13680 | 是 |
| 巴拉圭 | 2010 | 1810 | 4078 | 是 |
| 秘鲁 | 2261 | 3172 | 6049 | 是 |
| 乌拉圭 | 6316 | 5878 | 15221 | |
| 委内瑞拉 | 3014 | 6736 | — | 是 |
| 牙买加 | 2539 | 4313 | 4879 | 是 |
| 拉丁美洲和加勒比地区合计 | 4172 | 5877 | 8311 | |
| 部分亚洲国家和地区 ||||| 
| 中国 | 709 | 2099 | 8123 | 是 |
| 中国香港 | 24818 | 28224 | 43681 | |
| 大韩民国 | 13138 | 20888 | 27539 | |
| 新加坡 | 26263 | 33580 | 52963 | |

续表

| 国家和地区 | 1996 | 2006 | 2016 | 在2016年是否为中等收入国家 |
|---|---|---|---|---|
| 部分西方国家 ||||||
| 美国 | 30068 | 46437 | 57638 |  |
| 西班牙 | 16069 | 28483 | 26640 |  |
| 爱尔兰 | 20861 | 54307 | 63862 |  |
| 德国 | 30564 | 36448 | 42070 |  |
| 葡萄牙 | 12185 | 19821 | 19840 |  |
| OECD成员国 | 22818 | 32592 | 36864 |  |

\* 中等收入国家（Middle Income Countries，MIC）的分类依据世界银行标准

资料来源：世界银行，① 世界发展指数。②

中国和拉丁美洲国家（Latin America Countries，LAC）都对中等收入陷阱的挑战进行了分析。具体而言，根据胡永泰的研究，在中国，有三类问题可能导致国家陷入中等收入陷阱。③ 他称这些问题为硬件故障、软件故障和电源故障。第一种情况包括整个经济机制的崩溃。例如一场信贷紧缩引起的银行危机可能导致经济彻底陷入混乱，又比如一场预算危机会使得重要基础设施投入和社会性支出减少，产生高通胀，带来国际收支的困难。第二种情况是指治理缺陷造成的普遍而广泛的社会失调，这将扰乱

---

① World Bank, World Bank list of economies (September), 2016, https://datahelpdesk.worldbank.org/knowledgebase/articles/906519 - world-bank-country-and-lending-groups; World Bank. (n/d), The World Bank in Middle Income Countries: Overview, http://www.worldbank.org/en/country/mic/overview.

② World Bank, World Development Indicators 2017, https://openknowledge.worldbank.org/handle/10986/26447.

③ Woo, W. T., The Major Types of Middle-income Trap That Threaten China, In W. R. Woo, M. Lu and J. D. Sachs (Eds.), *A New Economic Growth Engine for China: Escaping the Middle-income Trap by Not Doing More of the Same*, 2014, pp. 3 - 39, Singapore: World Scientific.

整个经济体的生产并阻碍私人投资。最后，电源故障指的是经济由于遇到自然限制或外部限制而无法继续增长，例如环境的崩溃。

世界银行与国务院发展研究中心合作提出了一种互补的方法。世界银行报告提出中国有可能陷入中等收入陷阱。为了规避陷阱，中国需要探索鼓励发展的新途径。这些途径包括"提高投入使用效率、提高人力资本投资、加大创新力度、转向高价值服务"。[①] 因此，该提案为中国的未来确立了一些战略方向。首先是完成向市场经济的转型，加快开放式创新的步伐。其次是将环境压力转化为绿色生产的动力以促进经济发展、拓展机遇、扩大保健、教育等公共服务，为所有人提供就业机会。最后是发展现代化，强化国内财政体系，通过将中国的结构性改革与不断变化的国际经济联系起来，寻求与世界的互利关系。[②]

谈到拉美国家的中等收入，卡拉斯和科利提出，这些国家已经经历了几个增长周期，这些周期从信贷扩张带来的商品经济繁荣开始，然后进入危机，危机后再次复苏。[③] "这种走走停停的经济周期阻碍了拉美国家成为发达经济体，尽管它们已经享受了几次快速的增长。"卡拉斯和科利认为，拉美国家的情况显然与东亚地区的成功国家和地区形成了鲜明对比，特别是日本、中国香港、中国台湾、新加坡和韩国，这些国家和地区已经维持了50年的高速增长。

虽然没有一步登天的方法，但要战胜中等收入陷阱，多学科的

---

① World Bank, China 2030: Building a Modern, Harmonious, and Creative High-Income Society, 2012, http://documents.worldbank.org/curated/en/781101468239669951/pdf/762990PUB0china0Box374372B00PUBLIC0.pdf.

② Ibid..

③ Kharas, H. and Kohli, H., What Is the Middle Income Trap, Why do Countries Fall into It, and How Can It Be Avoided?, *Global Journal of Emerging Market Economies*, 2011, 3 (3), pp. 281-289.

视野是不可或缺的。我们必须从经济、政治乃至社会等多方面考虑这一问题。从这一意义上讲，无论是公共部门还是私人部门都能为一个国家的发展做出贡献，并由此找到帮助其实现高收入的途径。所以，我们有必要从不同角度观察这一复杂现实的不同特性。

本书从多学科角度分析了中国及拉美国家避免和走出中等收入陷阱的经验。在这本书中，你能看到不同作者从不同且互补的角度对这一问题进行反思，或呼吁打击收入不平等，或提倡贸易协定，或鼓励发展融资，或强调跨国公司的作用。他们将中国同拉美地区的情况进行分析比较，旨在加强对这一问题的认识。

在第一章中，科尔特斯（Cortés）讨论了一个地区在向消费型经济转型的过程中，应如何借鉴中国经济新常态下的发展战略以实现生产力和竞争力的长期增长，最终避免中等收入陷阱。在第二章中，费尔德曼（Feldmann）强调了大公司在技术创新中的重要地位。他认为，克服中等收入陷阱是一个国家成为技术创新大国的必要条件，而实现前者的最佳途径就是培育大规模的本国企业。因此，拉美国家需要想办法建立一批大型的跨国公司，从而跻身那些不愿向别国开放的发达国家集团。

接下来，博尔克斯（Borquez）从智利入手，研究该国与美国、中国分别签署的贸易协定。他指出，这两份协定实际上签署于同一时期，并且都制定了商品、服务、投资跨国流动的放行程序。然而作者发现，它们各自补充协议的后续进展存在差异。一方面，美国—智利自由贸易协定未发生重大变化。另一方面，中国—智利自由贸易协定则逐步融入了新的条款，转变为更复杂的法律文件，将重点放在两国互利互补的部门，强调发展金融、技术和科研合作。在这样的背景下，中国—智利自由贸易协定成为经济合作之外的另一种选择，并能够帮助智利这样的小经济体走上发展之路。

在后一章中，比内蒂（Binetti）指出，中国自21世纪初以来已成为南方共同市场（the Common Market of the South 或 Mercosur）国家的主要经济伙伴。他分析了南方共同市场与中国关系的演变，并且把重点放在南方共同市场成员（巴西、阿根廷、乌拉圭和巴拉圭）的发展上。顺着这一思路，比内蒂强调南方共同市场作为一个整合机制的优势和缺陷，并提出各成员国可以对该组织进行改革，从而加深一体化，建立共同的对华政策，进而利用现有机会打破中等收入陷阱。

周华、巴尔德雷和蒙托亚（Zhou，Valderrey 和 Montoya）则分析了墨西哥和中国开放双边贸易合作后可能出现的情形。他们首先考察了两国之间的商业友好关系，然后从福利角度揭示了墨西哥与中国达成合作将带来的潜在好处。他们的研究说明了利用贸易来提高社会福利的好处和局限性。

与之相辅相成的是塞万提斯和哈特曼（Cervantes 和 Hartmann）的研究。他们聚焦墨西哥跨国公司在中国的活动，考察它们是如何从一个新兴经济体扩张到另一个无论是地理还是文化上都相去甚远的国家。这一章指出，中等收入陷阱不仅是政府的问题，也是私人部门的问题。同样，雷加拉多—佩苏、萨帕塔和蒙托亚（Regalado-Pezúa，Zapata 和 Montoya）阐释了中国针对拉美市场的品牌建设及国际化战略。以上两章都为国家利用商业环境走出中等收入陷阱提供了经验。

冈萨雷斯和莱穆斯（González 和 Lemus）则观察到，拉美国家在制造业出口方面正失去竞争力。而与此同时，它们在高技能创新方面也无力与更繁荣的经济体竞争。所以，这些国家就"卡在"中等收入陷阱里了。由此，他们将中国的创新城市模式作为摆脱中等收入陷阱的一条可能途径，并对其进行了阐释。

接下来，埃尔南德斯（Hernández）分析了中国的国际合作，考察近年来中国是如何大大拓展其国际合作援助、外国直接投资和贸易的，特别是在亚洲、非洲和拉丁美洲地区。他证实，拉美已经成为中国国际合作的战略目的地。从他的角度来看，尽管中国提出合作不免是出于地缘经济利益的考量，但合作包含的商业目标以及外国直接投资确实能够帮助拉美国家摆脱中等收入陷阱。莱穆斯和塞尔达（Lemus 和 Cerda）则从相反的角度解读中国对拉美国家的发展筹资。他们探讨了拉美国家的融资发展新主体是如何产生的，具体而言，他们研究了中国模式在拉美的运作情况，并分析这种模式能否帮助拉美国家摆脱中等收入陷阱。他们阐释了中国机构为支持经济发展对拉美进行资助这一经济背景，进而讨论了2006年至2016年中国对拉美财政援助的特点和范围。最后，他们总结了西方学者的观点，指出新兴的模式既意味着风险，又能带来新的机遇。

最后两章是关于巴西与中国。正如哈泽、张、维尔纳和胡恩奎拉（Hase，Tjong，Werner 和 Junqueira）所阐述的，作为新兴国家的中国和巴西正面临着许多挑战和发展机遇。但是，尽管它们在地域和收入水平方面有相似之处，我们仍有必要考虑两国的具体情况，采取措施满足它们各自可持续发展的需要。具体而言，作者认为巴西是一个典型的陷入中等收入陷阱的国家。它在全球价值链中的低地位及其极端的收入不平等不仅对经济增长产生负面影响，还对可持续发展构成严重威胁。而经历了几十年的生活水平上升和财富创造之后，中国也不得不应对日益严重的不平等问题。最近，巴西和中国都试图通过投资本国消费来阻止拉动经济增速。在此语境下，作者对两国政府为刺激消费采取的政策以及这些政策对经济增长、收入分配产生的效应进行了比较分析。

最后，巴比里、费雷拉和巴比（Barbieri，Ferreira 和 Barbi）把全球气候变化和经济发展结合起来分析。他们提出，环境治理必须是多层次的（地方、国家和全球）、多方参与的、以推动负责任的环境发展为目标的。从这个意义上说，巴西和中国这两个温室气体排放大国在制定和实施关于适应、缓解全球气候变化的公共政策方面发挥着根本性作用，它们在这一问题上的作为能够为本国可持续的未来做出贡献，因为避免或克服中等收入陷阱同样需要全球性、可持续的视野。

丹尼尔·莱穆斯·德尔加多（Daniel Lemus – Delgado）

米格尔·蒙托亚（Miguel A. Montoya B.）

毛里西奥·塞万提斯·塞佩达（Mauricio Cervantes – Zepeda）

# 目  录

**第一章 中国经济新常态下拉美摆脱中等收入陷阱的政策优先**
　　……………………西尔维娅·科尔特斯(Silvia Cortés C.)（1）
　一　中国经济发展新常态及其对拉美的影响 ……………（4）
　二　创新是摆脱中等收入陷阱的出路 ……………………（8）
　三　重建中拉经济伙伴关系 ………………………………（14）
　四　结论 ……………………………………………………（17）

**第二章 溯因拉丁美洲中等收入陷阱**
　　——本土化大型公司的缺失
　　………………………………保罗·罗伯特·费尔德曼
　　　　　　　　　　　　（Paulo Roberto Feldmann）（20）
　一　主要假设 ………………………………………………（20）
　二　来自中国的案例 ………………………………………（21）
　三　文献综述 ………………………………………………（22）
　四　拉丁美洲的技术落后 …………………………………（25）
　五　方法论 …………………………………………………（32）
　六　最后的考量因素 ………………………………………（34）

**第三章 作为广泛多层次合作机制的自由贸易协定：中国与不断深化的中智关系**
　　………………安德烈斯·博尔克斯(Andres Borquez)（37）
　一　贸易协定的政治经济学和国际影响力分析 …………（39）

二　比较分析……………………………………………（46）
三　讨论………………………………………………（56）
四　结论………………………………………………（60）

**第四章　南方共同市场和中国：伙伴关系、挑战和机遇**
　　　　………………………布鲁诺·比内蒂（Bruno Binetti）（63）
一　南方共同市场简史…………………………………（64）
二　南方共同市场、中国与中等收入陷阱……………（66）
三　中国和南方共同市场的政治经济关系……………（74）
四　南方共同市场—中国间新的关系的形成…………（81）
五　结论………………………………………………（85）

**第五章　中国—墨西哥FTA：破除贸易壁垒以跨越中等收入陷阱**……………………………周华
　　　　弗朗西斯科·巴尔德（Francisco J. Valderrey）
　　　　米格尔·蒙托亚（Miguel A. Montoya）（87）
一　受跨太平洋伙伴关系协定（TPP）的不利影响……（88）
二　模型与数据………………………………………（95）
三　中等收入陷阱的出路何在？……………………（106）
四　结论………………………………………………（109）

**第六章　在中国的墨西哥跨国公司**
　　　　………………………毛里西奥·塞万提斯·塞佩达
　　　　　　　　　　　　　（Mauricio Cervantes Zepeda）
　　　　安德烈亚斯·哈特曼（Andreas M. Hartmann）（112）
一　跨国公司的国际化模型…………………………（113）
二　墨西哥跨国公司案例……………………………（117）
三　探讨与结论………………………………………（133）

## 第七章　中国在拉美市场的品牌建设与国际化战略

…奥托·雷加拉多·佩萨(Otto Regalado Pezúa)

加布里埃尔·萨帕塔(Gabriel A. Zapata)

米格尔·蒙托亚(Miguel A. Montoya B.)(138)

一　拉丁美洲对中国品牌的认识 ……………………(141)

二　品牌建设战略还是品牌国际化战略? …………(143)

三　结论 ……………………………………………(155)

## 第八章　逃离中等收入陷阱的一条路径

——中国创意城市模式

…胡安冈·冈萨雷斯·加西亚(Juan González García)

丹尼尔·莱穆斯·德尔加多(Daniel Lemus Delgado)(160)

一　创意经济与创意城市 ……………………………(164)

二　创意经济——驱动经济发展的齿轮 ……………(170)

三　中国的创意经济与创意城市 ……………………(173)

四　结论 ……………………………………………(182)

## 第九章　中国的国际发展合作

——能否成为拉美国家摆脱中等收入陷阱的坦途?

………………………罗伯托·埃尔南德斯

(Roberto Hernández Hernández)(184)

一　国际发展合作的一些基本概念(ICD) …………(185)

二　中国的国际发展合作 ……………………………(188)

三　中国与拉丁美洲的合作 …………………………(198)

四　结论 ……………………………………………(203)

## 第十章　中国给予拉美的发展资金：摆脱中等收入陷阱的地缘政治途径与新契机

············ 丹尼尔·莱穆斯·德尔加多

(Daniel Lemus Delgado)

卡洛斯·塞尔达·埃纳斯(Carlos Cerda Dueñas) (205)

一　中国在融资援助概念化中的地位 ·················· (208)
二　中国在发展筹资中扮演的角色 ····················· (212)
三　中国对拉美发展的资助 ···························· (217)
四　结论 ············································ (222)

## 第十一章　中国和巴西：从中等收入陷阱到可持续发展的转变？从社会学的视角看消费、不平等与中等收入陷阱

···玛丽安娜·哈泽·尤塔 (Mariana Hase Ueta)

埃里克·张(Erick Tjong)

尼可拉斯·维尔纳·魏因斯(Niklas Werner Weins) (225)

一　不平等与中等收入陷阱 ···························· (228)
二　中国和巴西的不平等问题 ·························· (230)
三　中国和巴西消费领域的公共政策 ··················· (245)
四　结论 ············································ (254)

## 第十二章　中国和巴西的气候变化：影响、政治反应和挑战

············ 玛丽安娜·德尔加多·巴比里

(Mariana Delgado Barbieri)

莱拉·达科斯塔·费雷拉(Leila da Costa Ferreira)

法比亚·娜巴比(Fabiana Barbi) (258)

一　中国与巴西的温室气体排放 ······················· (260)

二　中国与巴西的温室气体排放造成的经济和
　　　社会影响 …………………………………………（266）
　三　中国和巴西的气候变化政策 ………………………（270）
　四　结论:气候变化的挑战 ……………………………（277）

# 结　语 …………………………………………………（281）

# 作者介绍 ………………………………………………（289）

# 复旦发展研究院 ………………………………………（295）

# Fudan Development Institute ………………………………（297）

# 第一章　中国经济新常态下拉美摆脱中等收入陷阱的政策优先

世界大多数国家在实现和维持可持续和包容性增长的过程中都遇到了同一个拦路虎，那就是经济脆弱性和潜在的结构性缺陷。一些国家可能会在一段时间内实现经济的迅速增长，而在这之后经济内部融资及增长就开始放缓了，造成这种情况的原因包括商品价格的上涨或外国直接投资（FDI）的减少。这两个原因解释了一些拉美国家在2003—2013年与中国经济实现共同繁荣时的经济增长特点。在中国对拉美商品的消费作用下，这些产品更加稀缺了，全球市场价格都出现了上涨，该地区的商品贸易开始繁荣发展，同时它也被视为一个使贸易关系多样化并摆脱长期对美国依赖的机会。拉美地区的贸易量很大，中国在拉美地区产品部门的直接投资水平也非常高。

到了2014年，中国经济发展进入新常态，随着中国对原材料需求的增长放缓，一系列关键商品的价格开始下滑，而以石油和铁矿石为代表的产品的供给还在增加。全球多个产品市场上的产量过剩和需求放缓加剧了市场弱势趋势，这就导致了产品价格的下跌。这种增长减缓对商品密集型出口国的商品和投资都造成了冲击，而拉丁美洲地区存在大量的商品密集型出口国。随之而来的价格下跌也打击了对制造品的需求，这也就进一步降低了局域内大部分地区的出口价值。进出口交换比率的负面冲击带来了巨大的贸易逆差，也导致政府账户和政府预算出现赤字。① 来自中国的收入暴利所掀起的拉美热潮是始料未及的，也是前所未有的。不管怎样，尽管得到了来自中国的暴利，该地区的经济和社会表现依旧疲软，而原因就在于该地区缺乏能够提升经济发展生产能力的资本投资，同时税收和版税方面也有所不足。②

换句话说，中国带来的商品繁荣降低了拉美地区在竞争力差距方面需要尽快取得进展的必要性。来自中国的大量直接投资的流入、高于100美元的油价以及由此带来的出口和政府收入增加都让拉美地区提高自身竞争力的议程变得不那么紧急，而这些议程本是能够促进新的部门和创新进程出现的。按照珀斯所说，中等收入陷阱是指在工资变得过高之后，一个中等收入国家就没有办法在标准化的劳动密集型商品生产中进行国际竞争，而它也不能参与更高附加值的生产活动由于缺乏竞争力。在拉丁美洲只有智利和乌拉圭被列为高收入国家，但我们仍要指出，尽管分类如此，但它们也面临着与其他拉美的中等收入国家相同的问题。③

只有经济活动的主要内容从产品生产转变为更加复杂且增值更多的生产过程之后，经济增长才会在中等收入国家中实现。

---

① Gómez, D., How Can Latin America Escape Its Middle-income Trap?, World Economic Forum, 2016, https://www.weforum.org/agenda/2016/09/how-can-latin-america-escape-its-middle-income-trap/.

② Gallagher, K., *The China Triangle: Latin America's China Boom and the Fate of the Washington Consensus*, New York: Oxford University Press, 2016.

③ Paus, E., Escaping the Middle Income Trap: Innovate or Perish, ADBI Working Paper 685, Tokyo: Asian Development Bank Institute, 2017, https://www.adb.org/publications/escaping-middle-income-trap-innovate-or-perish.

# 第一章　中国经济新常态下拉美摆脱中等收入陷阱的政策优先

这种生产性的转变是由中等收入水平转向高收入水平的核心内容。[1] 一国在创新压力越来越大的同时其生产和创新的国际竞争力却发展缓慢，这种情景就是中等收入陷阱的核心内容。因此，拉美国家现在应该自主进行更多的有关创新和知识密集型产品的生产，以便实现产业转型，同时还要将工人从制造业生产活动中转到服务业和其他增值产业中去，只有这样它们才能摆脱这一"陷阱"。

只有努力推进以创新能力为基础的增长战略，拉美国家才能确保其国际竞争力并找到摆脱中等收入陷阱的出路。本章内容主要以阿基诺和卡努托提出的"隔代观点"（the Overlapping Generations Perspective Model）为前提进行讨论，这一模型主要关注了人力资本的积累和先进基础设施的获取等方面的内容。[2] 鉴于限制中等收入国家经济增长的主要障碍是教育、技术技能和创新，这一方法将主要被用来确认拉美国家目前所处的阶段，以及为避免随着中国商品繁荣而带来的一系列问题，它们应该在政策和制度方面有所调整。

另外，拉美国家需要确定与中国和区域内的经济伙伴关系在哪些领域中还可以被重塑，因为拉美国家现阶段需要接受中国需求减少的事实，并且现在世界经济已经从出口导向型经济转型成了消费型经济。中国不仅为该地区提供了贸易和投资机会，还为拉丁美洲提供了诸如创新能力和人力资本开发等方面的援助，而这正是拉美国家最需要的。但该地区首先要做的是实施适当的政策改革，通过这种方式来推进创新和科研进程，

---

[1] Paus, E., Latin America and the Middle Income Trap, ECLAC-Financing for Development Series 250, Santiago: United Nations, 2014, http://repositorio. cepal. org/bitstream/handle11362/36816/S2014300 _ es. pdf? sequence = 1&isAllowed = y.

[2] Agénor, P. R., and Canuto, O., *Middle-Income Growth Traps*, Washington D. C.: The World Bank Group, 2012.

只有这样，中国经济繁荣所带来的利润中蕴含的机会才不会被浪费掉。

本章首先概述了中国经济发展新常态的情况及其对于拉美经济和中等收入地位的影响。接下来我们对"隔代观点"进行了概述，并以此来确定拉美国家需要关注的创新和人力资本积累方面的政策调整，这些政策调整可以保证拉美国家的高增长率并创造出新的竞争力，从而使拉美国家摆脱中等收入的标签。最后我们阐述了在产品繁荣阶段之后能够提高中国和拉美之间经济关系的机会。

## 一 中国经济发展新常态及其对拉美的影响

根据依赖理论，拉美依靠出口作为其比较优势的历史可以追溯到殖民时代，与此同时，殖民国也在对拉美的自然资源进行着开发。为了防止国际市场弹性造成自身经济过于脆弱，同时也是为了尊重自己的主权，拉美国家在20世纪50年代开始实行基于经济民族主义的战略，这一战略强调如进口替代工业化模式等形式的国内对于经济的控制。然而，这些战略使得该地区无论是从发展水平还是从经济繁荣的角度来讲都进一步落后于日本、韩国和新加坡等许多其他国家。[①] 尽管在20世纪70年代这一地区的经济经历了短暂的提升，但到了80年代，大规模的债务负担和经济危机出现了，在这之后，出口导向的工业化模式就成为了华

---

① Watson, C., Concentrated Interests: China's Involvement with Latin American Economies, In J. deLisle, and A. Goldstein (Eds.), *China's Global Engagement: Cooperation, Competition and Influence in the 21st Century*, Washington, D. C.: Brookings Institution Press, 2017, pp. 123 – 154.

盛顿全球经济发展框架下"盛行正统"的共识。① 这种新自由主义模式代表了一种新的发展模式，它也因此备受赞誉。正如格里菲所说，这种模式将使发展中国家有机会从规模经济中受益，并从与较大的贸易伙伴的出口中获取更多经验。② 尽管如此，直到冷战结束时，由于拉丁美洲国家仍依赖于自然资源和原材料出口贸易，它们还在一系列的经济问题中挣扎。

直到21世纪初，这一地区的经济才开始迎头赶上，同时通过进行着的外商投资和自由贸易，它们正逐渐走向成功。尽管美国在拉美地区长期以来一直占据主导地位，但在2001年"9·11"事件之后，华盛顿方面注意力开始集中于恐怖主义，美国和拉美间的关系不再那么稳固了，拉美方面的事务也变得不那么紧急了。而在此时中国的国际贸易快速扩张，大量外国直接投资流入中国，中国开始快速融入世界经济。自20世纪90年代"走出去"战略提出以来，中国在外交方面取得了很大的成功。该战略指出，要在引进投资的同时"走出去"，以保证从国内国外市场中都能获得利益。中国时任国家主席胡锦涛在2003年也提出了跨地区外交战略，旨在扩大外交与贸易驱动范围，走出亚太地区，扩大至包括拉丁美洲在内的其他地区。中国在拉美地区主要进行跨区域产品和能源贸易。与此同时，中国开始在政治和经济关系两方面都逐渐成为美国的替代者，并且为了与区域内各国建立和加强外交关系，中国也采取了多种外交与经济手段。

到了20世纪90年代晚期，中国与拉丁美洲的19个国家建立了外交关系，同时也与诸如里约集团和南方共同市场等地区组织发展关系，建立了对话和磋商机制。21世纪开始，中国与

---

① Gereffi, G., Global Value Chains in a Post-Washington Consensus World, *Review of International Political Economy*, 2014, 21 (1), pp. 9–37.
② Ibid. .

拉丁美洲的关系进入了发展更加迅速的新阶段。2003年，中国的贸易需求改善了与拉美的贸易条件，推动了该地区的经济发展，并帮助它们进入了一个新的增长纪元。① 中国对原材料和能源的需求极大地促进了其经济的发展，这些需求为拉丁美洲创造了巨大的经济收益，同时中国也为这个以商品贸易为基础的地区提供了巨大的市场。自21世纪初，中国和拉丁美洲的双边贸易额增长相当迅速，从2000年的120亿美元增长到了2013年的2890亿美元。② 根据联合国拉丁美洲和加勒比经济委员会2016年的数据，中国自2011年以来已经超越欧盟成为了该地区的第二大进口市场。这种爆炸式增长的贸易量为拉美经济带来了局势上的改变。2011年，中国成为了巴西、智利和秘鲁的第一大出口市场，同时也是阿根廷、古巴、乌拉圭、哥斯达黎加和委内瑞拉的第二大出口市场。③

另外，在更加紧密的政治与经济关系的作用下，中国与智利、秘鲁和哥斯达黎加分别在2006年、2009年和2011年签订了自由贸易协定。到了2015年，哥伦比亚成为了该地区唯一一个还在与中国进行此类协定谈判的国家。值得一提的是，该地区与中国一直存在着明显的发展不平衡现象，换句话说，相比拉丁美洲对于中国的意义而言，中国对于拉美的意义更加重大。除了贸易之外，中国在该地区也进行了不少投资活动。在21世纪早期，中国在拉丁美洲的投资还显得中规中矩，但2013年之后这些投资变得更多了，且主要集中于自然资源和能源的开采以及基础设施建设等方

---

① Lanteigne, M., *Chinese Foreign Policy: An Introduction*, Abingdon, Oxon: Routledge, 2013.

② Elson, A., Dragon Among the Iguanas, *Finance and Development*, 2014, 51 (4), pp. 44 – 46.

③ Economic Commission for Latin America and the Caribbean, Latin America and the Caribbean and China: Towards a New Era in Economic Cooperation, Santiago: United Nations, 2015.

面。关于基础设施建设方面的投资提高了拉美国家的国际竞争力和生产力水平,随之而来的便是对当地经济的激励作用。

到了2014年中国开始进入经济新常态的阶段。在这种情况下,我们的亚洲巨人开始将注意力转移到了消费和服务领域,即自然资源和能源密集度较低的产业。但是,拉美是一个高度依赖大宗商品贸易的地区,此次中国需求的放缓再次让它们经济的脆弱性原形毕露。与2013年相比,2014年中国和拉美的贸易额下降了2%,这也是自2009年以来的首次下跌,[1] 2014年来该地区对华出口量的下降反映出该地区出口篮子中原材料需求的萎缩,而该地区出口量较大的部门,因此给拉美经济体带来了很大的压力。

众所周知,基于自然资源消耗的经济增长会带来"资源诅咒",换句话说,仅由商品贸易驱动的国家收入的增加最终将导致一系列有害的后果。在产品繁荣时期,大量利润涌入了产品部门,但这并没有创造出很多就业机会。拉美国家的汇率也随之上升,非产品型出口贸易成本变得更高,其竞争力也就下降了。然而该地区还是没有吸取教训。拉美国家的政府现在还没能建立起商品出口贸易部门与其他经济领域明确的联系,可以说目前拉美的经济繁荣完全依赖于中国的经济形势,更令人担忧的是它们还没能把从中国崛起中得到的收入分配好。加拉格尔从不同的国际组织收集了有关拉丁美洲使用这些利润的数据(如表1-1所示)。[2]

---

[1] Economic Commission for Latin America and the Caribbean, Relaciones Económicas entre América Latina y el Caribe y China: Oportunidades y Desafíos, Santiago: United Nations, 2016b.

[2] Gallagher, K., *The China Triangle: Latin America's China Boom and the Fate of the Washington Consensus*, New York: Oxford University Press, 2016.

表1-1　根据国际组织的统计，拉美在中国经济高速增长时期所得利益的不当使用

| 国际货币基金组织 | 世界银行 | 拉加经委会 |
| --- | --- | --- |
| 中国经济高速增长时期是拉美历史上收益最丰厚的繁荣时期之一，然而相比过去的繁荣，大多数拉美国家保存的收益却变少了。<br>长期以来，这些国家的政府不愿对生产性资本进行投资以促进创新和工业化 | 在中国经济高速增长时期，资本形成投资占GDP的19.6%，而1980年至2002年（华盛顿共识期间）的投资平均只有18.8%。<br>不过，相对世界其他地区，拉美并没有享受太大的繁荣——南亚地区增长了7.1%，撒哈拉以南地区增长了5.2%，拉丁美洲只增长了3.6% | 拉美没有从商品出口中获得与其高涨的暴利成比例的税收和特许权使用费收入。<br>此外，很多国家更倾向于花掉它们的财富，而不是将其投资于创新和工业化 |

资料来源：笔者基于格兰杰的研究（2016）。

拉美地区的政策制定者本应该建立相应机构对从中国产品繁荣中获得的利润进行合理分配，应当将这些收入多元化地分配到其他部门与产业之中，并用于环境保护。而且，许多拉美国家本来是有机会进行创新和人力资本投资的，这些投资本可以提高该国的收入水平并变得有足够的竞争力摆脱中等收入陷阱。正如拉丁美洲和加勒比经济委员会指出的那样，由于预计未来几年中国的进口需求和拉美国家的经济增长都会放缓，两地的双边贸易也不会再有像先前十几年那样的增长速度了。[①] 这也是拉美地区必须努力制定不必过于依赖商品繁荣而能提高自身竞争力的经济政策的原因。如果有针对性地制定经济政策的话，摆脱中等收入陷阱也并非不可能。

## 二 创新是摆脱中等收入陷阱的出路

中国经济的新常态和产品价格的下降对拉美经济的增长产生

---

[①] Economic Commission for Latin America and the Caribbean, Relaciones Económicas entre América Latina y el Caribe y China: Oportunidades y Desafíos, Santiago: United Nations, 2016b.

了影响。尽管在大量利润涌入拉美地区时产生了许多的发展机会，但它们没能像工业化国家那样实现繁荣，其经济表现在经济繁荣时期还是不尽如人意。尽管如此，此类经济放缓还是可以让政府获得制定所需战略的机会，这样可以保证其公民能有更好的未来。毕竟只有拉丁美洲自己能承担起推动其经济和社会发展的责任，也只有这样才能避免陷入中等收入陷阱并摆脱对外部融资来源的依赖。按照这个思路，我们有必要指出：除非拉美国家重新制定相关政策以激发出一国自主创新的全部潜力，否则将无法达到更高收入水平的经济增长状态。

拉丁美洲许多国家早在20世纪60年代和70年代就被列为中等收入经济体，而其中的绝大多数国家从那之后就停留在了这一水平。就像之前提到的，只有智利和乌拉圭达到了高收入经济水平，但这也并不容易：尽管它们达到了高收入经济水平，但它们也都表现出处于中等收入陷阱中的症状。就智利而言，与其他拉美国家相似，它在提高生产力、增加其增值出口量以及价值链升级等方面都遇到了困难。该地区长期的地位基本上取决于它们能在多大程度上完成经济结构转型。对于这个问题，首先我们要理解中等收入陷阱出现的原因。

正如本章所强调的一样，中等收入陷阱的主要特点是经济和生产力增长速度的急剧下降。有许多理论研究都有助于理解中等收入陷阱的具体机制。对这一范畴下发展速度减缓的解释主要是围绕刘易斯拐点进行的。在这个模型中，一个经济体首先进行工业化进程，并凭借来自农村的非熟练劳动力迅速增长。据阿基诺、卡努托和约勒尼奇所说，起初低收入国家可以使用国外先进技术来生产劳动密集型和低成本的产品在国际市场上进行竞争，从而获得巨大的生产性收益。[1] 但一段时间之后，工资开始上涨，

---

[1] Agénor, P. R., Canuto, O. and Jelenic, M., *Avoiding Middle-Income Growth Traps*, Washington D. C.：The World Bank Group, 2012.

这就是企业盈利能力下降的拐点，它们必须找到新的增长来源来保持人均收入的增长。该国的比较优势被削弱了，也由此导致了劳动力市场结构的根本性改变，迫使该国进入中等收入陷阱。① 为摆脱这个陷阱，这些国家需要重新制定其发展策略以提高自身的生产力水平。

拉丁美洲的中等收入陷阱还包括禀赋错配和创新停滞等方面的内容。阿基诺和卡努托针对这些经济减缓问题又提出了一个新的替代解释。② 根据他们提出的"隔代观点"，有很多因素都会影响到生产率的增长，包括个人选择获取什么能力、各种公共基础设施的使用以及知识网络的外部性。知识网络的外部性是指工人的文化水平越高，对经济产生的积极影响也就越多。该模型强调人力资本积累的作用，可以通过在年轻工人身上花时间进行高等教育的方式来获取高级技能。

在这一模型中，拥有基础技能和高级技能的人都可以在制造业中工作，但只有那些拥有高级技能的人才能进行创新活动。该模型还假设只有当创新部门的薪酬相比制造业足够高的情况下，个人才会决定投资于教育。知识溢出效应和干中学效应的结合将带来与知识量相关的边际生产率的提高，这对于处于低发展水平的国家来讲是非常重要的。③ 在基础设施的使用方面该模型考虑了两种类型：（1）基本设施，如道路、电力和基础通信等；（2）先进设施，包括先进的信息和通信技术，以及高速通信网络等。众所周知，先进的基础设施使得国内和国际知识网络、研究和创新的范围扩展变得非常容易。④

该模型指出，如果与非竞争知识相关的边际收益以非线性的

---

① Shambaugh, D., *China's Future*, Cambridge: Polity Press, 2016.
② Agénor, P. R. and Canuto O., *Middle-Income Growth Traps*, Washington D. C.: The World Bank Group, 2012.
③ Ibid..
④ Ibid..

## 第一章　中国经济新常态下拉美摆脱中等收入陷阱的政策优先　11

方式与参与创新的人口比例相关的话，在知识网络效应的作用下就可能会出现多重均衡，而较低的增长均衡即为中等收入陷阱所在的位置。阿基诺和卡努托认为这种低增长的均衡状态以人才分配不当为主要特点，因为在这种情况下高技能的工人全都在制造业或其他贸易部门中工作，但他们本可以在创新过程中产生巨大的生产力。① 这个解释中等收入陷阱的模型是最适合解释拉美国家状况的模型。依赖于自然资源的经济增长迟早会停止，只有找到合适的替代方案来推动政策改革才能激发出该地区的经济增长潜力。通过积极的工业化政策来摆脱中等收入陷阱在亚洲经济体中被证明是可行的，在新加坡、日本和韩国等国都有成功先例，这同时也是其他发展中国家提高收入水平并达到高收入状态的非常有效的工具。②

拉丁美洲现在迫切需要能够鼓励内生创新和经济增长的一系列优先政策。政府有一系列的公共政策可以推行，这些政策都是在人力资本和高科技基础设施可以推动创新的理论基础上施行的。关于人力资本相关的政策，首先要明确：要想长期提高生产力和经济增长就要提高劳动力的技能水平。由于拉美地区一直面临着教育机会不平等的问题，许多拉美国家都缺乏受充分教育的劳动力。③ 这些人力资本和技术的约束限制了各国实现经济多样化和提高经济生产力的能力。这一地区的另一个主要问题在于高等教育的完成度。

根据经合组织 2017 年的报告，尽管大学的入学率有所提

---

① Agénor, P. R. and Canuto O., *Middle-Income Growth Traps*, Washington D. C. : The World Bank Group, 2012.

② Ohno, K., Avoiding the Middle-income Trap-renovation Industrial Policy Formulation in Vietnam, *ASEAN Economic Bulletin*, 2009, 26 (1), pp. 25 – 43.

③ OECD/CAF/ECLAC, Latin American Economic Outlook 2017: Youth, Skills and Entrepreneurship, OECD Publishing: Paris, 2016, http: // dx. doi. org/10. 1787/leo – 2017-en.

高，但毕业率仍然很低，除此之外，只有一小部分学生在攻读科学、技术、工程和数学（STEM）学位，而这些专业对于发展更高经济增加值的产业至关重要。为了使经济不进入低增长的均衡状态，我们有必要通过积累人力资本来将技能和竞争力内化。目前而言，竞争力的水平和类型都是不足的，因此无论是通过公共手段，还是与私营部门和其他非营利性部门合作都是有效手段。通过对国际市场所需的创新技能进行培训，该地区可能更容易走向技术前沿，同时也能从模仿与进口国外技术转变为自主创新，也由此由中等收入水平"毕业"成为高收入经济体。[1]

除了发展开展自主创新活动所需的技能外，拉美地区还应考虑其在先进基础设施特别是高速通信网络上的投资，以提高上述进程的效率并提高生产力，与此同时还要促进知识导向的经济增长。通过努力，最终应当可以让市民用上价格公道且优质的互联网，并将信息通信技术作为促进社会经济发展和融合的重要因素。联合国拉丁美洲和加勒比经济委员会指出，到2015年，拉丁美洲有43%的家庭用上了互联网。[2] 数字连接对于实现社会与经济的融合至关重要。按照阿基诺和卡努托的模型，如果由于先进设施的限制造成较低频率的创新活动，各项工作就将缺乏复杂性，工资也就没法提升，这就意味着个人不会选择对该部门所需的先进技能进行投资。[3]

没有促进技术升级和创新的能力就无法实现经济升级。优质

---

[1] Agénor, P. R. and Canuto O., *Middle-Income Growth Traps*, Washington D. C.：The World Bank Group, 2012.

[2] Economic Commission for Latin America and the Caribbean, Estado de la banda ancha en América Latina y el Caribe 2016, Santiago：United Nations. 2016a.

[3] Agénor, P. R. and Canuto O., *Middle-Income Growth Traps*, Washington D. C.：The World Bank Group, 2012.

## 第一章　中国经济新常态下拉美摆脱中等收入陷阱的政策优先　13

信息通信技术通过促进知识流动迅速传播来推动创新发展，这对提高经济效益和国际竞争力至关重要。如加拉赫盖尔所说，在21世纪该地区需要建立一整套新的基础设施，不仅要扩展信息与通信技术，还要扩展能源、电力、道路、港口、铁路等一系列基础设施，只有这样才能增加区域性贸易和投资并保证拉美与世界其他地区联系更加密切。① 拉美地区的基础设施建设基本上都只在国家层面上进行，并且主要以开采资源为目的，而这些都是典型的商品依赖型经济的思维。

　　为了提高创新能力，人力资本积聚和先进技术基础设施建设是拉美地区的首要任务，而也只有这样才能提高其生产力并改善其经济状况。除了先前提到的一系列方法之外，政府机构可能还需要通过利用宏观经济政策，对涉及创新的活动进行税收激励和对知识产权进行保护等方式在整个过程中起到带头作用。② 此外，随着这些领域利润的增加，拉美地区还需要将主要税收来源调整到带动经济发展的部门中去，并将这部分收入投资于更多元化的范围并借此促进社会进步，这样也能够避免中国繁荣时期所发生的各种问题。除了推动该地区的经济发展之外，这一系列政策措施的正确应用也可能创造出与中国建立新的经济关系的机遇，因为这些措施遵循新的发展模式，它们不仅仅依赖于商品贸易，也依赖于从商品贸易中得到的大量收入，它们是基于创新的多元化竞争体系。

---

　　① Gallagher, K., *The China Triangle: Latin America's China Boom and the Fate of the Washington Consensus*, New York: Oxford University Press, 2016.

　　② Stiglitz, J., Lin J., and Monga, C., Introduction: The Rejuvenation of Industrial Policy, In J. Stiglitz, and J., Lin (Eds.), *The Industrial Policy Revolution: The Role of Government beyond Ideology* 2013, pp. 1 – 15, New York and London: Palgrave Macmillan.

## 三　重建中拉经济伙伴关系

正如本章前面所述，拉美地区有必要在中国经济新常态下制定一个新的发展战略，以便在重新建立与中国的经济关系的同时摆脱中等收入陷阱。像之前提到的更加侧重于工业化的新的发展方式必定会引起中国的注意，同时也能确保与我们的亚洲巨人建立一个更加平衡的经济方式，这显然要比之前在中国经济高速增长阶段形成的商品贸易经济更加稳固。在这一方面，拉美应当充分利用其创新策略来与中国接触。在考虑到拉美国家的新工业化模式之后，中国可能会更加积极地推动其海外领先企业的发展，并为该地区新兴市场国家的政府提供融资机会以实现其资产多元化。

根据加拉赫盖尔的说法，有三个原因可以认为中国会支持拉美地区的新发展战略。[①] 第一，从对拉丁美洲的商品和其他项目的需求来看，中国不会离开拉美。这种需求不会像商品繁荣时期那样旺盛，但它将持续成为该地区产品需求的来源，并且还有可能会产生产品部门之外的更加多元化的需求。随着中国向消费型经济转型，其对消费品的需求也将增加。尽管拉美的制造业部门在商品繁荣时期失去了竞争力，但中国的转型给了它们第二次机会。如果拉美国家能在创新、工业化和出口竞争力方面付出实际努力，它们就能在中国经济中找到出路，而这在世界上其他地区都不可能找得到。

第二，中国在拉美的直接投资很可能会越来越多。如果拉美国家的政策合适的话，中国不仅将成为该地区产品部门需求的来

---

① Gallagher, K., *The China Triangle: Latin America's China Boom and the Fate of the Washington Consensus*, New York: Oxford University Press, 2016.

第一章　中国经济新常态下拉美摆脱中等收入陷阱的政策优先　15

源,还将成为该地区外国直接投资方面的持续来源。由于中国基础设施建设、建筑业和制造业部门的市场已经饱和,中国在这些领域也开始转型,他们将寻求在海外扩张。由于汇率贬值,中国国企目前正在寻求合并或收购因经济增长放缓、价格下跌和债务繁重而导致经济困难的拉美公司。随着中国汇率和工资的上涨,拉丁美洲可能不仅是其初级产品部门对外投资的目的地,还有可能是其他更加复杂生产活动产业的投资选择,从而促进知识在各领域的转移。

第三,中国日益增长的开发银行和基金可能会成为拉美基础设施建设和工业化的重要资金来源。在金融方面,尽管中国可能会开始将这方面的重心进行转移,但目前还没有迹象表明中国要终止与拉美国家政府的合作。2015年中国举办了首届中国—拉美加勒比共同体(CELAC, Community of Latin American and Caribbean States)峰会。这次会议建立了一个新的对话平台和联合论坛,旨在建立中国和拉丁美洲的联系。中国承诺到2020年在该地区的直接投资将增加到2500亿美元,并承诺在区域项目上提供数十亿美元的支持,到2025年,中国与拉美的双边贸易额将翻一番,达到5000亿美元。为了进一步强化这一承诺,中国制定了总计350亿美元的资金安排,包括200亿美元的中拉基础设施合作专项贷款,10亿美元的拉美国家优惠贷款和中国此前承诺的5亿美元的中国—拉美加勒比共同体合作基金。[①]

中国—拉美加勒比共同体论坛为中国与该地区进行对话、推动双边经济关系发展提供了良机。如果管理得当,这个平台可能有助于该地区达成区域基础设施建设和工业化的共同目标。在中国—拉美加勒比共同体峰会上,来自拉丁美洲的高层领导制订了

---

① Gallagher, K., *The China Triangle: Latin America's China Boom and the Fate of the Washington Consensus*, New York: Oxford University Press, 2016.

中国—拉美加勒比地区合作计划（2015—2019年）。综合计划涵盖共计13个领域的工作计划，包括：政策和安全；国际事务；贸易、投资和金融；基础设施和运输；能源和自然资源；农业；工业、科学和技术；教育和人力资源培训；文化和体育；新闻媒体；旅游；环保；以及人与人之间的友谊。① 因此，中拉潜在合作的可能性的范围非常广泛。

合作计划是拉美地区提升其产业竞争力的难得机会。除了确保贸易额和投资的增加以及为推动其增长建立一系列融资手段之外，中国—拉美加勒比共同体还承诺通过合资企业和合作伙伴关系来促进投资和便利化，并在中国—拉美加勒比共同体国家中推广高科技和增值产品生产以促进合作，并支持全球价值链中的中小企业的国际化进程。此外，在科学技术方面，该计划也承诺探索建立双边合作工业园区、科技园区、经济特区和高科技工业园区的可能性，特别是对于研究和开发活动的探索，以便改善工业投资并创造产业价值链。它还指出要在电子、信息通信技术以及双方技术和知识交流等领域加强互利合作。②

拉美地区需要进行人力资本积累并发展基础设施建设来提高生产力与竞争力，中国也承诺将在这些领域进行大力投资。计划中考虑采用交流、推行流动研究项目和教育机构间合作等方式来进行对于人力资源的培训和教育。计划中还设想进行不同领域的能力建设与合作，在2015年到2019年期间，计划在中国—拉美加勒比共同体国家中提供6000个政府奖学金项目、6000个培训机会和400个在中国进行的在职硕士学位课程。

在基础设施建设方面，合作计划中提出促进区域内包括交通运输、港口、道路和仓储设施、商业物流、信息通信技术、宽

---

① China-CELAC Forum, Cooperation Plan (2015-2019), Beijing, 2015, http://www.chinacelacforum.org/eng/zywj_3/t1230944.htm.

② Ibid..

带、广播和电视等领域的基础设施发展。它还鼓励有经验的中国—拉美加勒比共同体国家的企业参与到提高双方连通性并促进双方相互沟通的重要项目中去。还有许多举措都以发展基础设施建设为目的，这包括中国—拉美合作基金、中国—拉美基础设施专项贷款，以及中国提供的优惠贷款等金融手段。同时，这些手段也是维持中国—拉美加勒比地区关键项目合作的内容。总的来说，这些手段满足了中国—拉美加勒比地区的社会、经济和环境发展所要求的方式，以及它们的可持续发展愿景。[①]

这些计划为拉美提供了一个独有的经济发展机会，同时也蕴含着改变与中国伙伴关系的可能性。虽然关于这些方面只提出了总体目标和行动方针，可以逐步深化并将其转变为各国所需的具体举措和项目。此外，中国还为保证这些项目的正常进行设立了技术秘书处。该计划还表明，中国和拉美领导人已经意识到将双边关系多样化的必要性，同时也有必要将经济合作扩大至除初级产品部门之外的其他部门。与一个世界大国建立新的战略合作领域将使该地区受益良多。如前所述，中国为拉美提供了一系列实现工业化并提高竞争力的机会，同时拉美也得到了第二次摆脱中等收入陷阱的机会。然而这也需要拉美采取合理的政策和制度调整，否则在实行这些计划时将面临诸多阻碍。

## 四　结　论

在经历了由中国带来的长达十年的商品繁荣和利润增长之后，拉美地区目前面临着又一次的经济放缓。这种情况迫使该地区面临经济多样化的挑战，而这意味着它们必须改变长期以来唯

---

[①] China-CELAC Forum, Cooperation Plan (2015–2019), Beijing, 2015, http://www.chinacelacforum.org/eng/zywj_3/t1230944.htm.

一的发展战略,即依靠初级产品贸易的发展方式。这也为该地区提供了一个改变计划重新实现经济增长的选择,而这些选择大多基于创新。

事实证明创新是摆脱中等收入陷阱的高收入国家的发展动力。只有坚定决心并积极合理地建立自己的国家体系以实现创新的国家才能最终摆脱中等收入陷阱。在"隔代观点"理论下,政策对于推进科技型基础设施建设,将人才培养至创新活动所需的领域以及促进地方、国家和国际知识网络的升级至关重要。拉美国家必须获得全球市场所需要的能力和知识,参与到创新和增值活动中去,并形成致力于培养和升级人力资本以实现创新的国家共识。

由于拉丁美洲是一个多元化的地区,保证这些政策的正确升级至关重要。过去该地区在尝试进行工业化时认为要不惜一切代价在所有部门实现工业化。每个国家的政策制定者和私营部门都应该发现他们为实现经济增长而应当努力的领域。政府和私营企业需要尽早采取行动加强国家创新体系,这是制定各项政策的主要目标之一,同时也能全面加强公共和私营部门的竞争力。致力于生产产品和服务的公司必须利用新技术并开发出自己的核心技术,同时政府也应保证这些公司能更容易地找到资金支持和赞助来开展研发活动。政府还要分配好这些新的发展模式所带来的收入,要谨慎地将这些收入投资于社会的各个方面。

正如中国—拉美加勒比共同体合作计划中所证明的那样,中国认识到了其与拉美关系的战略性质。这位亚洲巨人也意识到,除了维持作为过去伙伴关系基石的商品贸易合作之外,还需要与拉美确立新的适合其增长的新合作领域。中国提出的这些新的工作领域包含创新和增强自身能力等多个方面,而这也是提高其全球竞争力和生产力的重要组成部分。这个机遇可能会使该地区发展到足以摆脱中等收入陷阱的水平,并最终达到高收入水平。

正如加勒特所说的那样,中等收入国家必须找到提升自身科技水平的方式并融入全球经济之中,这样它们才能摆脱仅参与标准化竞争中的低端制造活动的陷阱。① 或许拉美地区能从中国经济发展新常态时期有所收获。或许这代表着该地区一直期待着的新时代,一个以创新为经济增长动力基础的时代的到来。

西尔维娅·科尔特斯(Silvia Cortés C.)

---

① Garrett, G., Globalization's Missing Middle, *Foreign Affairs*, 2004, 83(6), pp. 84-96.

# 第二章　溯因拉丁美洲中等收入陷阱

## ——本土化大型公司的缺失

大多数拉丁美洲国家已经越过了人均5000美元的收入关卡，但它们并没有成为发达国家，究其原因，在于它们的收入还没有超过30000美元这一标尺。不幸的是，对于巴西、哥伦比亚、阿根廷、智利、墨西哥和其他拉丁美洲国家来说，没有现成的和简捷的方案来达到发达国家的发展水平。但是，许多其他国家的案例为它们选择发展道路提供了些许借鉴。那些位列发达国家的经济体通常能够建立起本土化的大型跨国公司——这里的本土化是指公司总部设在其境内。

当地大公司的重要性在于它们通常比小公司更有效率，可以通过规模经济效应、更多的投资研发能力从而以更快的速度驱动创新。同时大公司也有能力吸引优秀的劳动力资源。

在本章中，我们旨在强调大型公司在催生技术方面的作用，并指出阻碍拉丁美洲技术进步的因素。

## 一　主要假设

本文的主要假设是创新和技术的实现越来越多的来源于大公司，因此一个作为重要技术生产国的国家，会拥有更多大型公司。这些假设和相关的发现尤为重要，因为它们可以作为拉丁美洲国家和政府的指南，促进大公司和企业集团的组建，以推动它们的技术生产。拉丁美洲地区大型公司的数量有限，而且更糟糕的是，这些大型公司已逐渐落后于潮流，虽然这些企业在19世纪对经济推动作用显著，但在21世纪它们则变得无关紧要。虽然作为饮料、水泥、采矿、农业、渔业或钢铁等行业在参与全球贸易中表现不错，但这对国家的发展来说还远远不够。

## 二 来自中国的案例

虽然中国经济发展进入新常态，但重要的是要了解其在21世纪实现经济爆发性增长的事实。表2-1显示了中国在一些指标方面取得的进展与其在研发投资和大公司数量增长的关系。我们可以明显看到，中国的经济增长与大公司数量的增长以及该国在研发方面所花费的金额呈现正相关态势。

表2-1　　　　　　2005—2016年中国的研发投入

| 年份 | GDP（万亿美元） | 人均收入（美元） | 研发投入（十亿美元） | 位列福布斯全球企业2000强的公司数 |
| --- | --- | --- | --- | --- |
| 2005年 | 2.6 | 2000 | 34 | 25 |
| 2016年 | 21.3 | 15400 | 232 | 200 |
| 期间增长 | 8.2 | 7.7 | 6.8 | 8 |

资料来源：全球创新指数[1]。

可以肯定的是，中国的人均收入正以前所未有的速度增长，如果中国能保持同样的速度，那么它在下一个十年结束时，将避开中等收入陷阱，达到富裕国家的人均收入水平。这种增长需要研发投资以及中国的大型公司的贡献。

---

[1] WIPO, Cornell University and INSEAD, The Global Innovation Index 2016, http://www.wipo.int/edocs/pubdocs/en/wipo_pub_gii_2016.pdf.

这些事实证实了本章的中心论点，即如果没有大量的大型公司，拉丁美洲将无法摆脱中等收入陷阱，因为大型公司才是推进研发投资的主体，这一内容将在下文讨论。

## 三　文献综述

大约40年前，加尔布雷思（Galbraith）指出，大公司总是在增加经济的霸权，因为只有它们有条件维持创新所需的开支。"小公司没有条件维持创新所需的开支"，加尔布雷思分析了经济运行中的重大问题，指出市场体系的敌人不是意识形态而是市场主体。正如他越来越多地支持大公司在流程和产品方面进行创新，但这些创新越来越多地增加了大公司和小公司之间的差异，在他的所有书中，加尔布雷思都强调了大型组织的优势："大型组织可以容忍市场的不确定性，小公司无法做到……除了过度乐观的人之外，现在大家都能认识到这不是小公司的时代"。①

最近斯蒂格利茨（Stiglitz）更多地解释了为什么技术创新越来越成为仅限于大公司的话题。② 当在讨论技术变革与不完全竞争之间的邻近性时，他指出了使小公司难以催生技术的四个原因。

第一，研究和开发的支出可以得到补偿和维持，从而刺激创新，促使发明受到专利竞争的保护，而专利注定要限制竞争。第二，重视技术变革的行业通常会提高固定成本。这意味着平均成本正在降低到相当高的生产成本水平——这是另一个限制竞争的特征。第三，以快速技术变革为特征的行

---

① Galbraith, J. K., *O Novo Estado Industrial*, São Paulo, SP: Pioneira, 1978.

② Stiglitz, J. and Walsh, C., *Introdução à microeconomia*, Rio de Janeiro, RJ: Campus, 2003.

业，同时也是通过新生产技术试验的优势从而使得成本迅速降低的行业。第四，为什么为小公司筹集资金如此困难？因为银行通常不会资助研究和开发活动。所有这些因素使得基本模式的竞争遭到限制，让小公司很难进入市场。

毕萨科、德拉诺夫、斯堪利和谢弗称，许多公司和众多行业研发费用超过了其总销售额的5%，例如英特尔、微软、法玛西亚和通用电气等。① 根据他们的说法，"……研究和开发涉及重要的不可见性。科学研究和工程的本质表明，研究和开发项目实现最小规模是可行的。"换句话说，在研发活动中也出现了重要的规模经济现象。即便如此，毕萨科等人也指出，尽管研究与开发活动中存在规模经济，但没有办法得出规模与创新之间存在直接关系的结论，单单强调经济理论和经验证据不够有信服力，不能因此说明大公司比小公司更具创新性。作者指出，一般来说，大公司更有能力激励他们的研究人员。

吉哈诺（Quijano）指出公司规模与创新之间存在正相关关系。其中，熊彼特（Schumpeter）指出，创新产品是长期研究的产物，一开始就具有不确定的结果，需要强有力的投资，而这只有拥有强大技术团队和稳定现金流的大公司才能做到这一点。吉哈诺还引用了戴维斯（Davis）的观点，指出由于规模经济、技术的不可分割性、管理和吸收资源的能力差异，相较于中小型企业大型企业会采用更明晰的新工艺技术的处理方式。但吉哈诺也提出：就创新的萌发而言，有些行业中小型公司的作用也是不容忽视的。他举例说明了小公司在软件和生物技术方面发挥卓越作用的案例。②

---

① Besanko D., Dranove D., Shanley M. and Schaefer S., *A Economia da Estratégia*, Porto Alegre：Bookman, 2006.

② Quijano, J. M., *Empresas, innovación y empleo*, Caracas：Sela, 1998.

Sbragia 引用了 Fapesp ①在 2005 年完成的一项研究，分析了公司规模与创新来源之间的关系。他们发现，在公司规模增加的情况下，创新的来源更加多样化，并得出结论："……公司规模越大，从机构（大学、研究机构、咨询公司等）获取有用信息的能力就越大，以便在创新过程中使用它们。"②

阿比克斯（Arbix）强调，创新过程是个人、企业和知识机构的其他生产者之间，以及当地国家和国际之间相互作用而产生的结果。但他强调："……创新过程的基本代理人仍然是公司，特别是大公司。"③

布里托·科鲁兹（Brito Cruz）提醒人们注意公司在技术生产中的作用，并且做了个形象的比喻：如果科学和教育的场所是大学，那么发展和技术的摇篮就是卓越的大公司。他引用了美国的案例：2001 年共有 100 万人从事研发工作——研究与开发，其中 80% 的人在公司工作，只有 20% 的人在大学或政府研究中心工作。不幸的是，巴西并非如此。在巴西，2004 年，有 12.5 万人从事研发工作，但其中只有 23% 在公司工作。韩国的人口比巴西少四倍，但研究人员数量却更多——16 万人，其中约 59% 为私营公司工作。④

有了这些数据，科鲁兹认为与想象的相反，技术创新在公司中比在大学中产生得更多。在巴西，最近有一种赋予大学创新任务的倾向，从而使公司更具竞争力。这是一个严重的错误，如果真的贯彻下去，可能会对巴西高等教育系统造成巨大损害，使其

---

① 一家为研发项目提供资金的巴西政府机构。

② Sbragia, R., *Inova São: Como vencer este desafio empresarial*, São Paulo, SP: Clio, 2006.

③ Arbix, G., *Inovar ou inovar: a indústria entre o passado e o futuro*, São Paulo: Papagaio, 2007 its problems and its promise, Boulder, CO: Boulder Publishers, 1998.

④ Brito Cruz, C. H., A universidade, a empresa e a pesquisa, 2004, http://www.ifi.unicamp.br/~brito/artigos/univ-empr-pesq-rev102003b.pdf.

偏离其特定使命，即培养专业人才和传授基础知识。

斯博拉吉亚（Sbragia）提到，日本和韩国目前公司参与研发的支出超过总支出的70%。之所以出现这种情况，是因为这些国家希望提高其公司的竞争力，而在韩国，想要在更具活力的市场中实现工业渗透，则需要让企业更多地参与技术创新。

他又指出，在巴西，只有23%的科学家和工程师在私营企业；而在美国，这个数字则达到79%。他的结论是，尽管巴西的研究人员数量有所增加，但他们被分配到生产领域（公司）之外，导致虽然科学论文的数量增加，而专利数量仍然很少，特别是与美国的专利数量相比。

## 四 拉丁美洲的技术落后

在16世纪初，拉丁美洲的一些居民，主要是阿兹特克人、玛雅人和印加人，他们拥有的科学技术知识比欧洲或中国多出许多倍。在一些领域，如天文学、植物学、药理学和冶金学，西班牙人吸收了在拉丁美洲地区获得的知识并将其传播到整个欧洲。

然而今天，拉丁美洲已不再是科技知识的重要提供者，尽管占世界人口约9%，但整个地区对科技投资的贡献仅相当于科学和技术总投资的3%。在2016年，全球在这一领域的投资约为1948亿美元，其中只有3%来自拉丁美洲。这相当于非洲大陆GDP约0.65%，与欧洲（2%）和美国（3%）相比实在太低。[①]

不同的统计研究表明，拉丁美洲国家和当地公司在研发方面投入很少。这确实是一个重要的事实，因为它可能会阻碍该地区整个未来的经济发展。霍布斯鲍姆（Hobsbawm）在分析20世纪

---

① Riemschneider, B. 2016 Global R&D Funding Forecast Predicts Continued Moderate Growth, 2016, https://www.rdmag.com/article/2016/03/2016-global-rd-funding-forecast-predicts-continued-moderate-growth.

末世界时评论说："……有两个地区从绝对和相对方面来说明产生了很少的科学家：拉丁美洲和非洲。"①

我们打算强调一家大公司在催生技术方面的作用，并指出它的缺乏正是拉丁美洲难以产生更多技术的深层次原因。

表2-2显示了2016年一些国家在研发方面投入资金数额。从表中可以看出，拉丁美洲中，即使是研发费用最高的国家，即巴西，也远远低于发达国家水平。拉丁美洲在世界科学和技术领域的重要性日益降低是该地区的一个长期问题，而且只会随着时间的推移而变得更加突出。

为什么拉丁美洲不是一个生产更多技术的地区？而且，除了一些特殊情况之外，没有来自这片大陆的哪个公司在更先进的技术领域脱颖而出，原因是什么？这是一个已经延续很久的讨论，而讨论的最终目的，便是尝试回答这个问题："是什么让世界上的某些地区比其他地区更注重创新？"

拉丁美洲丰富的自然资源被指出是一个重要的原因，因为它在该地区占主导地位，这使得创新显得不那么重要。费尔班克斯和林德赛（Fairbanks and Lindsay）指出，当地商人倾向于预先假定自然资源，丰富的原材料和廉价劳动力的优势将使其在出口市场中占据领导地位，因此缺乏创新的条件。此外，他们又指出了缺乏创新的另一个重要原因：公司之间缺乏合作。据他们说，该地区的公司之间没有合作文化。与意大利等国家相反，这些拥有集群效应，也被称为工业集团，他们促进合作，鼓励企业团结起来，共同寻求外部市场，推出新品牌甚至共同投资于研发工作。而在拉丁美洲，商人则将竞争对手视为应该被击倒的敌人。

---

① Hobsbawm, E., *Era dos Extremos-o Breve Seculo XX -*. São Paulo: Companhia das Letras, 1999, p. 505.

表 2 - 2　　　　　　2016 年科研支出占 GDP 的比重

| 国家 | 科研支出占 GDP 比重（%） |
| --- | --- |
| 以色列 | 3.93 |
| 日本 | 3.39 |
| 德国 | 2.92 |
| 美国 | 2.77 |
| 英国 | 1.78 |
| 中国 | 1.98 |
| 印度 | 0.85 |
| 拉美国家中位数 | 0.65 |
| 巴西 | 1.21 |
| 阿根廷 | 0.62 |
| 墨西哥 | 0.45 |

资料来源：OECD。[1]

这促使在每个部门中形成不信任和怀疑的气氛，而这种气氛总是会破坏任何合作的可能性。一个值得一提的例外是汽车行业及其与巴西或墨西哥汽车零部件供应商的关系。但这是规则的例外，可能是因为这些是外国资金占主导地位的行业。

缺乏商业合作也解释了该地区集群效应弱的原因。正如他们所说的："……我们注意到相关或支持部门严重缺乏集群，从而相应地缺乏创新：不相互合作的公司无法相互学习"。[2]

1998 年，英国《自然》杂志的编辑科林·麦基维恩（Colin

---

[1] Organization for Economic Cooperation and Development, *OCDE statistical database*, 2016, http：//www.oecd.org.

[2] Fairbanks, M. and Lindsay, S., *Arando o Mar: Fortalecendo as fontes ocultas de crescimento em países em desenvolvimento*, Rio de Janeiro, RJ: Qualitymark, 2000.

Macilwain）分析了20世纪末拉丁美洲大陆的科学技术状况。① 在21世纪初，知识分子和拉丁美洲科学家对旧拉丁美洲经济（前新自由主义）的商业壁垒背后存在的非竞争性工业基础感到惋惜。在这种经济中，科学与技术的作用是明确的：科学将有助于通过技术建立一个将该地区带入发达国家行列的国内工业基础。然而，由于非竞争性，很大一部分行业在20世纪90年代的高峰期明显崩溃了，而新自由主义理论带来了国际竞争。因此，工厂和公司被出售给正在进行现代化的跨国公司，技术从国外进口。麦基维恩得出结论：拉丁美洲的科学技术需要重新定义它们在这种全新配置关系中的作用。

拉瑞恩（Larrain）解释了为什么拉丁美洲在过去20年中没有像亚洲那样进步的原因，这种落后的大部分原因在于市场的封闭，以及20世纪70年代和20世纪80年代在拉美地区占主导地位的保护主义。正是因为这些原因使得该地区并未面临国际竞争，最终推迟建立当地研究人员开发项目所必需的基础设施。②

弗里曼和休特（Freeman and Soete）对该地区发生的事情进行了历史回顾，评论说直到20世纪50年代初，整个拉丁美洲的工业发展的特点是技术复杂程度降低，技术进口主要来自美国和德国。从20世纪50年代后半期开始，各国向各自的国家市场推行了贸易保护措施，试图消除或替代进口。

正是在这段时间内，该地区各国开始生产技术复杂程度更高的中高端产品。巴西、阿根廷和墨西哥主要采用的战略是寻求外国公司的投资，主要是汽车业务。各国政府也进行投资，但都在产品生产周期较长的部门，这导致如果没有必要的内部产能来吸

---

① Macilwain, C., Latin America Steps up its Science Tempo, Nature, 1998, 391: 524-525.

② Larrain, J., Modernity and Identity: Cultural Change in Latin America, In R. Gwynne and C. Kay (Eds.), *Latin America Transformed: Globalization and Transformation*, 2014, pp. 22-38, Abingdon, Oxon: Routledge.

收这些技术，技术进口就会显著增加。

马莱茨基（Malecki）提到，拉丁美洲的技术概况表明，在制度薄弱的情况下，政治因素占主导地位。由于缺乏科学和技术的长期战略以及私营部门的参与，最终成本变得更高。①

彼得·迪肯（Peter Dicken）强调，第三世界国家（亚洲或拉丁美洲）发展的一个重要特征是国家的强大。② 尽管如此，他指出，拉丁美洲政府并不像亚洲那样成功。他认为主要原因在于没有提高内部赋权以增加对出口的忧虑。在亚洲，最受关注的是工业化产品的出口增加，而在拉丁美洲，重点是替代进口产品。

迪肯着重强调这样一个事实，即当发达国家生产制成品和发展中国家出售其商品、矿物或农产品时，旧的分工体系不再有效。现如今，全世界的商品流动极其复杂，商品链极其分散。然而，我们看到的是，虽然一些商品链的存在延伸到拉丁美洲的许多国家，但它们几乎完全由总部设在发达国家的公司领导。我们可以引用汽车、制药、数据处理和电信设备、成品消费电子产品和化学部门作为实例。一般来说，这些行业的公司拥有希望在拉美寻求市场利益以及获取廉价劳动力的北美、欧洲或日本的大规模资本。若在某一阶段需要一些技术发展，那么这一蕴含巨大价值的阶段都不会在拉丁美洲的各个子公司中实现。在这个假设中，它肯定会在这些公司的总部实现，这些公司可以在北美、欧洲或日本找到。

弗里曼和休特（Freeman and Soete）将亚洲某些国家和地区（特别是韩国和中国台湾）的经济发展与20世纪80年代拉丁美洲的进步进行比较，并指出了在某些方面存在差异的原因：亚洲经济体巨大增长和拉丁美洲国家在此期间停滞的决定性事实有以

---

① Malecki, E., *Technology & Economic Development*, London: Longman, 1997.

② Dicken, P., *Global Shift*, New York, NY: The Guilford Press, 1998.

下三个区别解释：①

  1. 教育系统恶化，专业工程师很少。
  2. 由于本地公司在研发方面的投资很少，技术吸收能力低，因此发生了技术转移，特别是向美国。
  3. 科学技术基础设施薄弱。

而且，将拉美与韩国和日本相比时，会发现对研发项目的补贴或财政激励措施在大多数政府的议程中得不到优先考虑。
  值得注意的是，波特和斯特恩（Porter and Stern）提到了拉丁美洲，并强调该地区在创新方面存在巨大的局限性：大学和公司之间缺乏联系。据他们的说法，"拉丁美洲的高等教育体系与公司关系不大，很少有与科学技术有关的国家政策"。② 致力于分析拉美大陆的科学技术问题的其他作者，证实了这一点。萨迦斯帝（Sagasti）指出拉丁美洲的一个长期问题是生产科学与技术生成之间的巨大鸿沟，而这正是大学与公司联系缺失的结果。③
  米兰纳德和康切尔若（Millanand and Concheiro）在分析墨西哥在科学和技术问题上落后的原因时也提出了同样的因素。他们进一步拓展了这一观点，提到该国存在这个问题的另一个原因是缺乏确定性的优先投资领域的产业政策。很明显，与公司投资研发的较发达国家相反，在墨西哥这笔支出主要由政府完成。因此，在日本、德国和美国，私营公司分别贡献研发总支出的 67.1%、61.1% 和 58.4%，而墨西哥的这一数额仅为 17.6%。

---

 ① Freeman, C. and Soete, L., *The Economics of Industrial Innovation*, Cambridge, MA: MIT Press, 1997.
 ② Porter, M. and Stern, S., Inova São e Localização de Mãos Dadas, *HSM Manage*, 2002, 30 (1): 118 – 125.
 ③ Sagasti, F., *Ciencia, Tecnologia y Desarrollo Latinoamericano*, México: Fondo de Cultura Económica, 1981.

## 第二章 溯因拉丁美洲中等收入陷阱

正如前文提到的，1999年英国杂志《自然》出版了一本名为《拉丁美洲科学》的特刊。在专门讨论墨西哥的文章中，对有助于解释上述数字的事实进行了重要分析，并在拉美大陆检验这一事实：

> 部分问题是文化上的问题。墨西哥继承了欧洲传统的科学家模式——做学术的人，而非北美模式的科学家/发明家和商人。如果一个大学研究员与工业有联系，他的同事们则认为这等同于卖淫。在行业方面，研发投资没有强大的传统。直到20世纪80年代初，墨西哥才制定了国家保护主义的产业政策，这导致投资创新的动力很小。现在，这些公司希望对他们的技术进行现代化改造，但他们更多地转向向外国公司寻求帮助，并且不愿意等待国家科学和技术来找到他们需要的答案。[①]

自20世纪60年代中期以来，在所有这些国家，我们协助建立了众多具有公共性质的研究和发展中心。但是，很少有人得到各自应得的政府资金和特别关注。尽管如此，他们中的一些人在他们所从事的经济部门中仍然创造了高质量的研究。现如今他们发挥着重要作用。仅举两个巴西的例子，我们拥有杰出的TCA-航空技术中心（Centro Tecnológicoda Aeronáutica），被认为是巴西航空工业公司成功的主要驱动力；和负责大部分研究的EMBRAPA——巴西农业公司（Empresa Brasileirade Agropecuária），这些研究促使过去几年巴西农业生产力大幅提高。马来茨基（Malecki）认为巴西在这两个领域发生的变革应该是其他拉美国家应该遵循的模式。

---

[①] Millan, B. and Concheiro, A., *Mexico 2030: Nuevo siglo, nuevo pais*, México: Fondo de Cultura Económica, 2000.

如果不谈及许多拉美国家存在的专利制度的脆弱性，我们就不能触及这些国家很少涉及创新和技术的原因：由于缺乏保证研究结果合理性的机制，许多本地公司认为他们对研究的投资陷入停滞。由于所有研究活动都包含公司的风险，因此这种机制的存在至关重要。尽管如此，在拉丁美洲获得专利仍然是非常困难和缓慢的。

## 五　方法论

在这一小节中，我们旨在证明世界上研发的重要诱导者是大公司。据史蒂文·马尔科维奇（Steven Markovich）所述，研发费用涵盖了3项活动：基础研究、应用研究和开发活动。他还提到，在美国、日本、韩国、德国和中国等研发活动密集的国家，我们可以假设研发总支出的60%来自大型企业。这个假设对于我们将在方法论中遵循的内容是至关重要的。[1]

我们试图进行统计分析，以确定大公司与总部所在国家的技术发展之间的关系。根据雷姆施耐德（Riemschneider）的2017年全球研发资助预测报告中得到的数据，我们考虑了两个指数——第一，在美国，美国专利与商标局（USPTO）注册的专利数量以及科学和技术支出，使我们能够在研究和开发方面评估一个国家。我们获得了大约100个国家的相应数值。根据2016年《财富》所列出的数据，对于这些国家，我们核实了每个公司在全球500家最大公司中所拥有的公司数量。换句话说，我们所做的是对大约22个国家进行的比较，分析了世界500强中的大公司在研发方面的支出和2016年USPTO发表的专利数量。表2–3是本研究的结果。第二，我们计算了各列之间的线性相关性，得

---

[1] Markovich, S. J., Promoting Innovation through R&D, 2012, https://www.cfr.org/backgrounder/promoting-innovation-through-rd.

到了非常高的相关系数。各国和地区公司数量与研发支出之间的相关性达到98.2%；大公司数量与专利数量之间的相关性达到81.2%；各国和地区R&D支出与专利数量之间呈现82.0%的相关性。换言之，我们可以推断出的结论是，这三组数据之间存在着重要的相关性，这使我们相信，某个国家和地区存在的大公司越多，该国在研发上花费的就越多，同样，在美国专利商标局注册的专利数量越多。

表2-3　　　　2016年大型公司数和研发支出金额

|  | 国家和地区 | 2016年世界500强企业数 | 2016年研发支出（十亿美元） | 专利数 |
| --- | --- | --- | --- | --- |
| 1 | 美国 | 134 | 496 | 181069 |
| 2 | 中国 | 103 | 372 | 14065 |
| 3 | 日本 | 52 | 165 | 63536 |
| 4 | 法国 | 29 | 59 | 8651 |
| 5 | 德国 | 28 | 107 | 20075 |
| 6 | 英国 | 25 | 44 | 6463 |
| 7 | 韩国 | 15 | 75 | 26097 |
| 8 | 瑞士 | 15 | 13 | 5142 |
| 9 | 荷兰 | 12 | 17 | 4685 |
| 10 | 加拿大 | 11 | 29 | 6610 |
| 11 | 意大利 | 9 | 26 | 2647 |
| 12 | 西班牙 | 9 | 20 | 1056 |
| 13 | 澳大利亚 | 8 | 27 | 1896 |
| 14 | 巴西 | 7 | 37 | 379 |
| 15 | 印度 | 7 | 66 | 1712 |
| 16 | 中国台湾 | 7 | 25 | 15983 |
| 17 | 俄国 | 5 | 51 | 469 |

续表

| | 国家和地区 | 2016年世界500强企业数 | 2016年研发支出（十亿美元） | 专利数 |
|---|---|---|---|---|
| 18 | 新加坡 | 3 | 12 | 1937 |
| 19 | 瑞典 | 3 | 15 | 4257 |
| 20 | 比利时 | 2 | 11 | 1331 |
| 21 | 爱尔兰 | 2 | 14 | 904 |
| 22 | 墨西哥 | 2 | 10 | 968 |
| 其他 | 12个国家 | 12 | — | — |
| 合计 | 34个国家和地区 | 500 | — | — |

资料来源：作者汇编整理自福布斯世界500强企业和全球创新指数数据。

正如我们之前已经提到的那样，这里的结论是，一个国家和地区的创新驱动和在研发方面的支出基本上由大公司完成。一个没有强大实力的大公司集群的国家将永远不会像发达国家那样在世界舞台上发挥重要作用。

## 六　最后的考量因素

拉丁美洲在自然资源方面非常富裕，而且劳动力一般都很廉价，这些是刺激该地区大公司萌生的主要因素。为什么一个拥有如此自然资源和自然恩赐的地区在开发和工业化方面失败了，然而其他地区取得成功了呢？我们已经试图解释这一问题，在我们看来，这是因为该地区没有设法产生一定数量的跨国公司，这在很大程度上是由于非专业方式领导国内那些占据主导地位的公司。这个大陆在过去的二十年里一直在变化，但并没有达到理想的速度。由于这些因素，拉丁美洲有一些强大的公司，这些公司在19世纪表现良好，但在21世纪则变得无足轻重。虽然饮料、水泥、采矿、农业、渔业和钢铁等行业，作为全球贸易参与者的表现并不是很差，但这还不够。正如我们所看到的，更多发达国家的公司——如通信、软件、硬件、医疗设备或药品公司——在世界经济中占主导地位。换句话说，我们可以说拉丁美洲的大公司通常并不隶属于高科技领域，除了极为罕见的例外，如巴西的飞机制造商，或墨西哥的电子产品公司。来自拉美大陆的公司，当它扩大规模和投资时，它们处于低技术领域，大多数时候生产"商品"。巴西国家石油中心（Petrobras）和墨西哥西麦斯集团（Cemex）就是很好的例子。

很明显，没有哪个国家能够通过只出口其农业和矿产"商品"来支付如进口药品或计算机的费用来发展，然而如今几乎所有拉丁美洲国家的模式都是如此。该区域的自然资源越来越多地被视为货币被流通与消费，而不是至少作为可持续发展的基础进行协调。基于原材料的开发永远不是解决方案。我们需要做的就是借鉴石油输出国组织（OPEC）的国家的经验，它们认为，与石油相比，它们可以实现更高的发展价值。

此外，拉丁美洲国家最近的全球化趋势以及人口的增长正在极大地影响这片大陆的环境。它们的出口增长主要集中在农业、渔业和采矿业。这意味着更多的森林被砍伐用于木材出口，并为农业和牲畜提供更多的土地。

但我们也要看到，本书中提到的解决方案不能完全依赖于拉丁美洲公司，一些政府支持措施是必要的。例如，对教育的小额投资以及用于研究的小型基础设施非常重要，可以提高拉丁美洲在当今科学和技术方面所占的重要性。一般而言，基础设施的缺失和脆弱性对该地区所有国家来说都是一个严重的问题。优良的基础设施对促进材料、机器和货物的流动是至关重要的。而且，效率低下的基础设施大大增加了运营成本，使公司很难具备全球竞争力。事实上，这不是该地区各国政府唯一的不足。拉丁美洲公司需要在法律体系中运作，但有时它们是政治化的，而且往往由于市场资本薄弱，储蓄水平很低而滋生腐败。信贷非常困难，长期融资机制很少，利率非常高。在巴西等一些国家，税负已经超过 GDP 的 1/3。

涉及政府和社会的另一个重要措施是像韩国和日本一样，形成大型企业集团，并像美国和意大利那样支持集群的形成。

对于拉美地区的各个政府来说，这个问题的解决是极其困难的，因此社会和立法者必须参与其中，没有其他选择：如果没有强大而富有生命力的大型公司，缺乏对其专业管理，拉美地区就无法在全球化的困境中竞争；如果没有相关公司的横向和纵向分组——"集群"，就无法实现规模经济，也无法实现技术发展。一个典型的例子是出口。这些公司只有在更高效、更具竞争力的情况下，才能以可持续的方式增加出口。巴西花了很长时间才意识到这个错误，但现在它的商人和政府似乎已经转变了他们的观念。尽管如此，拉美地区仍然存在一个积重难返的错误，认为增加出口仅仅是宏观经济政策的问题，并且可以通过改变汇率或利率以及与通胀目标一起发挥作用来解决。并非政府错了，从宏观经济的角度来看，很多政府都采取了正确的行动，但积极的结果是短暂的，因为问题是在更深层次，即公司的战略和管理方面。解决宏观经济问题可能是一个必要条件，但这还不足以提高大型公司竞争力。同样重要的是要注意大型公司可能存在的问题，仔细挖掘潜在的风险并协助公司提高国际竞争力。虽然这看起来令人难以置信，但政府确实在提高国家综合实力和竞争力方面，仍有很长的路要走。

保罗·罗伯特·费尔德曼（Paulo Roberto Feldmann）

# 第三章　作为广泛多层次合作机制的自由贸易协定：中国与不断深化的中智关系

如今，越来越多的国家正利用自由贸易协定来促进经济和政治合作。根据世界贸易组织官方网站公布的数据，全世界已有大约300个自由贸易协定，其参与国超过90个。其中最活跃的国家是新加坡，共签署了33个自由贸易协定；其次为瑞士，签署了28个自由贸易协定；以下依次为签署了25个自由贸易协定的韩国，签署了23个自由贸易协定的智利，签署了21个自由贸易协定的中国，签署了20个自由贸易协定的美国。[①]

世界贸易组织将自由贸易协定界定为：由个别国家或国家集团订立的，旨在减少贸易、服务、投资方面的壁垒的国际条约。各国政府普遍认为，签署自由贸易协定可以拓展海外市场，提高出口竞争力，降低进口成本，增加双边投资。[②] 然而在现实经济中，签署协定的国家通常并不满足于单纯的商业合作，而是更加关注环境法规、劳工问题和金融合作等政策上的协调一致。在这一意义上，签署自由贸易协定往往只是参与国之间贸易和政治关系深化的开始。因此，我们不仅要关注初始协定对签署国之间贸

---

[①] WTO, RTA data base, 2017, https://rtais.wto.org/UI/PublicAllRTAList.aspx.

[②] Ibid..

易产生的影响，还要考察它们后续进行的谈判，这样才能更全面地了解这些国家之间关系的演变，以及它们在国际合作方面的政策动向。下文笔者针对智利与中美分别签署的自由贸易协定展开如下论述：自由贸易协定实施的十年间是否发生了实质性变化？实施十年后的协定是否超越了世贸组织提供的初始框架，形成了特定的合作战略？为什么中美签署自由贸易协定时采取的方法不同，其背后的原因又是什么？哪种方法（中式的还是美式的）更有利于智利的发展？

本章认为，尽管中美两国一开始采用的合作模式是相似的（都依据世贸组织提供的标准），但经过一段时间，它们的不同特性就会凸显出来。美式的自由贸易协定更加关注正式的技术合作。中式的自由贸易协定则更富野心，在协同互利的基础上追求广泛多层次的合作。另外，自由贸易协定的结构保证了它能够兼具安全性、灵活性和复杂性，从而得以拓展签署国的非商业影响力，并且加强该国同其他双边协定国之间的联系。最后，本章认为自由贸易协定可以克服保罗·科利尔（2008）提出的"自然资源陷阱"，即四大发展陷阱之一。智利是一个高度依赖自然资源开采的国家。因此，它的经济受到初级产品市场波动的强烈影响。如今，中智自贸协定正迅速发展。这一协定不仅鼓励商业合作，更旨在建立两国间的全面合作，推动科研交流、技术转让的增长，从而激发社会的创新性和价值增值。

为了论述这一情况，笔者首先探讨了"中国影响"和中国式合作模式背后的理论支撑，重新阐发了"影响力传递"的概念，突出了其在国际合作中的全新作用。其次，笔者比较了中美两国签署的原始协定的主要内容。再次，笔者比较了实施十年后两个协定各自的进展和涵盖的新领域。最后，笔者提出了一些评论和讨论。

本章的原创性基于以下事实：笔者研究了自由贸易协定签署时和签署后产生的贸易影响，关注协定的政治演变，并探讨了该协定如何进一步成为复杂的双边合作机制。

本章可作为经典案例对中国同拉美国家在未来签署新的自贸协定提供借鉴。其原因有二：第一，智利是拉美首个与中国签订此类协定的国家（中智自贸协定签署于十多年前），在拉美国家中起着带头的作用；第二，中国与智利之间不断增长、日益平衡的合作关系正对两国产生一系列积极的影响。

# 一 贸易协定的政治经济学和国际影响力分析

## （一）贸易协定和全球一体化

要合理地看待全球一体化和市场解放的进程，我们就必须考虑到贸易协定的影响。尽管一些西方国家的保护主义潮流重新抬头，但每年国际间的贸易协定数量都有所增加。各国已经认识到，自由贸易协定能够提供安全且制度化的合作框架，推动协议国在互利互惠原则下进行系统化的合作。

首先，区分双边和多边的自由贸易协定至关重要。虽然这两种协议都旨在消除商业和非商业壁垒、降低交易成本，但多边协定具有更强的政治经济学意义，并有利于协议国通过对外贸易建立全球治理的基础。目前世界上已经有一系列多边协定，其中最活跃的是东盟（ASEAN）、北美自由贸易协定（NAFTA）和亚太经合组织（APEC）。双边协定更多发挥的是技术层面上的作用，注重两国间的具体利益。最常见的双边协定或双边伙伴关系是自由贸易协定（FTA）、经济合作协议（Economic Partnership Agreement, EPA）和战略合作协议（Strategic Partnership Agreement, SPA）。

其次，双边贸易合作协定（自由贸易协定）被定义为：通过减少政策上的壁垒，促进贸易增长，提升经济、金融、政治、文化、科学和其他领域融合水平的工具。在该定义下，双边贸易协定可以分为两类。第一类是由世界贸易组织（WTO）推动建立的，旨在消除关税和其他贸易壁垒的协定。这类协定重视技术作用，往往会制定具有较强约束力的贸易政策以推动国际贸易增长。世贸组织成员国在达成新的双边贸易协定时通常会告知该组织。就世贸组织所知，截至2016年，光是已经投入运转的自由贸易协定就有243个。① 第二类双边贸易协定实际上包含了第一类协定，不过这类协定更重视政治、经济问题。齐西莫斯②和克鲁格曼③为这一领域的研究打开了大门，他们研究了经济一体化可能遇到的困难，并讨论了这一类双边协定的战略意义，特别是它们在推动协议国全面一体化中的作用。

就实际运作而言，本章将自由贸易协定按其建立方式分为两类，第一类称为全面协议方法（Comprehensive Agreement Approach，CA），按这种方法建立的自由贸易协定一开始就涵盖双边经济关系的大部分领域（货物、服务、投资、环境、劳工问题等）。这类方法主要由美国和其他西方大国（如欧盟）使用。第二类称为逐步一体化协议方法（Gradual Integration Agreement，GIA），即两国先签署某项有关贸易、服务自由化的具体协议，但同时在协议中加入允许其他合作并进行渐进式谈判的条款。这种协议主要由中国使用。这两种方法都符合世贸组织的要求，并且都处于1994年出台的关税、贸易和服务总协定（General Agreement on Tariffs, Trade and Services, GATT-GATS）的框架之下。

---

① WTO, RTA data base, 2017, https：//rtais.wto.org/UI/PublicAllRTAList.aspx.

② Zissimos, B., Review of the Economics of the World Trading System by Kyle Bagwell and Robert Staiger, Cambridge: MIT Press (2002), *Economic Journal*, 2004, 114 (496), pp. 338 – 340.

③ Krugman, P., The Theory of Trade Agreements, Economic Integration, Size of Economies, Trade Costs and Welfare, In S. Snorraso (Ed.), *Asymmetric Economic Integration*, 2012, pp. 9 – 46, Berlin: Springer-Verlag, 2012.

## （二）外国影响力

长期以来，学者对国际政治影响力做了诸多分类和研究，这一概念的定义也随着时间的推移不断发生变化。最早，国家被看作其所处环境（地方、区域和全球）中活跃的一员，就像人类个体一样，它们会出现、演变、持存，也可能毁灭。反过来说，国家的种种行为往往是出于适应内、外部环境变化并追求某种超越国界的具体目标的需要。在这种语境下，人们通常将"国际影响力"理解为一国对别国政府政策制定所能施加的影响。这种影响力可以通过多种途径来实现，其中最常见的是双边协定或多边国际组织（如联合国等）。

汉斯·摩根索致力于研究国家如何获取和维持政治权力，他的作品是当代第一批理论化研究政治影响问题的学术论著之一。[1] 摩根索假定，主导权是任何人类社群的基本追求。因此，无论一个政府的目标和宗旨如何，它的任何行动都与获得权力并将这种权力最大化有关。在这种思路下，国际影响力被看作是一个国家对另一个国家的权力进行某种程度的控制的能力。对摩根索来说，对权力的渴望是国际政治的重要特征。然而，作为一个典型的现实主义者，摩根索并不认为一个集中的全球权威或超国家主体会限制主权国家的行为。他重视对民族国家行为逻辑的考察，因为后者才是全球互动的重要合法主体。从这个意义上讲，作者将权力的平衡视为一种全球性的动态过程。权力在几个国家之间的分配大致上是平等的。这种现实主义的观点认为，国际体系的建立并不困难，它不需要多少共同的准则，但不可避免的是，各国会各谋其利。在这一点上，摩根索认为利益冲突是国际体系内在固有的（无论是个人还是国家层面）。因此，为了维持一种全

---

[1] Morgenthau, H., *Politics Among Nations: The Struggle for Power and Peace*, New York: Knopf, 1960.

球性的共存局面，各国必须采取一系列遏制利益冲突的手段，如建立国家联盟和超国家机构。

在当时，以摩根索为代表的现实主义观点几乎是学界共识。但同时也有一些人认为，全球控制权应该由一个强大的国家来掌握，以便维持世界局势的稳定性。这个国家应当成为某种"霸权"，并通过强硬措施、谈判等手段扩大其影响，以便建立国际体系的规则，达成各国间的协调一致。这些观点构成了众所周知的霸权稳定理论（Hegemonic Stability Theory，HST）的基础。为该理论发声最活跃的学者之一是罗伯特·吉尔平。他认为，美国在促进国际合作，尤其是建立第二次世界大战后国际组织中发挥了关键性作用。[1] 霸权稳定理论的拥趸认为，国际政治是由霸权的更迭塑造的。无论何时，世界上总有一个国家作为国际规则的核心制定者而存在，各个国家之间的合作都深深地受到这个霸权国家的影响。然而，霸权国家的存在并不足以确保该体系的稳定性。正如斯蒂芬·克拉斯纳指出的那样，逐利动机使霸权国家在不同的时期采取不同的战略，历史上常常出现霸权国家的行为取向和全球趋势不一致的时期。[2]

另一位当代作家肯尼斯·华尔兹则采取了一种与传统的霸权理论相去甚远的思路。[3] 他研究了影响国际格局的新主体，并且阐述了"系统性力量"是如何影响国家间的相互作用的。他预测了国际组织的发展，并且前瞻性地指出，国际组织的建立可能并不完全符合参与国各自的利益。国际组织不仅可以被看作是国家争夺利益的结果，也可以看作是其争夺利益的原因，也就是说，

---

[1] Gilpin, R., *The Political Economy of International Relations*, Princeton: Princeton University Press, 1987.

[2] Krasner, S., State Power and the Structure of International Trade, *World Politics*, 1976, 28 (3), pp. 317–347.

[3] Waltz, K., *Theory of International Politics*, New York: McGraw Hill, 1979.

## 第三章 作为广泛多层次合作机制的自由贸易协定：中国与不断深化的中智关系

国际组织不仅是一个调节国家间利益冲突的实体，也是各国间新的利益冲突的关键因素。华尔兹打开了一扇通向新理论的大门，这一理论将时间变量考虑在内（与现实主义学派的假设不同，后者认为人性本恶，并且不会随着时间改变）。他认为，新现实主义流派的创始人将其研究的重点放在解释国际体系的第三层面（也称系统层面）上。他提出，作为国际体系构成单位的国家之间为了寻求生存发生互动，从而形成了全球的主导结构（称为无政府状态），这一过程同时也是权力分配的过程，每个国家都有自己的一部分权力。华尔兹将国际政治描述为这样一种系统：系统的稳定性和持存性通过其结构的安排才得以保证（国际体系作为一个独立变量而存在）。我们必须意识到，华尔兹的学说诞生于冷战时期，那时的世界正处于两极格局。然而，他的理论的确开创了一种新的思考模式，他帮助人们认识到，霸权国家的产生不仅依赖其军事力量，还源于其他方面的实力。如果一个国家在政治、经济和文化层面上建立了全球领导力，并产生深刻而复杂的国际影响，那么它就能在国际舞台上占据更加重要的位置。

冷战结束后，自由主义和新自由主义学说在国际事务领域的话语权日益增长。一种新的观点出现了：两个超级大国之间的平衡不是必然的，只不过是一种可能的现实罢了。一个更加多极化的世界开始萌芽，首先是欧洲的复苏，然后是金砖国家的崛起。在这种新的形势下，各国普遍联系且经济上相互依存的观点开始占据主导地位。它强调，相互依赖有助于各国之间的和平。[1] 根据科普兰（Copeland）的理论，在自由主义和现实主义流派下，经济上的相互依赖是唯一起到关键因果作用的因素。考虑到成本

---

[1] Copeland, D., Economic Interdependence and War: A Theory of Trade Expectations, *International Security*, 1996, 20 (4): 5 – 41; Gartzke, E., Li, Q. and Boehmer, C., Investing in the Peace: Economic Interdependence and International Conflict, *International Organization*, 2001, 55 (2): 391 – 438.

与风险之间的关系，贸易比战争更有利，这使得国际贸易成为一个合理的选择。即使当前贸易量很低，甚至根本不存在，对未来贸易的预期作为一种积极的愿景，也成为了国际间持续和平的动力。①

同时，人们开始认识到，经济上的相互依赖能够推动国家间合作的制度化，并且推动建立起经济、政治交往的规范化格局。②在这一新的视野下，"外国影响力"这一概念在国际关系领域的使用日益增长。继基欧汉、③奈（Nye）、豪加德④和哈斯特⑤之后，"国际影响力"被定义为国际组织或国家通过战略和协同互动间接施加于其他地区或国家的经济、政治或文化影响。首先，从这个定义中，我们不难发现基奥内的观点。他更多地强调国际

---

① Copeland, D., Economic Interdependence and War: A Theory of Trade Expectations, *International Security*, 1996, 20 (4): 5 – 41; Gartzke, E., Li, Q. and Boehmer, C., Investing in the Peace: Economic Interdependence and International Conflict, *International Organization*, 2001, 55 (2): 391 – 438.

② Haggard, S. and Simmons, B., Theories of International Regimes, *International Organization*, 1987, 41 (3): 491 – 517; Cohen, B., The Political Economy of International Trade, *International Organization*, 1990, 44 (2): 261 – 281; Alt, J., Frieden, J., Gilligan, M. J., Rodrik, D., & Rogowski, R., The Political Economy of International Trade: Enduring Puzzles and Agenda for Inquiry, *Comparative Political Studies*, 1996, 29 (6): 261 – 281.

③ Keohane, R. and Nye, J., *Power and Interdependence: World Politics in Transition*, Boston: Little-Brown, 1977.

④ Haugaard, M., Rethinking the Four Dimensions of Power: Domination and Empowerment, *Journal of Political Power*, 2012, 5 (1): 33 – 54; Haugaard, M., Concerted Power Over, *Constellations*, 2015, 22 (1): 147 – 158.

⑤ Hast, S., *Spheres of Influence in International Relation: History, Theory and Politics*, Oxford: Routledge, 2014.

### 第三章 作为广泛多层次合作机制的自由贸易协定：中国与不断深化的中智关系

政治、经济问题而不是安全问题，正如他更加重视国际合作而不是国际冲突一样。其次，该定义还包含着豪加德提出的"协调一致"（concerted power）的概念，豪加德将其研究的重点放在协调行动以实现共同目标或追求共同价值观（共同目标和共赢战略）上。最后，国际影响力的定义还引入了哈斯特的观点，他提出重新考虑"影响力范围"这一概念。我们必须用后冷战的思维重新思考这一概念，不再将国际影响力看作强制施加的，而是共识性、协商性、承诺性的。

无论是施加影响力的国家还是接受这种影响的国家都是国际影响力传递过程的积极参与者。在这种情形下，一旦其他国家跨入国际化行列，许多国家也会积极地参与其中。这种逻辑能够解释为什么大多数国家选择参加世贸组织或联合国等国际组织。显然，这不是一种普适的原则，但它的确适用于许多竞争或合作的情形。在社会促进论中，这一现象被称为"协作者效应"。[①] 在国际体系下，这一效应表现为，某些协议的实施能够刺激一个国家做出反应。这一理论认为，各国能够相互引导、相互学习、追求共同目标并实现资源的有效交换。该理论有两条原则。第一，被施加影响的国家能够意识到这种影响，并且有可能同施加影响的国家展开谈判并启动相关评估。第二，各国会努力加强成员国之间的行为规范。

大卫·鲍德温提出了一种介于依赖关系理论和社会权力学说之间的方法，赋予权力以多维的特性。[②] 他引入了稳定社会关系理论以深化对该问题的讨论。这一理论认为，在一个特定范围内，某一个体或群体对他人的控制是通过另一个人对他人的控制从而达成平衡的。从这一理论出发，经济上的单向/双向依赖成

---

① Zajonc, R., Social Facilitation, *Science*, 1965, 149 (3681), pp. 269–274.

② Baldwin, D., Interdependence and Power: A Conceptual Analysis, *International Organization*, 1980, 34 (4), pp. 471–506.

为"影响关系"的一种表现形式,其中相互依存可能带来不同形式的影响。换言之,作者认为,世界各国可以同时处于相互依赖的关系中。鲍德温认为,任何一种经济发展的动力源通常都可以向另一种动力源转换。

综上所述,本章将新现实主义、新自由主义的理论要素与外国影响力扩张模型结合起来(后者确定了新兴力量与小经济体之间进行合作并达成均衡的条件),通过考察各国战略性和协调性的相互作用,阐明外国影响力如何传递,并在国际层面上对社会关系理论作一些补充。在本章案例中,中智自由贸易协定允许两国在战略和制度层面上进行有效的资源交换,以实现共同目标。这种合作形式不仅旨在推动初级产品贸易,还能提高产品的附加值,所以它能让智利这样的小型经济体也获得发展机会。例如,智利是全球主要的硝石储备国,而硝石是制造电动车电池和储存太阳能的关键原料。通过自由贸易协定,中国得以开采智利的硝石资源并将制成的电池再销售到拉美市场。同时,中国提出加强智利的金融服务,从而使其成为人民币新的区域性平台。

## 二 比较分析

该研究是一项事后比较分析,侧重于研究自由贸易协定的非商业性影响,其目标有三:(1)确定与智利签署的两个自由贸易协定(中国和美国)在政策和结构上的异同;(2)理解中美两个超级大国与发展中国家开展合作的战略;(3)确定全面评估影响力的有效变量。[1] 为实现这一目标,首先需要确定构成自由贸易协定的主要指标。这有助于我们透彻地了解协定签署时的状况。在此过程中,我们只考虑包含特定措施和政策的指标,而不考虑

---

[1] Ragin, C., *The Comparative Method: Moving Beyond Qualitative and Quantitative Strategies*, Berkeley: University of California Press, 2014.

第三章 作为广泛多层次合作机制的自由贸易协定：
中国与不断深化的中智关系

仅作为潜在或未来举措的指标。

其次，需要考察经过10年后自由贸易协定发生的变化和出现的新指标。借助这些新的信息，我们能够将不同协议取得的进展进行比较。本章一共研究了14个合作指标，并将其分为四类进行分析：(1) 默认的三个贸易因素（货物自由贸易、服务贸易自由和投资自由流动）；(2) 三个贸易保障指标（知识产权、争议解决和电子商务）；(3) 三个政治因素（环境与劳动监管、移民政策和政府采购）；(4) 五个促进非商业合作的因素（中小企业合作、研究与技术合作、电信合作、文化合作与金融合作）。

最后，需要比较协定签署后政府出台的支持上述指标的政策和制度。

### （一）FTA 关键指标

理论上说，自由贸易协定的重点是消除参与国之间的贸易壁垒。其措施旨在推动公平和灵活的竞争，同时鼓励投资。[①] 同时提供投资保护、知识产权保护和争端解决的机制。

表3-1分析了贸易协定的主要条款。为了建立参考框架，笔者采用了各个变量的通行定义。前三个变量被视为自由贸易协定的基础，它们默认包含在此类协议中，尽管其实施取决于每个具体协议中的谈判。下面三个变量（4、5、6）是前三个变量的补充，旨在为私营企业和国有企业之间的贸易及监管提供保证。表格中的变量7、8和9遵循的逻辑相同，但内容主要是关于地方政策的监管，旨在建立环境保护、就业和人员流动的等效标准。最后的五个变量主要是关于寻求新的合作途径以加强缔约方之间的合作，旨在将协议拓展为综合性的合作平台，或进一步制定针对第三国的区域性举措，例如金融中心倡议和区域连通中心等。

---

① Zeng, K., China's Free Trade Agreement Diplomacy, *The Chinese Journal of International Politics*, 2016, 9 (3): 277-305.

表 3-1　　　　　　　　关键自由贸易协定指标的定义

| | | |
|---|---|---|
| (1) | 商品贸易自由化 | 创造更加自由的货物流动,允许合作伙伴互相给予优惠的市场准入条件(取消关税和非关税壁垒) |
| (2) | 服务贸易自由化 | 创造更加自由的服务流动,并扩大其市场准入(取消关税和非关税壁垒) |
| (3) | 自由的投资流动 | 消除协定签署国之间的投资壁垒 |
| (4) | 知识产权 | 为知识产权提供保护并承诺控制版权作品的盗版行为 |
| (5) | 争端解决 | 提供竞争法并控制反竞争的商业行为 |
| (6) | 电子商务 | 确保对商标、版权作品和互联网域名的保护,推进数字经济 |
| (7) | 环境和劳动法规 | 确保为国内环境和劳工提供高度保护 |
| (8) | 政府采购 | 在政府合同中提供反腐败规则,确保公司向政府机构出售商品和服务时遵循透明采购程序 |
| (9) | 移民政策 | 关于人们跨境进入该国的协议,特别是那些有意在该国访问、工作和经商的人 |
| (10) | 中小企业合作 | 为中小企业的发展创造良好的环境 |
| (11) | 研究和技术合作 | 促进互利互补的研究和技术部门的合作 |
| (12) | 电信合作 | 促进电信监管和政策方面的合作,包括促进和传播新的信息和通信技术 |
| (13) | 文化合作 | 促进国家之间的文化交流。特别注意推动文学作品翻译、交互信息交流计划和地方文化推广等合作活动 |
| (14) | 金融合作 | 推动两国在国际交易中使用中国货币并建立金融中心 |

资料来源:作者汇编整理。

## (二) FTA 范围

智美自贸协定是一项全面协议(采用 CA 方法),它从一开始就涉及了双边经济关系的众多领域(如货物、服务、投资、环境、劳工问题等)。相反,中智自贸协定的初始协议(采用 GIA 方法)并没有涉及那么多的领域,但协议包括了进行渐进性谈判并逐步纳入新的合作工具的条款。虽然两个协定各有自己的逻辑和应用的范围,但两者都在一开始就对双边贸易(市场准入、海关管理、保障、反倾销等）提出了自由化和制度化的要求。

表3-2列出了两个协定的初始指标。智美自贸协定和中智自贸协定致力于多边贸易体制（体现在1994年的《马拉喀什协定》，也称《世贸组织协定》中）下推动商品交换的自由化。该体制包含原产地规则、卫生和植物检疫措施以及技术壁垒等各项条款。同时，这两项协议还确保了关贸总协定（1994年）规定的知识产权保护和争端解决机制。它们的主要差别在于补充条款，后者的意义在于促进后续的交流与合作。例如，同美国的协议强调让美国公司平等参与智利政府投标，以及保护、鼓励两国间的电子商务和电信产业等方面的合作。同中国的初始协议则强调，商品和基地的交换是为了加强经济事务上的合作以及中小企业之间的合作（见条约第106、107、109和113条）。

表3-2　中国—智利、智利—美国自由贸易协定范围（生效日）

| 指标 | 智利—美国（2004年）"AC" | 中国—智利（2006）"AG" |
| --- | --- | --- |
| （1）商品贸易自由化 | X | X |
| （2）服务贸易自由化 | X | X |
| （3）投资自由化 | X | X |
| （4）知识产权 | X | X |
| （5）争端解决 | X | X |
| （6）电子商务 | X |  |
| （7）环境和劳动法规 | X | X |
| （8）政府采购 | X |  |
| （9）移民政策 |  |  |
| （10）中小企业合作 |  | X |
| （11）研究和技术合作 |  |  |
| （12）电信合作 | X |  |
| （13）文化合作 |  |  |
| （14）金融合作 |  |  |

资料来源：作者汇编整理自官方自由贸易协定条款。

### (三) 持续谈判与逐步实施

签署协定后,谈判仍在继续,协定内容则逐步实施。在这一阶段,我们就很容易发现两个协定之间的显著差别了。所有协议在一开始都是按照 WTO 规定的标准格式起草的,但经过 10 年的持续谈判和逐步实施,它们之间往往会表现出差别。而其中的主要原因是,不同的协议可能会纳入不同的新条款,而不同的条款造成的影响大小也不同。如果各国就特定政策或项目的制度化达成一致,则我们可以认为该协议的进展很快。可以肯定的是,国家间的合作总是越来越偏离一开始签署的协议,最终形成适合自己的特定合作机制和重点合作模式。

表 3-3 分别描述了两个贸易协定实施十年后的现状,涵盖了在原协定框架下进行的后续谈判所颁布的所有新条款。从表中可以看到,智美自贸协定后续只颁布了两项新条款(中小企业合作和免签证入境),而中智自贸协定签署后颁布了七项新条款,且集中在非商业合作领域(电子商务、政府采购、移民政策、研究与技术合作、电信合作、文化合作与金融合作)。

表 3-3　智利—美国和中国—智利自由贸易协定范围(生效后 10 年)

| 指标 | 智利—美国(2014 年)"AC" | 中国—智利(2016)"AG" |
| --- | --- | --- |
| (1) 商品贸易自由化 | X | X |
| (2) 服务贸易自由化 | X | X |
| (3) 投资自由化 | X | X |
| (4) 知识产权 | X | X |
| (5) 争端解决 | X | X |
| (6) 电子商务 |  | X |
| (7) 环境和劳动法规 | X | X |
| (8) 政府采购 | X | X |

续表

| 指标 | 智利—美国（2014年）"AC" | 中国—智利（2016）"AG" |
|---|---|---|
| （9）移民政策 | X | X |
| （10）中小企业合作 | X | X |
| （11）研究和技术合作 |  | X |
| （12）电信合作 | X | X |
| （13）文化合作 |  | X |
| （14）金融合作 |  | X |

资料来源：作者汇编整理自官方自由贸易协定条款。

智美自贸协定签署后，两国就技术性条款的实施进行了渐进性谈判。到目前为止，我们可以从三方面看到其进程：（1）商品的自由贸易协定（2003年）；（2）免签证入境协议（也称为签证豁免计划，2014年）。同样在2014年，两国还签署了专利合作条约（Patent Cooperation Treaty，PCT）；（3）促进中小企业发展备忘录（2015年6月）。

就中智自贸协定而言，两国间渐进式谈判的成果主要反映在七大里程碑事件中：（1）2005年11月签署商品自由贸易协定；（2）2005年11月签署劳务和社会保障合作谅解备忘录；（3）2008年4月签署服务贸易补充协议；（4）2012年9月签署投资补充协议；（5）2015年5月签署金融合作协议；（6）2015年期间签署促进旅游和商务旅行的签证便利化协议；（7）开展多种文化合作和科研活动，例如：中国科学院南美天文研究中心（2016年）、圣地亚哥中国文化中心（2016年）和中国传统医学会智利分会（2017年）等。

### （四）FTA政策

智美、中智自贸协定实际上是在同一时间签署的。协议签署时，美国是智利的主要贸易伙伴，贸易额占智利对外贸易的18%。① 目前，美国是智利的第二大商业合作伙伴，两国间贸易额自签署以来平均年增长率为12%。同智利签署自贸协定时，中国是智利的第三大商业伙伴，仅次于美国和欧洲。然而目前，中国已经成为智利最大的贸易伙伴和最大的出口目的地，两国间贸易额占智利对外贸易的23%。自协议签署以来，智利与中国的双边贸易额以年均17%的速度增加。相比之下，智利与全球的双边贸易额仅增长了8%。②

这些变化并非巧合，也不能简单地用各国的需求来解释。这些协议的背后隐含着国家加深特定领域合作的政治意图。在关于拉丁美洲和加勒比地区政策的两份白皮书中，中国宣布将扩大与该地区在多领域的广泛合作，达成互利共赢的关系。③ 正如蒋世学教授所说，随着高层交往的日益频繁，两国间的双边贸易额日渐增加，其他领域也纷纷开展合作。④ 同样，牛海滨教授从战略角度介绍了中国和拉丁美洲间的合作关系，探讨了中国这一亚洲大国是如何通过投资、金融和工业领域的合作以及商业交往打造其在拉美地区的经

---

① Chilean General Directorate of International Economic Relations-Direcon, Tratado de Libre Comercio Chile-Estados Unidos, 2003, http://www.sice.oas.org/TPD/CHL_ USA/Studies/DIRECONTLC_ s.pdf.

② Direcon, *Análisis de las relaciones comerciales entre Chile y China en el marco del tratado de libre comercio*, 2015, http://www.sice.oas.org/TPD/CHL_ CHN/Studies/FTAreview_ Aug2015_ s.pdf.

③ SCPRC, First China's Policy Paper on Latin America and the Caribbean, 2008, http://www.gov.cn/english/official/2008-11-05/content_ 1140347.htm; SCPRC, Second China's Policy Paper on Latin America and the Caribbean, 2016, http://english.gov.cn/archive/white_ paper/2016/11/24/content_ 2814754990 69158.htm.

④ Shixue, J., China's First Latin American Policy Paper Is a Road Map for Future Relations, *China.org Magazine*, 2010, http://www.china.org.cn/opinion/2010-11/05/content_ 21281787.htm.

第三章　作为广泛多层次合作机制的自由贸易协定：
中国与不断深化的中智关系　53

济战略的。他还解释说，中国与拉美和加勒比地区关系的迅速发展是国际体系变化的重要组成部分，这一现象表明政治关系有助于创造互利和可持续的经济关系。① 在本案例的研究中也可以找到上面学者所提到的内容。在过去的十年中，自由贸易协定的意义不仅仅在于它能推动货物贸易的增长，更在于后续制定的一系列政策。

表3-4和表3-5展示了后续谈判所制定的相应政策和举措。这些政策可以理解为是原始协议制度化的一部分，同时也体现着参与国政府为巩固战略伙伴关系所付出的努力。

就智美自贸协定而言，要把每个变量或指标和具体的政策、条款对应起来很难，因为许多条款在签署时就已经制定了。之后虽然定期会议都有记录在案，但几乎没有哪场会议提出了直接导致新条款出台的具体政策。例如，2015年两国政府制定的鼓励双边旅游的政策。又例如旨在保护工业产权、加强创新合作的专利合作条约（PCT）。此外还有旨在促进小企业之间相互支持的小企业发展中心政策。

表3-4　　　　智利—美国自由贸易协定政策（生效后10年）

| 政策或工具 | 美国 |
| --- | --- |
| 知识产权 | 知识产权政策（2004年）、专利合作条约（2014年） |
| 政府采购 | 政府采购程序（2004年） |
| 环境法规 | 智利的污染物排放与转移登记制度的发展，类似美国的有毒物质排放清单（2004） |
| 劳动法规 | 双方重申其作为国际劳工组织成员的义务（2004年） |
| 移民政策 | 免签证入境、高素质人员流动（2015年） |
| 中小企业合作 | 小型企业发展中心（2014年） |

资料来源：作者汇编整理自官方自由贸易协定条款。

---

① Niu, H., A New Era of China-Latin America Relations, *Anuario de Integración Coordinadora Regional de Investigaciones Económicas y Sociales*, 11, 2015, http://www.cries.org/wp-content/uploads/2016/02/03-Niu.pdf.

而相比之下，中智自贸协定更具政策制定的活力。早先的政策主要涉及产业分工和服务的交换。就服务政策而言，两国签署了涵盖60个行业和子行业的具体协议。中国把重点放在计算机、咨询、采矿和运输服务，而智利则专注于建筑设计、工程、采矿和旅游服务。①

2012年，两国同意将双边关系提升为战略合作伙伴地位。这一新的双边关系使智利和中国成为产品和服务上的互补国家。两国关系升级的结果反映在两年后出台的促进双边投资的协定中。一年后，两国签署了双重征税协议（适用于所得税、资产或金融交易），以避免两个司法管辖区对同一笔收入征税，这象征着两国促进双边投资的新举措。

2015年是两国签署新协议最频繁的一年。2015年5月，中国总理李克强访问智利，两国中央银行签署了金融合作协议，旨在促进人民币在两国交易结算中的运用。为了实现这一目标，两国签署了货币互换协议和清算协议（货币清算银行），使智利成为拉美第一个、美洲第二个国家（仅在加拿大之后）加入人民币合格境外机构投资者计划（Renminbi Quanlified Foreign Institutional Investor Program，RQFII）的国家。协议签署后，中国在拉丁美洲建立了第一个人民币金融中心，智利成为其国际化的金融平台。此外，两国还于2015年签署了促进旅游和商务旅行的签证便利协议，以及中国科学院、华为智利分会和费德里克圣玛利亚技术大学之间的合作协议，旨在为智利打造一个拉美最大的数据中心。此外，在过去三年中，两国间的科学技术和文化合作取得了丰硕成果，如每年在智利举办的中国文化周和圣地亚哥中国文化中心的开放（见表3-5）。这些措施是理解中国同拉美地区开

---

① MOFCOM, Supplementary Agreement on Trade in Services of the FTA between China and Chile, 2008, http://fta.mofcom.gov.cn/chile/xieyi/xieyizhengwen_en.pdf.

第三章 作为广泛多层次合作机制的自由贸易协定：
中国与不断深化的中智关系

展下一步合作的关键。

表3-5　　中国—智利自由贸易协定具体政策（生效后10年）

| 政策或工具 | 中国 |
| --- | --- |
| 服务贸易自由化 | 自由贸易协定的服务贸易补充协议（2008年） |
| 投资自由化 | 互惠促进和保护投资协定（2012年）、双重征税协议（2015年） |
| 电子商务 | 电子商务业务新篇章—自由贸易协定谅解备忘录升级（2017年） |
| 移民政策 | 取消签证费（2015年） |
| 政府采购 | 太平洋水电可再生能源项目（2016年）、参与锂电池招标（2017年）、政府采购新篇章—自由贸易协定谅解备忘录升级（2017年） |
| 劳动法规 | 劳动和社会保障合作谅解备忘录（2005年） |
| 中小企业合作 | 中智自贸区—智利鼓励小公司通过上海自由贸易区、开拓中国市场（2015年） |
| 研究和技术合作 | 中国科学院和智利国家科学技术研究委员会签署天文合作谅解备忘录（2015年）、中国国家航天局与智利农业部签署谅解备忘录、开放农业研究中心（2016年）、中国科学院南美天文研究中心（2016年）—区域科学中心、中国中医药学会智利分会（2017年） |
| 电信合作 | 中智智库大数据中心项目—区域电信枢纽（2015年）、中智天文数据中心（2015年） |
| 文化合作 | 智利中国周（2014年）、中国文化周（2015年）、圣地亚哥中国文化中心（2016年） |
| 金融合作 | 货币互换协议、人民币结算银行、人民币合格境外机构投资者计划（RQFII）、区域人民币结算中心（2015年） |

资料来源：作者汇编整理自官方自由贸易协定条款。

### （五）FTA制度

两项自由贸易协定都分别引入了制度化的框架，通过该框架实施并评估深化合作的新方法。智美自贸协定提出了两种制度。其一，分别建立两个技术委员会：技术壁垒和卫生措施。这两个委员会定期交流信息并讨论工作开展中遇到的困难。其二，分别建立两个混合委员会：环境合作联合委员会和中小企业工作小组。这两个小组也会定期召开会议，交流工作经验，合作实施具体规定。例如，中小企业工作小组会就商业发展中心的运作进行经验交流，并把工作的重点放在小企业上。

表3-6　中国—智利、智利—美国自由贸易协定体制（生效后10年）

| 机构 | 美国 | 中国 |
| --- | --- | --- |
| 1）自由贸易委员会 |  | 确保自由贸易协定的实施、管理和深化 |
| 2）技术委员会 | 技术壁垒委员会，卫生措施委员会，中小企业工作小组 | 货物委员会、技术壁垒委员会、卫生措施委员会 |
| 3）混合委员会 | 联合委员会环境合作 | 采矿、基础设施、农业和能源工作组 |

资料来源：作者汇编整理自官方自由贸易协定条款和官方报告。

中智自贸协定则规定了三种类型的机构：自由贸易委员会、技术委员会和混合委员会。自由贸易委员会是最高权力机构，规定定期举行会议，负责协议的实施和监管。技术委员会类似于智美自贸协定中的那种委员会，负责定期的信息交流和特定困难的讨论。混合委员会也定期举行会议，以扩大协议的范围并探讨新的合作方式。目前，中智自贸协定下有四个工作小组正在积极运转，以强化部长级会议的效力，促进能源、采矿和基础设施投资项目的信息交流，并扩大两国共同关心领域的产业合作和技术转让。

## 三　讨论

### （一）中国和美国：实施自由贸易协定的不同途径

从理论上讲，自由贸易协定是为了使各国协调其商业关系、在各领域建立更复杂的合作关系而存在的。

因此，自由贸易协定能够兼顾灵活性和安全性，以便加强发展中国家同强国（或新兴大国）之间的联系。它们已经成为各国

## 第三章 作为广泛多层次合作机制的自由贸易协定：中国与不断深化的中智关系

在互补性、程序标准化和相互促进的基础上推进全面合作的支柱。然而在现实中，并不是所有大国都采用自由贸易协定作为加深非商业关系的机制。一方面，美国等国家严格地将自由贸易协定作为商业性质的工具，将其重点放在统一标准、减少技术壁垒上。这种做法反映了南北合作的典型模式，工业国将制成品销售到非工业国，而非工业国则将其原材料和自然资源商品化。自20世纪60年代以来，西方国家的权力分配几乎没有发生变化。这不仅反映了一种地理意义上的秩序，更反映了一种深入人心的对现状的认识。在这种情形下，自由贸易协定被视为发达国家建立的国际格局的一部分，其基础是发达国家的比较优势和竞争优势。这种贸易协定缺乏对国际间深度合作的激励。于是，这种合作关系常常是纵向的。正如玛丽安·马钱德指出的那样，南方国家的经济格局最终被工业化国家的特点和需求所塑造，而其原有的异质性则消失了。[1] 美国新总统就任后，美国和拉美之间更加缺乏合作的动力，而且这一事实甚至显得更加理所当然。

值得注意的是，在20世纪，美国是美洲次大陆最具影响力的国家，由于地理位置接近、经济军事力量强大、文化影响力大，美国是拉美各国关注的焦点，也是拉美在欧洲殖民时代结束后最主要的贸易伙伴。但是，这般景象已经逐渐消失了。在过去的十年间，美国正为自己倒退的政策付出代价。这一过程中最具标志性的两大事件或许就是对墨西哥建墙和退出 TPP 了。

中国则将自由贸易协定看作是广泛和多层次合作的机制。在过去的十年中，中国开始有选择地使用自由贸易协定，并只同少数国家建立了此类协议。在拉美，中国只与智利、秘鲁和哥斯达黎加签署了三个自由贸易协定。而同该地区其他国家的战略伙伴

---

[1] Marchand, M., The Political Economy of North-South Relations, In R. Stubbs and G. Underhill (Eds.), *Political Economy and the Changing Global Order*, 1994, pp. 289–301, Toronto: McClelland and Stewart.

关系则是通过外交渠道建立起来的，其特点是高水平的投资和与原材料开采、运输有关的项目贷款。

一开始，中智自贸协定也专注于解决商业利益方面的问题。起初，中国对智利采取的措施和西方大国类似。因为对智利来说，中国也是一大具有价格竞争力的原材料买主和技术供应商。中国增加从拉美的进口对当地的政治、经济精英来说是个好消息，他们可以获得这些新的收入，从而继续保持其禀赋因素带来的优越地位。但是在过去的5年里，中国一直主动寻求在共同利益和互补合作的基础上同智利建立更加密切的合作。

一方面，中国开始向智利的基础设施、能源和电信领域进行多元化的投资，并扩大这些领域的技术转让。一个典型的例子是中国北汽集团参与智利锂电池的招标（前者是中国唯一一家不仅提取化学品，还制造电池和电动汽车的汽车公司）。另一方面，中国还提出了一些超越商业利益的倡议，如科学、金融、政治等领域的合作。这些合作举措不仅加强了两国的分工协作，还使两国间各领域的联系日益密切。例如，中国通过建立南美天文研究中心、中智大数据中心和南方光纤项目，致力于创建两国科学、电信发展的区域平台，

因此，中国的快速发展不仅可以从其经济增长中理解，还可以从它的政治关系和它所利用的关联机制来理解。这一时期，中国更加积极关注外交政策，通过不同的手段扩大其影响力，并建立不依赖原有的国际秩序的新型合作（例如"一带一路"倡议等新的多边平台）。中国值得称道的地方在于，它能在很短的时间内意识到拉丁美洲各国并不是同质的，从而基于不同国家的国情考虑不同的合作机制。在这种背景下，自由贸易协定似乎是中国与这些自由市场经济的中小经济体在经济互补、高度制度化和战略联盟的基础上进行合作的适当机制。据观察，未来几年中国将加强同拉美国家的合作趋势。中国正与该地区的另外三个国家（哥伦比亚、巴拿马和乌拉圭）进行谈判和自贸协定的可行性研究。

第三章　作为广泛多层次合作机制的自由贸易协定：
中国与不断深化的中智关系

从这个意义上说，这项研究让我们看到，中国式的自由贸易协定经过十年的实施，远比美国式的自由贸易协定更加雄心勃勃。一方面，中国已经首先同智利建立了贸易伙伴关系，另一方面，两国已经在自由贸易协定的框架下就多领域的合作制定了倡议，包括技术转让、生产多样化和基础设施优化等。由此看来，中国的合作模式更有利于安第斯国家摆脱不发达的现状。

### （二）作为克服发展陷阱新方案的 FTA

经合组织最新发布的题为《智利生产转型政策综述》（*Production Transformation Policy Review of Chile*）的报道表明，尽管智利目前拥有稳定、开放的国内局势和充分的宏观经济调控，它仍然难以维持经济的发展和满足社会不断产生的新需求。[①] 由于生产过剩、产品增加值低、生产单一化和较低的生产率，该国的经济非常容易受到国际需求变动的影响。从这个意义上讲，自由贸易协定有着两重作用。它们相辅相成，相互补充，有助于推动智利经济的转型升级。

一方面，自由贸易协定能激励智利打造更具竞争力的贸易格局。自由贸易协定为中小经济体开拓了新的海外市场，但当地厂商只有提高其产品的竞争力才能有效地向全球市场渗透。这无疑是一个巨大的挑战。但在这个相互联系日益密切的世界里，一国的产业只有大胆走出自己的舒适区，灵活适应全球环境才能真正获益。同时，自由贸易协定还会导致相应公共政策的出台，从而促进当地生产，激励企业从事多种经营活动，推动经济多元化。尽管这一过程进行得比较缓慢，但成效仍然显著。2016 年，智利已成为中国主要的水果供应国，其出口到中国的水果数量首次超

---

[①] OECD, *Production Transformation Policy Review of Chile：Reaping the Benefits of New Frontiers*, Paris：OECD Development Pathways, 2018, http：//www.oecd.org/publications/production-transformation-policy-review-of-chile-9789264288379-en.htm.

过泰国、越南和美国,这使得智利减少对铜出口的高度依赖。根据智利外交部的数据,自两国自贸协定生效以来,智利出口到中国的水果数量增加了 18 倍,从 2007 年的 6500 万美元增加到 2016 年的 1.27 亿美元。[1]

另一方面,自由贸易协定能够促进全面合作。从本研究中可以看出,中智自贸协定包含有 14 项基本条款,其中 5 项加强了两国间的非商业合作关系(中小企业合作、研究和技术合作、电信合作、文化合作和金融合作)。从这个意义上说,自由贸易协定可以克服保罗·科利尔确定的四大发展陷阱中的一个:自然资源陷阱。[2] 智利是一个高度依赖自然资源开采的国家,其主要出口产品是附加值较低的铜、水果和鱼类。与该地区大多数国家一样,其经济常常受到初级产品市场波动的强烈影响。对丰富自然资源的滥用可能会导致其经济过度集中于基础领域,限制该国的创新和工业化水平。中智自贸协定签署后的十年间,智利在发展道路上取得了长足进展。因为该协定不仅有利于鼓励商业交流,还能够作为更加复杂的合作机制发挥作用,刺激科研创新、技术转让,激发社会的创新性,提升产业的附加值。通过相互激励,中国不断深化其对智利的影响,提升两国间合作水平,将自由贸易协定转化为广泛而多层次的合作机制。

## 四 结论

在政治科学领域,任何概念的意义都只是暂时的,我们必须经常对它们进行批判性的审视。"外国影响力"这一概念也

---

[1] Direcon, Chile se convirtió en el principal exportador de fruta a China en 2016, *La tercera Newspaper*, 2017, http://www.latercera.com/noticia/chile-se-convirtio-principal-exportador-fruta-china-2016/.

[2] Collier, P., *The Bottom Billion: Why the Poorest Countries are Failing and What Can Be Done About It*, Oxford: Oxford University Press, 2008.

### 第三章 作为广泛多层次合作机制的自由贸易协定：
中国与不断深化的中智关系

是如此。在冷战时期，这一概念带有深刻的干涉主义和霸权主义烙印。干涉主义是指将外国影响力看作一种操纵国内权力分配、统治的机制，暗示了外国对本国主权构成的威胁。而如今，这一概念得到了更加实证主义的阐释，学者倾向于将外国影响力和全球参与、互利合作结合起来。全球参与意味着各国高度认可国际组织所发挥的作用，并在合作的基础上寻求互惠互利，实现共同目标。

这并不意味着曾经的那种观念已经消失，也不意味着国家之间不再采用对抗的方式施加影响。[①] 但的确，国家间的关系更多地表现为交流与互补。因此，目前的全球现实或许是上述两种观念的中和。

中国和智利的情况就是如此。两国通过签署自由贸易协定，从单纯的经济交往开始，不断加深彼此间的联系，寻求更加复杂的合作机制。中国利用两国间的经济互补关系打造独特的合作模式，使两国能够在战略和制度上朝着共同目标努力。在这种背景下，自由贸易协定作为新型的合作方式，能够使智利这样的小型经济体走上发展道路。通过自由贸易协定，参与国不仅关注初级产品的交换，更关注能够鼓励科研创新、推动技术转让、增加产品附加值的长期举措。

尽管十年前中、美两国和智利签署的自贸协定的水平并不相当。但值得注意的是，中国已经知道如何以复杂的方式利用这一工具从而扩大其影响范围。一方面，中国已经意识到自由贸易协定不仅能够为自身提供便利，更能作为小型开放经济体和大国合作的有利工具。在某种程度上，这解释了为什么自由贸易协定能够兼顾安全性和灵活性，并成为国家间合作的重要组成部分。各国可以利用 WTO 提供的框架，遵循高度标准化的程序加强合作

---

① Little, R., *The Balance of Power in International Relations: Metaphors, Myths and Models*, Cambridge: Cambridge University Press, 2007.

关系，并通过补充协定建立战略合作。

另一方面，中国已经显示出通过自贸协定扩大其影响的能力。中国值得称道的地方在于，它能在很短的时间内意识到拉丁美洲各国并不是同质的，从而基于不同国家的国情考虑了不同的合作机制。据观察，未来几年中国还将继续加强与拉美的合作趋势。目前，中国正与该地区的其他三个国家（哥伦比亚、巴拿马和乌拉圭）进行谈判和自贸协定可行性研究。这无疑标志着拉美在地缘政治困境中的一次转型。中国不仅吸引了委内瑞拉、厄瓜多尔等国家的关注，还力求同拉美的其他国家建立深度合作项目。在全球范围内看，中国正就 10 个新的自由贸易协定同多国进行谈判，同时正对另外 10 个协定进行可行性研究。这场潮流显示了中国为建立新的全球贸易规则以适应不断变化的区域经济形势的努力，同时也使得发展中国家得以在这些规则的制定上发挥关键性作用。

安德烈斯·博尔克斯（Andres Borquez）

# 第四章　南方共同市场和中国：
　　　　伙伴关系、挑战和机遇

　　南方共同市场（Mercosur）由巴西、阿根廷、乌拉圭和巴拉圭于1991年建立，当时的全球背景和现在完全不同：冷战结束之后美国成了世界第一大国，致力于贸易自由化的区域性机构正在世界各地成立，同时在拉美等地新自由主义经济政策非常常见。25年后的今天，世界已经发生了翻天覆地的变化：美国现在似乎要放弃曾支持建立的以机构为基础的世界秩序了，中国已经成为世界强国，同时也是南方共同市场最强大的经济伙伴之一，另外南美洲集团在经过多年的停滞之后也开始寻找新的联合模式。

　　正如大量文献一遍一遍指出的那样，中国的崛起无疑对南方共同市场国家的经济和社会发展产生了积极影响，但也带来了重大的挑战。一方面，21世纪初中国经济的快速发展为这些国家带来了长达十年的经济稳定增长。作为具有竞争力的商品生产商，他们从中国对大豆、铁矿石、石油和其他原材料的需求增长中获益颇多。除了贸易之外，中国企业还开展了众多投资计划，这些投资最初集中在商品和基础设施部门，但很快它们也进入了制造业和服务业之中。中国的国有银行也扩大了信贷额度，用以资助南方共同市场国家所急需的基础设施建设项目。

　　另一方面，南方共同市场现在还没能改变以商品贸易为中心的单一市场结构，仍没能实现多样化发展，同时在接受与服务和创新相关的经济活动方面也步履缓慢。就像中国所做的那样，这些是实现经济和社会发展的必要步骤。此外，近年来中国经济增长的新常态对南方共同市场国家产生了巨大影响，这也标志着"商品繁荣"的结束，同时也对几乎完全基于原材料出口的经济增长模式的未来提出了质疑。

本章的主题是中国和拉美该如何建立合作关系来摆脱中等收入陷阱。在这一框架下，本章将分析中国对南方共同市场成员国之间的关系及其经济和社会发展的影响。尽管南方共同市场与中国已经进行了超过 15 年的合作，南方共同市场到现在也没能针对这位亚洲巨人制定共同战略。笔者认为如果巴西、阿根廷、乌拉圭和巴拉圭打算抓住中国带来的机会来摆脱中等收入陷阱的话，那么加强南方共同市场之间的合作就十分重要。

本章按如下安排行文：简介的剩余部分将对南方共同市场的形成过程和 1991 年后的发展历程进行简要介绍。接下来的第二部分将分析中国作为南方共同市场国家 21 世纪初以来的合作伙伴的崛起过程，以及其对成员国发展的影响。第三部分将重点讨论南方共同市场与中国的政治经济关系，并强调南方共同市场近期发展停滞的原因。在此之后，笔者将提出一系列南方共同市场国家用于建立与中国共同市场的可实行政策，并对集团内部进行改革以增强其关联性，同时将中国与南方共同市场的关系转变为更好、更公平的经济增长催化剂，最终摆脱中等收入陷阱。最后，笔者将总结自己的研究发现并提出进一步研究的方向。

## 一 南方共同市场简史

有两个因素有助于解释 20 世纪 80 年代开始的阿根廷和巴西一体化进程的初步成功，这最终为南方共同市场的建立埋下了伏笔：第一，在政治方面，阿根廷和巴西刚刚建立的民主政府试图通过结束两国长期的不友好竞争关系的方式来提升地缘政治稳定性并促进经济增长；第二，在经济方面，20世纪80年代末90年代初阿根廷和巴西正在试验以华盛顿共识为指导方针的一系列政策：私有化、贸易自由化和放松管制。两个南美国家的合作性宏观经济政策促进了关于建立基于"开放区域主义"原则的融合机制的讨论。特别是阿根廷在卡洛斯·梅内姆（Carlos Menem，1989—1999年）执政期间，南方共同市场被当作是参与到更大的贸易集团中去的平台，其中包括美洲自由贸易区，这也是美国总统布什（George H. W. Bush）最先提出的倡议。

当阿根廷和巴西打算建立自由贸易区的意图十分明显时，乌拉圭和巴拉圭也加入其中，由此他们于1991年3月26日签署了"亚松森条约"，该条约的签署也代表着南方共同市场的成立。文件中规定：（1）各成员国之间应消除贸易壁垒以建立共同市场；（2）建立关税联盟，对非南方共同市场国家产品实行共同对外关税（CET）；（3）协调关键宏观经济政策；（4）协调法律法规以促进融合。还有其他的协定也加强了该集团机构的稳定性，其中包括1994年的欧鲁普雷图协议（Ouro Preto），它将南方共同市场作为一个国际法律实体并支持共同对外关税的实行，2002年的乌斯怀亚协议（Ushuaia）中的民主条款则被两次用于暂停一国的成员资格：2012年的巴拉圭和自2015年开始暂停的委内瑞拉。

尽管初期大家都热情满满，但亚松森条约中的承诺在其签署国所设定的时限内并不会实现。虽然南方共同市场的确降低了贸易壁垒并促成了1991—1998年的区域内经济繁荣，但在这之中仍存在着一些障碍。特别是由1995年墨西哥经济崩溃开始，在1997年亚洲经济危机被加深了的一系列宏观经济危机导致了阿根廷和巴西的宏观经济合作关系紧张。1999年突发的巴西货币贬值彻底结束了巴西和阿根廷之间的宏观经济协调合作的机会，同时在严重的经济、政治和社会危机的影响下，2002年阿根廷放弃了美元兑换比索的政策。具有高度邻国经济依赖性的巴拉圭和乌拉圭也在这一段时间遭受了经济倒退。

在经济危机之后新自由主义政策饱受质疑，南方共同市场在内斯托尔·基什内尔（Néstor Kirchner）和卢拉·达·席尔瓦（Lula da Silva）两人分别于2003年在阿根廷和巴西担任总统之后开始进入"后自由主义"时期。在2003—2014年中南方共同市场承担了更多政治任务，然而经济合作却陷入停滞。南方共同市场两大成员之间言辞激烈，同时贸易保护主义以及贸易不对称等现象也越来越多，这一集团几乎已经瘫痪了。中国引导的商品繁荣结束了，与此同时由毛里西奥·马克里（Mauricio Macri）和米歇尔·特梅尔（Michel Temer）在阿根廷和巴西分别引导的支持市场经济的政府蒸蒸日上，分析人士预计南方共同市场将开始一个新的时代，而经济一体化也将再次成为集团的中心理念。目前正在进行的南方共同市场与欧盟间自由贸易协定的谈判如果能够成功，这一系列的观点也将进一步得到支持。

## 二 南方共同市场、中国与中等收入陷阱

### （一）中国对南方共同市场愈发重要的作用

在南方共同市场于20世纪90年代末期忙于应对重大的社会与经济危机的时候，中国经济正在以惊人的速度增长，而这也主要得益于邓小平的"改革开放"政策。从1978—1998年，中国经济平均每年增长9.8%，同时贸易占GDP的比例从7%上升到了37%。在这段时间中，中国的人均GDP由156美元上升到了828美元，数亿的人摆脱了贫困。当人大代表齐聚北京批准"十五计划"（2001—2005年）的执行时，中国已经是推动世界经济发展的主要动力了。

如果在改革的头十年中国就利用外国资本和技术开始建立自身工业基础的话，到2000年的时候中国可能早就可以凭一己之

力参与到全球经济发展中去了。在考虑到这一目标之后，中国制定了"走出去"策略，用以鼓励中国企业进行对外投资，这当中包括三个主要目标：（1）通过全球范围的经济竞争，提高中国的大型企业（大多为国有企业）的效率；（2）为中国日益增长的制造业部门争取新的市场，并超越欧洲、美国和日本；（3）保证中国经济发展所需原材料（包括农产品、货物、石油与矿物）的供应。

作为正从危机中走出来的、拥有巨大市场的产品生产者，南方共同市场成员国正是"走出去"战略的理想合作伙伴。为了进一步深化合作，中国时任国家主席胡锦涛在2004年访问了巴西和阿根廷，[①] 并宣布了中国在该地区的经济和外交策略的新时代的开始。与此同时，南方共同市场的领导者也十分愿意与中国形成更加密切的合作，他们也打算以此促进自身经济发展并减少对欧美的依赖。从中国获得的基础设施建设方面的资金支持也让自己不必再受到国际货币基金组织和世界银行等其他多边机构的限制。

时任国家主席胡锦涛的此次出访标志着中国与南方共同市场间经济关系迅速增长的开始，这一增长基于贸易、投资和金融三个维度。在双边贸易开始后，2001—2016年南方共同市场和中国之间的贸易额平均以每年20%的速度增长，如图4-1所示，贸易总额从2001年的不足60亿美元增长到了15年后的780亿美元。尽管在2012年之后双边贸易量下降了，但中国仍是巴西和乌拉圭的第一大贸易伙伴，在这之后也是阿根廷和巴拉圭的第二大贸易伙伴。

从21世纪00年代中期开始，中国公司在南方共同市场国家

---

① Hashmi, M. A., A Critical Analysis of Mercosur Countries' Trade Relationships with the United States and China, *International Business Research*, 2017, 10 (1): 163.

的投资也逐渐开始增加了。事实上，南方共同市场是目前受益于中国投资流入最多的拉美地区，自 2001 年来总额超过 650 亿美元。根据杜塞尔·彼得斯（Dussell Peters）和奥尔蒂斯·贝拉斯奎兹（Ortiz Velazquez）2017 年的数据，2001—2016 年中国在巴西投资近 550 亿美元，在阿根廷投资 100 亿美元。与此同时，中国对乌拉圭的直接投资最多只有几亿美元，也没有记录记载中国对巴拉圭的直接投资，而这很可能是由于正式的外交关系的缺乏。

另外，中国的开发银行也为南方共同市场国家提供了大笔贷款，这些贷款主要用于基础设施和能源项目的建设，其中也包括对中央银行提供的直接财政援助，这些贷款的获益者主要就是阿根廷和巴西。根据加拉格尔（Gallagher）和迈尔斯（Myers）2016 年的统计，中国自 2004 年以来为巴西提供的贷款超过了 320 亿美元（委内瑞拉之后的拉美第二大贷款国），还有为阿根廷提供的 150 亿贷款（为第三大贷款国，接下来是厄瓜多尔）。但并没有对乌拉圭和巴拉圭的贷款记录。

巴西的独特性及其规模从数字上看就可见一斑。例如在 2016 年，中巴贸易额占中国在南方共同市场贸易总额的 75%，其次是阿根廷，占 19%，乌拉圭和巴拉圭各占不到 3%。同时中国对巴西的投资占中国在南方共同市场投资的 84%，其余的投资则流向了阿根廷。另外，巴西在吸引中国贷款和融资方面也独树一帜，其贷款额占中国对南方共同市场贷款总额的 71%，剩余的 29% 则属于阿根廷。

这些数据体现出了南方共同市场中各国的不对称性，这也是造成其成员国关系紧张的原因之一。一方面，阿根廷并不信任巴西的全球视野和它在世界舞台上单打独斗的能力，这些不信任也包括它与中国的关系。另一方面，乌拉圭和巴拉圭对于自己被视为南方共同市场的"二等成员"经常表示不满。关于中国和其他重大问题的集团内部决策（有时甚至缺乏相关决策）往往都是巴西利亚与布宜诺斯艾利斯之间的直接对话，乌拉圭和巴拉圭的利益往往都是被忽略的。

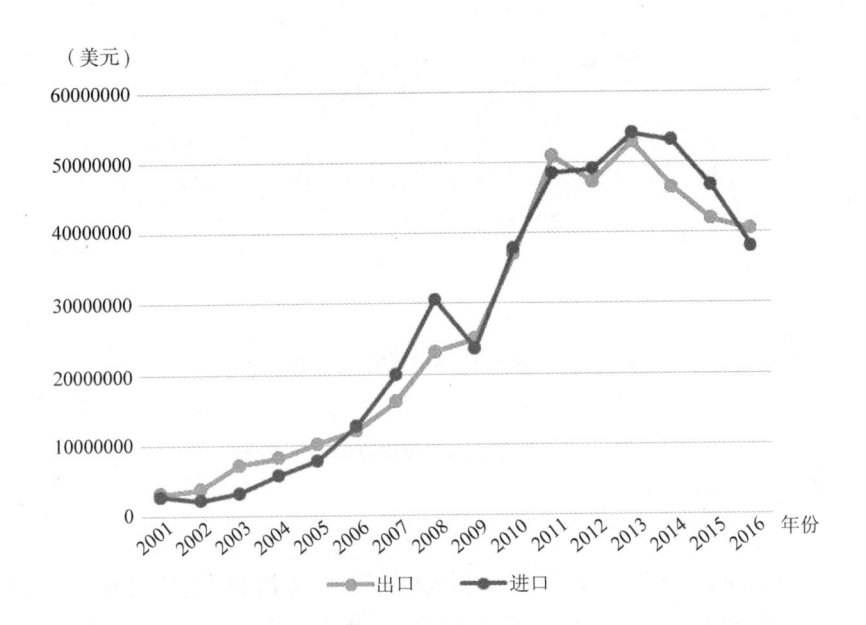

图 4-1 南方共同市场与中国的贸易（2001—2016 年）

资料来源：世界银行。

## （二）与中国贸易的发展影响

正在崛起的中国通过两种机制促进了南方共同市场的出口：（1）对该地区大豆、石油、铁矿石等原材料的直接购买；（2）在中国的大量需求的影响下，全球商品价格开始上涨。这对总体经济增长带来了积极影响，如图 4-2 所示：2002 年到 2012 年期间，巴西的 GDP 年均增长 3.78%（1992—2002 年为 2.62%），阿根廷年均增长 4.19%（前十年为 1.71%），乌拉圭年均增长 4%（之前为 1.78%），而巴拉圭则为 3.57%（1992—2002 年为 1.83%）。

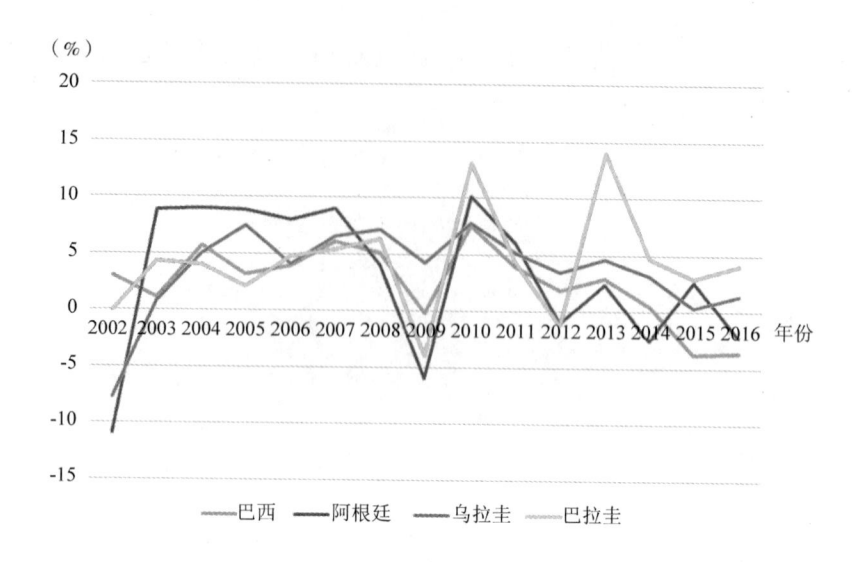

图 4-2 南方共同市场国家的 GDP 增长

资料来源：世界银行。

一方面，经济扩张和积极的政府政策（特别是阿根廷、巴西和乌拉圭的政策）引领社会走向巨大进步。例如，根据世界银行的数据，在与中国的关系蓬勃发展的作用下，这四个国家的基尼指数都降低了，基尼指数是用于衡量收入分配平等程度的指标，该指标中，100 表示完全不平等，0 表示完全平等。不平等程度的减少如图 4-3 所示。找到比较可靠的反映贫困发展趋势的指标比较困难，但根据一项基于国家数据的估计，在 2005—2012 年期间，即中国对于经济繁荣时期引导力最强的时间段，巴西的贫困率由 36.4% 降到了 18.6%，阿根廷则由 30.6% 降低到了 24.5%，乌拉圭由 18.8% 降到了 5.9%，而巴拉圭由 56.9% 降到了 49.6%。[1] 因此，南方共同市场国家无疑在 21 世纪初从中国的繁荣中受益良多，

---

[1] Rebossio, A., Una comparación social entre Mercosur y Alianza del Pacífico, *El País*, 2014, http://blogs.elpais.com/eco-americano/2014/03/una-comparaci%C3%B3n-social-entre-mercosur-y-alianza-del-pac%C3%ADfico.html.

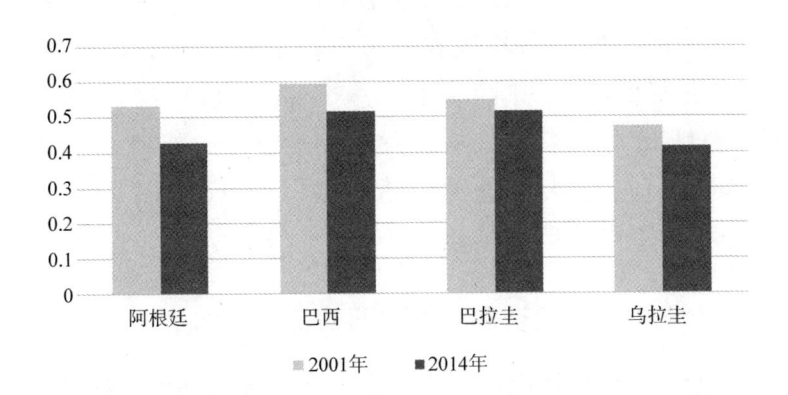

第四章 南方共同市场和中国：伙伴关系、挑战和机遇 71

它们所获利益要比拉丁美洲的其他地方更多。

图 4-3 2001 年和 2014 年阿根廷、巴西、巴拉圭和乌拉圭的基尼指数
资料来源：世界银行发展指标。

另一方面，南方共同市场和中国几乎没有进行过产业内贸易，两者之间的贸易模式倾向于更为典型的商品制造模式。大部分南方共同市场对中国的出口主要集中于几种原材料产品上面：铁矿石（来自巴西）、原油（来自巴西和阿根廷）和大豆（来自巴西，阿根廷和乌拉圭）。除巴西之外，所有其他南方共同市场成员国在与中国的贸易中都存在逆差。这对乌拉圭、巴拉圭尤其是阿根廷来讲都是一个问题，因为这些国家本来就存在着现金账户上的问题。

对于南方共同市场和中国的贸易关系我们应当持乐观态度。第一，有证据表明，当这些国家针对选定产品提出明确的计划，并能保证提供足够的货物来满足中国庞大的国内市场，中国愿意满足阿根廷和巴西对于进一步的贸易多元化的需求。例如在 2018 年，经过多年的外交谈判之后，中国批准了阿根廷的加工牛肉的进口。[1]

---

[1] Beef Central Competitor Watch：China extends Argentina's access for chilled beef and lamb，2018，https：//www.beefcentral.com/trade/competitor-watch-china-extends-argentinas-access-to-chilled-beef-and-lamb/.

第二，中国正逐渐向消费性经济转变，同时其国内工人工资也开始上涨，这些情况都将增加中国对南方共同市场如葡萄酒、加工肉、食用油、皮革和其他农业工业产品的需求。2017年12月，中国宣布降低南方共同市场的优势产品的进口关税，这些产品包括含酒精和不含酒精饮料、意大利面、虾、奶制品和果酱等。正如阿根廷驻华大使迭戈·古伊拉（Diego Guelar）所说，"这是一个我们不能浪费的机会。"[1]

### （三）来自中国的投资和金融方面的发展影响

中国企业在阿根廷和巴西投资巨大，在能源和基础设施建设方面更是突出。这种投资增长很大程度上都要归功于中国独特的融资能力，这些融资主要通过其两家政策性银行完成：国家开发银行（CDB）和中国进出口银行。中国的这些投资逐渐弥补了阿根廷和巴西基础设施方面的不足，这些不足一直限制着它们竞争力的提高和经济的增长，同时这也为中国企业提供了先前为欧美企业所保留的新的商机。这个体系非常简单：中国企业所提供的融资条件是其他国家和世界银行及美洲开发银行等传统投资者没法相比的。

举个例子，中国企业现在正在重建阿根廷最长的铁路之一——贝尔格拉诺货运线，这条线路将布宜诺斯艾利斯的港口与北部省份连接起来，同时中国也在建造巴塔哥尼亚的水坝以及核能发电站。在巴西方面，中国已经控制了大部分地区的电网，并且还在建设几座水电站。中国还打算建立一条贯穿巴西的大西洋海岸和秘鲁的太平洋海岸的跨陆大桥。

中国企业也与南方共同市场的石油部门保持密切合作。中国的石油公司（特别是中石油）在巴西的盐下油田投入了大量资

---

[1] Infocampo, China redujo aranceles para la importación de alimentos: "Es una oportunidad para Argentina", 2017, December 11, http://www.infocampo.com.ar/china-redujo-aranceles-para-la-importacion-de-alimentos-es-una-oportunidad-para-argentina/.

## 第四章　南方共同市场和中国：伙伴关系、挑战和机遇

金，并且他们将其在阿根廷的传统石油开采上的投资逐渐转向了瓦卡穆埃塔的页岩气和石油的开采中。此外，来自中国的金融援助对处于全球金融市场之外的巴西和阿根廷更是格外重要。就阿根廷而言，中国为其提供了数十亿美元的外汇交换额度，以帮助该国从2014年所拖欠的外汇债务中恢复。在巴西，来自中国的贷款帮助石油巨头巴西石油公司从丑闻中恢复了过来，该丑闻一度影响了该公司的稳定性。[①] 这一系列的例子都表明中国的投资都是对各国需求有针对性的投资，而不是"一刀切"式的投资。

一方面，中国决定实现每年7%左右的可持续增长率，另一方面，中国也表示其经济发展模式将由重投资和出口贸易转向国内消费。此外，中国还采取了多项重要措施以抑制其经济增长对环境带来的不利影响，这其中就包括加大对国内外可再生能源的投资力度。

这些新的趋势都将对南方共同市场国家产生巨大影响，同时中国的投资也逐渐从商品转向了制造业和服务部门，这也是中国新的可持续发展战略的一个表现。中国的制造业和服务业巨头将注意力集中于巴西，其目的在于保证其国内市场的供给。与此同时，中国企业也在阿根廷的太阳能电站建设项目中竞标成功，同时中国最大的商业银行——中国工商银行，也已经成为该国金融业最重要的一部分。此外，中国的汽车制造商也开始在乌拉圭设厂，希望能从那里进军巴西和阿根廷市场。

加拉格尔和迈尔斯表示，中国将进一步对拉丁美洲加大融资力度，特别是那些旨在促进中国在关键领域投资的基金。[②] 中国为达成这一目标设立了三项基金：200亿美元的中国—拉美产业合作投资基金、100亿美元的中国—拉美基础设施建设专项贷款，

---

[①]　Gallagher, K. P. and Myers, M., China-Latin America Finance Database, Washington: *Inter-American Dialogue*, 2016.

[②]　Ibid..

以及至少100亿美元的中国—拉美合作基金。尽管并非所有的中国基金都非常活跃,但中国决定邀请阿根廷和巴西于2017年5月一同参与在北京进行的首届"一带一路"国际合作高峰论坛的发起,这表明南方共同市场将持续从中国在基础设施方面的融资和投资中获益。此外,巴西是总部设在北京的亚洲基础设施投资银行(AIIB)的创始成员之一,阿根廷也在2017年加入了这一组织。

南方共同市场也应当确保在制造业和服务业中进行更多的投资和融资。迄今为止,这方面做得最成功的国家当属巴西,这在很大程度上是因为其庞大的国内市场的吸引力。中国的制造业企业已经逐渐开始在巴西设厂来为该国市场提供供给,而其他南方共同市场国家的情况并非如此。另外,在2002—2012年期间,巴西和阿根廷也是拉美地区在中国最大的投资者,他们分别在中国投资了4.24亿和1.31亿美元。虽然和中国在南方共同市场的投资额相比这些数字显得微不足道,但这也代表着一个好的开始。巴西的飞机制造商巴西航空公司通过与当地公司的合资企业在中国设立工厂和研究机构取得了相当的成功,而这些经验也值得其他南方共同市场公司学习。

南方共同市场多年来一直是停滞不前、内部充满争吵和空洞的言辞的代名词,但现在在整个截然不同的时代,一个新的融合机制诞生了。因此,为了抓住这个机会并逐渐摆脱中等收入陷阱,南方共同市场必须要解决其接连发生的矛盾和成员之间的分歧。这也是本章最后一节内容的主题。

## 三 中国和南方共同市场的政治经济关系

### (一)一个零散而无效的集团

南方共同市场历史上的一体化机制可以分成两个阶段:集团创建之后的动态阶段(1991—1999年)和现在的停滞阶段

### 第四章 南方共同市场和中国：伙伴关系、挑战和机遇

（1999年至今）。在第一阶段，南方共同市场国家历史性地开始采取措施减少贸易壁垒，同时在几个世纪的猜疑与竞争之后，阿根廷和巴西也开始成为合作伙伴了。1999年，巴西和阿根廷经济衰颓之后，2001年社会和政治方面也崩溃了，第二阶段大家都发了不少言，也一起拍了很多照片，但没什么实质性成果。

事实上，在南方共同市场创立25年之后，这个集团充其量只是一个不完善的关税联盟，因为在1994年的欧鲁普雷图协议中，无论大国还是小国，都拥有大量不适用对外统一关税体系的例外情况。实际上对外统一关税体系中的例外情况仍与日俱增。[1] 如果没有一个行之有效的关税联盟和其他相关政策支持（如成员国居民间真正意义上的自由流动）的话，那么南方共同市场也只能是空有其名，远不能达到建立共同市场的水平。

此外，南方共同市场在作为与第三方谈判的平台方面也一直没有成效。截至2017年，除去拉美各国各自完成的独立贸易以外，南方共同市场仅与以色列（2007年）、埃及（2010年）和巴勒斯坦（2011年）签订了自由贸易协定，以及完成了与印度（2004年）和南非关税联盟（2008年）的优惠贸易协定。[2]

对本章主题更重要的问题是，与中国建立合作关系并不能代表南方共同市场尚未瘫痪。尽管本章标题使用了"南方共同市场与中国"的字眼，但实际上这些关系的建立与南方共同市场没什么关系，它们只是各成员国与中国建立的双边关系而已（前述巴拉圭的例子也是一样）。举个例子，南方共同市场没有对中国对于拉丁美洲国家的政策文件（2006年和2012年发布）做出任何体制性回应，而中国在其中则强调了与拉美关系的优先事项以及

---

[1] Zelicovich, J., El MERCOSUR a 20 años del Protocolo de Ouro Preto: un balance de la dimensión comercial, *Revista Latinoamericana de Desarrollo Económico*, 2015, (24): 97 – 120.

[2] Ministerio de Relaciones Exteriores de Paraguay (n. d.), http://www.mre.gov.py/tratados/public_ web/ConsultaMercosur.aspx.

预期目标。甚至由于各成员国无法与时任中国国务院总理温家宝就中国—南方共同市场的自由贸易协定达成一致，该协议最后直接由阿根廷总统克里斯蒂娜·基什内尔、乌拉圭的何塞·穆吉卡和巴西的迪尔玛·罗塞夫与中国方面通过视频会议达成一致。尽管乌拉圭立即表示了兴趣，但阿根廷和巴西对此的反应并不热烈。①

造成南方共同市场目前功能障碍的原因至少有四个，它们直接影响了集团对中国提出共同战略的谈判能力：（1）巴西—阿根廷轴线的弱化；（2）乌拉圭和巴拉圭感到不适；（3）空置制度化；（4）过度的期望。

### （二）巴西—阿根廷轴线的弱化

在过去的 15 年里，阿根廷和巴西的关系经历了挫折，特别是两国之间的不平衡性越来越强。由于 2003—2014 年期间的地位提升，巴西的自信心也越来越强，它不愿意让阿根廷方面参与其与中国日益增长的关系，而更倾向于与中国纯粹的双边关系。这在 2006 年巴西成为金砖国家的一员之后表现得越来越明显，因为它也是新型大国集团的成员之一了。

两国之间的贸易模式说明了这种分歧：阿根廷与巴西的贸易量占阿根廷进口的 25% 和出口的 16%。相比之下，与阿根廷的贸易量只占巴西进口的 6.7% 和出口的 7.4%。阿根廷与巴西之间日益增长的贸易逆差引起了当局的注意，为此他们制定了很多关税和非关税措施，这其中就包括非自动进口许可（Statford，2017 年）。巴西也利用保护主义措施来维持与阿根廷竞争中的关键行业的竞争力。例如，汽车行业就被排除在了南方共同市场的

---

① Niebieskikwiat, N., Acuerdos de comercio con China: Macri los quiere dentro y no por fuera del Mercosur, *Clarín*, 2016, https://www.clarin.com/politica/acuerdos-comercio-china-macri-mercosur_0_H1qe4IUkx.html.

自由贸易条款之外,而这也导致了阿根廷和巴西之间频繁而激烈的谈判。①

在与中国进行贸易的方面,巴西和阿根廷都表示愿意放弃它们的出口并减少对商品贸易的依赖。但是,这其中也有一个关键的不同:2016年,阿根廷与中国的贸易逆差已经达到60亿美元,而巴西与这位亚洲巨人则保持着贸易顺差。因此,阿根廷相比巴西而言面临着更大的需要找到与中国进行其他贸易机会的压力。

同时,两个国家对南方共同市场的重视程度也不一样。对阿根廷而言,保留南方共同市场是其绝对优先事项,但巴西则希望建立独立的外交政策,发挥其区域领导者的作用,并淡化南方共同市场的作用,这体现在巴西建立平行区域机构的举措上面,其中最重要的是2012年建立的南美洲国家联盟(UNASUR)。阿根廷在很大程度上将此举视为巴西企图通过牺牲与阿根廷更密切的关系来增加自身地区影响力的行为。②

一些分析师认为,在2014年巴西进入史无前例的政治危机和经济倒退之后,巴西的情况与态度也有所逆转,一年后主张市场经济的总统毛里西奥·马克里在阿根廷上任。③ 马克里总统为改革阿根廷经济所做的努力受到多边组织和包括中国在内的大多数世界大国的赞扬,而在前任总统的阴影下,临时总统米歇尔特梅尔领导的巴西外交政策受到腐败指控和政局脆弱的困扰。无论如何,阿根廷和巴西之间的差距仍然存在:一个国家的崛起似乎

---

① Castaño, F. and Piñero, F. J., *La Política Automotriz del MERCOSUR (PAM): evolución y actualidad*, Paper presented at 7th International Relations Conference of the Universidad de La Plata, Argentina, 2016, November 25.

② Russell, R. and Tokatlian, J. G., Contemporary Argentina and the Rise of Brazil, *Bulletin of Latin American Research*, 2016, 35 (1), pp. 20 – 33.

③ Mander, B., Pearson, S. and Rathbone, J. P., Argentina's Economic Rise Fuels Rivalry with Brazil, *Financial Times*, 2016, https://www.ft.com/content/93370c6e-0e06-11e6-9cd4-2be898308be3.

与世界舞台上其他国家的衰退相关。

### （三）制度化的架空

在南方共同市场的开始阶段，尽管有来自社会和商界的反对，参与国领导层还是保证了一体化进程的持续进行。在南方共同市场首脑会议上，各国总统通过减少低级别官员的政治权力的方式来解决争端。然而随着时间的推移，总统决策权的高度集中却成了深化一体化的障碍，这也导致峰会逐渐失去作用。①

尽管经济一体化进展缓慢，南方共同市场的第二阶段（1999年开始）还是见证了几个机构的建立，不过这些机构权力有限而且几乎没什么动作。2003年南方共同市场也曾试图建立"南方共同市场常任代表委员会主席"的职位来提高其自制能力，这种方式使该集团可以通过国家政府之外的途径来表达自己的诉求。然而这次尝试夭折了。在两位阿根廷政治人物（2003—2005年爱德华多·杜哈尔德和2005—2009年卡洛斯·阿尔瓦雷斯）相继任职之后，各国没能找到合适的替补人选，而这一职位也无限期空缺了。因此，除了临时主席（在成员国之间轮换）之外，南方共同市场的最高权力机构就是南方共同市场秘书处了，而这一机构的能力也仅限于行政职责和记录保存。

在南方共同市场的"主席"职位崩溃之后，两个新的机构建立了：2007年建立的南方共同市场议会和2004年建立的常设修定法庭。由于南方共同市场一直都是一个没有得到成员国授权管理事务的政府间机构，除了发布象征性的声明和为退休的政客提供一个好去处之外，这个议会没有任何实质性作用。同样，常设法庭自成立十多年以来并没有履行太多职能，它只发布了6项裁定，最后一个是在2012年发布的，这其中的三项裁定都涉及阿

---

① Malamud, A., El Mercosur: misión cumplida, *Revista SAAP*, 2013, 7 (2), pp. 275–282.

根廷和乌拉圭有关重塑轮胎的贸易争端问题。① 尽管有这个常设法庭，但大多数南方共同市场成员国之间的分歧仍是通过双边谈判才得以解决的。

### （四）乌拉圭和巴拉圭的不满

南方共同市场内部的紧张局势的另一个来源是其较小成员国如乌拉圭和巴拉圭的不满情绪的增长。和巴西与阿根廷不同，这些国家并没有大型的工业部门需要保护，它们的领导人已经屡次表达了他们希望进一步推进贸易自由化的意愿。乌拉圭对此的意愿更是迫切，一段时间以来，乌拉圭一直尝试与包括美国和中国在内的全球最大经济体单独达成贸易协议。然而每次阿根廷和巴西都会阻止乌拉圭的这一尝试，理由是南方共同市场的规定中指出如果与非拉美经济体签订协议需要得到所有成员国的许可。

巴西和阿根廷一直阻止乌拉圭与中国签订独立的自由贸易协定，以保护它们的工业部门免受更多的竞争。反过来，乌拉圭方面也总是抱怨巴西和阿根廷的自私，因为他们限制了乌拉圭独自签订自由贸易协定的权利，然而巴西和阿根廷也没有在南方共同市场的层面上与其他国家签订协议。比如说，2007年中国的汽车制造商奇瑞在乌拉圭建造了一家工厂，然而在2015年在巴西和阿根廷的保护主义措施的压力下不得不将其关闭。② 作为对巴西和阿根廷这种态度的回应，乌拉圭已经屡次威胁说要退出南方共同市场，但巴西和阿根廷对乌拉圭的出口贸易又相当重要，这也导致其没有对这种"核武器"一般的方式进行更多讨论。

---

① Tribunal Permanente de Revisión，(n. d.)，http：//www. tprmercosur. org/es/sol_ contr_ laudos. htm.

② Reuters Automotriz Chery Socma cierra en Uruguay por crisis en Brasil y Argentina，2015，https：//lta. reuters. com/article/businessNews/idLTAKBN0O42IN20150519.

巴拉圭作为一个在经济层面相当依赖巴西的内陆国家，它并不敢叫板威胁离开南方共同市场，但它也表达了对于巴西和阿根廷之间形成的"卡特尔"的不满——他们的谈判忽略了乌拉圭和巴拉圭的利益问题。2012 年，这种紧张的关系达到顶峰，在巴拉圭总统费尔南多·卢戈（Fernando Lugo）被撤职之后，巴西、阿根廷和乌拉圭以"政变"为由暂停了巴拉圭的成员国地位。

此外，作为南方共同市场中最不发达的成员，巴拉圭的人均 GDP 大约是巴西的一半，甚至还不到阿根廷的一半，因此巴拉圭反而更需要来自其强大邻国的支持与保护。为了应对这些需求，2005 年南方共同市场推出了 1 亿美元的"结构融合资金"（FOCEC），这几乎完全由巴西和阿根廷资助，其中的 80% 都用于巴拉圭基础设施项目的建设当中。[①] 然而，这个数额并不足以解决南方共同市场成员国之间的不对称性。

### （五）过分的期望和错误的比较

造成南方共同市场目前功能障碍的问题可能主要是观点问题，至少在某种程度上是这一问题造成的。我们已经指出这一集团存在着严重的问题，但有时我们对它的期望也的确过高了（这也体现在其建立的条约当中），同时对其取得的成就我们也没有过多的认可。比如说，安德烈斯·马拉姆德认为，至少部分南方共同市场目前的问题产生的原因正是因为该集团的最初目标取得了成功：建立一个和平合作的巴西—阿根廷关系并在两国之间提供一定程度上的经济一体化。他认为，南方共同市场自 20 世纪 90 年代起就没有进步的原因在于没有足够的经济互补性来实现其

---

[①] Berrettoni, D., Las asimetrías estructurales en el MERCOSUR: Balance a 20 años de iniciado el proceso de integración, *Relaciones Internacionales*, 2013, 22 (45): 1 – 23.

他事情。

此外，和太平洋联盟（PA）相比，南方共同市场并没有一个可行的模式来进一步发展，太平洋联盟是由智利、哥伦比亚、墨西哥和秘鲁在2010年创建的一体化机制。一些分析师一直在敦促南方共同市场成员国效仿太平洋联盟国家，指出它们应该大幅降低关税和非关税壁垒，并在内部实现完全自由贸易。然而，进行一个简单的政治经济分析就可以看出这种方法的困难所在了。放开别的不谈，太平洋联盟国家的经济开放程度与南方共同市场国家相比本就不同（它们在启动一体化进程之前这种不同就是存在的），同时与南方共同市场国家相比，太平洋联盟内部的贸易也相当少。换句话说，太平洋联盟的一体化进程会更加容易进行，因为从一开始它们的政治和社会成本就比较低。相比之下，巴西和阿根廷的制造业部门虽然十分重要，但却缺乏竞争力，这些行业一直依赖于国内和区域内的市场维持生存，如果进一步推动自由化的话，这些行业将受到不利影响。鉴于这些工业部门（如上述汽车行业）高度工会化，并且这些工会与主要政治行为体（巴西工人党和阿根廷庇隆主义）有着密切的联系，因此经济一体化对于南方共同市场国家而言存在着政治敏感性，而太平洋联盟则没有这样的问题。因此，如果要同中国和其他的新兴大国达成更加稳固的合作战略，南方共同市场需要发挥好自己的作用。

## 四　南方共同市场—中国间新的关系的形成

南方共同市场该如何推进它们的一体化进程并与中国制定新的共同战略？这个问题的答案是本章讨论的核心内容：南方共同市场是否能共同合作，以深化与中国的外交和经济关系，确保经济和社会的稳定发展。

人们现在都已经意识到，像南方共同市场这样的地区性经济一体化集团应促进区域价值链的形成，以增强自身竞争力。按照这一目标，本章将提出南方共同市场可以推动的五个改革领域，以便在其成员之间建立一个更加平衡的关系，并与中国建立一个共同关系。

（一）双轨决策

所有南方共同市场中的国家都是高度集中的总统制，同样也非常重视它们的国家主权。因此，要想将这些国家的权力委托给南方共同市场这样的超国家机构管理几乎是不可能的。然而，政府还是可以在一体化进程中保留最敏感领域的控制权（如关税和贸易政策），同时将更多具有技术性也十分重要的问题委托给南方共同市场的有关机构处理。

举个例子，南方共同市场多年来一直在讨论贸易便利化的措施，但进展相当缓慢，因为会谈是双边举行的，各国议会都需要花时间批准所确立的措施。而要解决这一问题，一个可能的方式是增加南方共同市场秘书处的财政和人力资源，通过这样的方式来减少官僚主义障碍，协调各项规章制度并简化成员国之间的贸易程序。在必要的政治支持下，秘书处可以分析贸易便利化的潜在影响，确定各国需要改变的制度，并将这些内容总结好发给各国，交给它们的立法机构进行批准。

随着时间的推移，该集团可以逐渐在有限的范围内执行在国家权力之上的事务。比如说，南方共同市场的议会应该拥有批准贸易便利化措施的权力，以简化各国的审批程序。在设计这些改革措施时，秘书处首先要考虑的就是努力减少南方共同市场成员国之间以及与它们最大的贸易伙伴（如中国）之间的制度差异性。

（二）实体上的融合

成员之间相连的基础设施质量比较差，这是形成南方共同市场的区域价值链的主要障碍之一。各国的港口、机场、铁路

## 第四章 南方共同市场和中国：伙伴关系、挑战和机遇

和道路都严重不足，物流发展的瓶颈导致区域内贸易的成本不断增加。此外，结构融合资金对于消除乌拉圭和巴拉圭之间的差异显然还是不够的。如果政府一直视有益于政治的基础设施建设项目重于有益于区域一体化项目的建设的话，这些问题就将持续存在。

各国可以从对外统一关税所获得的收入中以固定比例拿出一部分用于建立新的南方共同市场基础设施基金，该基金可以按照南方共同市场秘书处的技术评估专门为基础设施建设项目拨款，以提高各成员国的连通性。中国可以作为这一过程的关键合作伙伴，如果中国企业过来建设一些项目的话，其发展银行也将通过提高信贷额度来加强基金的作用。此外，在与中国谈判基础设施协议时，南方共同市场的各国政府应以促进区域一体化的项目为优先考虑项目，以促进区域价值链的建立。

一些对南方共同市场发展至关重要的基础设施建设项目（如通过智利进入太平洋的渠道的扩展以及各成员国之间铁路联系的增加）可以与中国的"一带一路"建设相结合，"一带一路"建设以在全球范围内推动基础设施建设为目标。2018年1月，中国外交部长王毅正式邀请拉美国家参与到这一全球性重大基础设施建设项目中来。① 然而，要想重新获得巴拉圭和乌拉圭的信任，巴西和阿根廷必须承担起为巴乌两国的发展项目进行分配的责任。重新树立南方共同市场的法律形象至少与促进其成员之间的基础设施连接一样重要。而且只要玻利维亚成为南方共同市场的正式成员，这种需求就会变得更加迫切。

---

① Cambero, F. and Sherwood, D., China Invites Latin America to Take Part in One Belt, One Road, 2018, https://www.reuters.com/article/us-chile-china/china-invites-latin-america-to-take-part-in-one-belt-one-road-idUSKBN1FB2CN.

### (三) 共同的产业政策

巴西和阿根廷在改变与中国以制造业产品为主要贸易模式的贸易关系中进展缓慢，迟迟没能使贸易变得多样化，表明了双边谈判的局限性。在南方共同市场的层面上将中国企业纳入区域价值链的战略可能会带来更多成果。南方共同市场国家应该将中国视为工业化的合作伙伴，并利用好巴西、阿根廷、乌拉圭和巴拉圭四国近2.5亿人的庞大区域内部市场。

这其中汽车行业是非常关键的领域，如前所述，这是阿根廷、巴西和乌拉圭需要优先考虑的一个行业。通过共同战略的建立，南方共同市场可以确保中国企业将生产设施分配到集团内部，从而促进产品增值并继续提供资金和技术。大多数南方共同市场国家的汽车制造商本就是外资企业（以美国和欧洲为主），将中国企业纳入行业中将会提供更多机遇。一个权力更大的南方共同市场秘书处能够提供有价值的部门分析，为区域工业政策提供信息，并确保投资合理地分配给所有成员国。

巴西和阿根廷的工业政策具有民族主义特性的一个重要原因就是来自商业协会和工会的压力。经过了数十年的整合，直到2016年阿根廷—巴西商业委员会才成立，而且这也仅仅是一个用于防范来自外部竞争的机构。各国应对中国采取更加开放和主动的态度，将这位亚洲巨人看作是不可或缺的合作伙伴和潜在的工业投资来源。南方共同市场国家可以将中国对南方共同市场的兴趣转化为工业投资和技术转让的机会，并且进一步地，通过与中国进行谈判，南方共同市场可以促进中国工业领域的研发设施在该地的配置。

### (四) 21世纪观点下的贸易与一体化

虽然南方共同市场最近加快了与欧盟就自由贸易达成一致的进程，但南方共同市场要想向外界表明自己坚定的外交政策的态度需要做的还很多。美国现在逐渐进入孤立主义和保护主义阶段，中国和其他国家在致力于建立一个开放的全球经济体系，这也是南方共同市场绝对不能错过的机会。

拥有具有创新能力和竞争力的制造业部门仍然是摆脱中等收入陷阱的关键因素。但这并不是唯一因素。当今全球经济受到服务业的推动作用越来越大，中国现在采取的是新的更加平衡的经济发展策略，因此服务业对中国而言也将越来越重要。南方共同市场可以采取更多的行动来整合他们的服务业并成为中国服务业需求的更大的提供商，这其中也包括旅游业。

此外，作为农产品的有力竞争者，南方共同市场国家不仅在中国，而且在亚洲其他新兴市场（尤其是印度）和撒哈拉以南非洲地区，都能成为维护各国粮食安全的关键角色。贸易的多样化也不应仅仅是向自己的传统贸易伙伴出口更多的产品，而应当向中国在"走出去"战略中做的那样，为南方共同市场开拓新的产品市场。

为了利用服务业中的机会为更多传统出口开辟新的市场，南方共同市场需要加强其市场信息的收集能力以及与第三方进行共同谈判的能力。同时，巴西和阿根廷应当允许那些较小的成员特别是乌拉圭独立与第三方签署贸易协议，这应当在一个更加灵活的南方共同市场中完成，并关于原产地进行严格规定以避免贸易扭曲。

## 五 结 论

本章旨在从南方共同市场与中国合作关系的角度分析其一体化进程，并最终达到为拉美地区摆脱中等收入陷阱找到出路的目的。笔者认为，中国的崛起为所有南方共同市场成员带来了十分可观的经济增长，并带来了贸易、投资和金融方面的新机遇。但是南方共同市场需要一个更加坚定和团结的战略来避免加深它们对于原材料出口的依赖，因为从拉美的历史来看，仅依赖这种出口贸易是远不够摆脱中等收入陷阱的。

南方共同市场现在比以往更加需要团结在一起并建立一个新的 21 世纪的一体化机制，该机制应该提供必要的制度与技术工具以便引导中国的投资兴趣集中在产业发展、服务业贸易和创新之中。中国的政治经济正经历着日新月异的变化：在过去"走出去"战略初期中国对于南方共同市场有效的措施在现在已经远远不够了。一个更加稳固的南方共同市场需要解决其成员之间的不平等问题，提供促进整合所需的专业知识和技术分析，并积极开拓新市场和新机遇。

中国已经表明它愿意将其与南方共同市场国家的关系多样化，而不再是以商品制造为主的单一贸易格局。将阿根廷和巴西纳入"一带一路"建设当中，同时为拉美地区的产业创新和技术改进提供数十亿美元的帮助，这些做法都是中国意愿的强有力的证明。

最终，如何利用这个机会将完全由南方共同市场的政治意愿决定。好消息是所有南方共同市场国家的政治精英似乎都认同深化与中国关系的重要性，比如说，巴西和阿根廷尽管其政府分别在 2014 年和 2015 年发生了变化，但都仍与中国保持着密切的合作关系。然而，巴拉圭作为一个例外仍然是南方共同市场与中国关系的障碍，应该加以解决以促进谈判的进行。

没有一个国家或地区能在短时间内走上可持续发展的道路。南方共同市场需要循序渐进地建立起它们所需的政治与社会共识，只有这样才能深化其一体化的质量并阐明它们对于中国的共同政策。自 20 世纪 70 年代中国改革的成功以来，邓小平提出的"摸着石头过河"的发展方式一直在提醒着中国保持谨慎并循序渐进地发展，其关联性仍然是完整的。

布鲁诺·比内蒂（Bruno Binetti）

# 第五章　中国—墨西哥FTA：破除贸易壁垒以跨越中等收入陷阱

贸易和商业是现代社会财富繁荣的重要基石。各国之间商品和服务交换的益处毋庸置疑，但开展这些活动的完美体系很难构建。一直以来，多边贸易协定中旨在消除争端的系列制度机制、用以解决问题的有形场所等内容都推动了贸易发展。1995年，取代之前的关贸总协定的世界贸易组织正式成立，进一步推动了全球贸易发展的强劲势头。该组织的成立有利于国际商业的发展，然而它并没有从各国的兴趣和需求出发，提供解决方案。因此，各国仍从基础的双边交易、复杂的多边协定等多角度继续寻求某种支持贸易发展的替代机制。有时，国际贸易中存在因为缺少具体协定内容，国家无法进行重要的经济交往。很多情况下，这些国家是有着在外国市场上竞争的新生动力的新兴市场。然而，这些国家财富水平的增长通常只是暂时的，之后就会陷入所谓的"中等收入陷阱"（MIT），或是无法维持最终能到达更发达经济体人民生活水平的增长速率。

在我们的研究中，我们根据可行的自由贸易协定（FTA），分析了中华人民共和国（PRC）和墨西哥两国之间的贸易影响。从历史上看，两国都经历了复杂的外交关系。几年前，由于墨西哥极度依赖美国，中国和墨西哥两国之间进一步合作的构想听上去不切实际。然而，唐纳德·特朗普总统的选举胜利这一意外的政治事件使拉丁美洲国家的格局大变。特朗普政府以敌视的态度对待其南部邻国，甚至达到了危害邻国间长期友谊的地步。例如，为成员国营造更广泛自由的贸易交换环境的北美自由贸易协定（NAFTA）正开启重新谈判。北美自由贸易协定的重新谈判对墨西哥来说绝非小事，无论谈判结果如何，这一事件本身已经切实损害到协定国家双边企业的长久商贸合作关系。因此，在与特朗普政府的关系显示出持续恶化的倾向后，墨西哥不得不寻求新的合作伙伴。就在此时，立即开展合作的可能性——包括短期贸易交换和长期外商直接投资（FDI）协定的签署，让中国成为墨西哥的潜在合作伙伴。

自由贸易协定在自由贸易的开展过程中，其影响不尽相同——有的行业会受益，另一些行业却会受到损害。因此，在打开国门参与国际竞争前，将对不同行业的影响纳入考虑范围是至关重要的。否则之后，政府将收到来自很多受到自由贸易不利影响的企业的抱怨。就中国而言，本土企业面对墨西哥竞争者的加入没有展现出担忧的心态。毕竟，中国也已经与其他拉美国家签订了自由贸易协定，与墨西哥企业竞争的影响可以忽略不计。因此，我们就从行业和福利的视角探索一下自由贸易协定的可能性。在这里，我们用全球贸易分析项目（GTAP）方法比较自由贸易协定对双方市场和行业的影响。此种方法已经被用以解决类似案例多年了。

根据全球贸易分析项目方法分析的结果，我们试图了解在当前努力之外，两国是否能从互利贸易中获益。我们从自由贸易协定的视角进行分析，去考量自由贸易协定是否能成为促进两国经济持续增长的关键。实际上，两国都正经历充满广阔发展前景的时期——尽管还有着对未来无法达到发达国家富裕水平的忧虑，但两国人民确实已逐步达到中等收入水平。

## 一 受跨太平洋伙伴关系协定（TPP）的不利影响

跨太平洋伙伴关系协定（TPP）或许已发展成近年来最具吸引力的贸易倡议，它承诺将环太平洋两岸的市场联合起来。对未来经济数据的预测、成员国的经济总量和各国在国际贸易中的地位等话题一直是协定内国家的争论焦点，也是未参与协定国家的担忧缘由。不过当下，跨太平洋伙伴关系协定不在任何人的管辖内。2017

第五章　中国—墨西哥 FTA：破除贸易壁垒以跨越中等收入陷阱

年1月，随着特朗普从跨太平洋伙伴关系协定中撤出，该协定经历了曲折的发展阶段——从可能的解散到十一国条约的有望恢复。不过有关协定的问题远没有解决，未知因素正源源不断地增加。

**（一）跨太平洋伙伴关系协定还存在吗？**

跨太平洋伙伴关系协定是多元国家的集合体，该协定旨在解决加入已有成员的复杂流程问题。该倡议被称为跨太平洋战略伙伴关系协定，是由新西兰、智利、新加坡和文莱在 2004 年签订而建立的。这些国家在地理上分散，历史经济关系上也没有很强的关联，因此协定的原意更倾向于构建友好的旅行、团聚机会，而不是为潜在的商贸互利关系创造机会。然而，随着 2010 年成员国的增加，该项倡议在政治意义上获得了更强劲的发展。不过，其发展势头并不是单纯的成员国数量增长的结果，而是质量提升的结果——美国作为新成员国的一员加入了协议。截至 2018 年，申请加入跨太平洋伙伴关系协定的国家名单如下：澳大利亚、文莱、加拿大、智利、日本、马来西亚、墨西哥、新西兰、秘鲁、新加坡和越南。专家们理所当然地一直批准关于协定的申请，直到唐纳德·特朗普（Donald Trump）被选为总统并决定离开该协定组织。无论如何，许多国家仍然密切关注着跨太平洋伙伴关系协定成为现实的可能性。例如，日本加入协定，在美国退出后成为一个意外的协议推动者，最近韩国也对该协定展示出兴趣。他们加入协定，可能会在环太平地区产生深远影响，也会促使该协定产生强劲的地理影响。① 事实上，跨太平洋伙伴关系协定已有了全面性和进步性协议的新标签。

2015 年 10 月，跨太平洋伙伴关系协定签订后，尽管成员国

---

① Solís, M. and Katada, S. N., Unlikely Pivotal States in Competitive Free Trade Agreement Diffusion: The Effect of Japan's Trans-Pacific Partnership Participation on Asia-Pacific Regional Integration, *New Political Economy*, 2015, 20 (2): 155–177.

政府均表示该协定的签署是一个重要的里程碑，该事件还是引起了成员国民众和商界的担忧。政府报道协定签署结果后，来自各方尤其是利益被忽视的相关企业方面的批评立即涌现。不幸的是，政治批评几乎都忽视了拟建立的伙伴关系也将带来的积极成果。事实上，许多研究指出该协定将为包括美国在内的所有成员国都带来经济利益。[1]

## （二）中国与跨太平洋伙伴关系协定

自从跨太平洋伙伴关系协定树立威信并吸引全球目光以来，中国一直对协定密切关注。事实上，跨太平洋伙伴关系协定对中国的影响一直是不同研究的重点，无论是地缘政治分析还是详细的数值模拟都试图对其进行剖析。一项关于跨太平洋伙伴关系协定潜在影响的定量分析得出结论称：此协定会给成员国带来利益，给中国带来轻微负面影响。[2] 根据该研究报告，中国如果作为新成员国加入该协定，将对相关国家甚至世界贸易都带来巨大裨益。其他学者主张通过多边协议与合作将亚太地区的重要国家联合起来。[3]

尽管美国撤出协定，但考虑到上文所述日本的潜在领导权和韩国日增的兴趣，跨太平洋伙伴关系协定对中国的影响

---

[1] Schott, J. J., Overview: Understanding the Trans-Pacific Partnership, In C., Cimino-Isaacs and J. J. Schott (Eds.), *Trans-Pacific Partnership: An Assessment 2016*, pp. 9 – 22, Danvers, MA: Peterson Institute for International Economics.

[2] Li, C. and Whalley, J., China and the Trans - Pacific Partnership: A Numerical Simulation Assessment of the Effects Involved, *The World Economy*, 2014, 37 (2): 169-192.

[3] Petri, P. A. and Plummer, M. G., Zhai, F., The TPP, China and the FTAAP: The Case for Convergence, In T. Guoqiang and Petri P. A. (Eds.), *New Directions in Asia-Pacific Economic Integration*, 2014, pp. 78 – 89, Honolulu: East-West Center.

是错综复杂的。在经济领域直面这些国家不是中国政府想看到的局面,更不必说与这些有足够实力的邻国签署多边贸易协定。进一步说,中国有其自身地缘经济的发展规划,例如"一带一路"倡议。它可能不易与跨太平洋伙伴关系协定相互协调。

(三) 可能成为的至交

因为没能抓住与美国签订双边贸易协定或加入跨太平洋伙伴关系协定的机遇,对中国来说与墨西哥签订自由贸易协定成为其经济发展的替代战略。作为北美自由贸易协定的成员国,拉美国家对加拿大和美国的商品服务销售和直接投资所受限制很少。即使在北美自由贸易协定重新谈判之后,对中国来说拥有靠近美国的贸易伙伴依然是利大于弊的。虽然目前,自由贸易协定等允许双边增加进出口和直接投资的具体协定框架和内容尚未出炉,中国和墨西哥之间的双边贸易已经呈现不断增长的态势。在协约签订方面,墨西哥曾经和46个国家签订12份自由贸易条约,因而有相当丰富的经验。它能熟练使用自由贸易协定以及一系列类似条约工具。墨西哥贸易条约多样,从具体的行业部门导向合约到具有跨商业领域潜力的宏观条约不一而足。此外,墨西哥的贸易伙伴多元:不仅热衷与大型贸易伙伴如美国、加拿大、日本、欧盟签约,也不忘较小体量的经济体,如以色列、新加坡等。

墨西哥在自由贸易条约体系下与他国建立贸易伙伴关系的困境和裨益等方面将为我们提供经验借鉴。例如,我们可以考虑两种极端情况:一种是有限的双边合约如墨西哥—日本经济伙伴关系协定,另一种是更广泛的贸易协定如北美自由贸易协定。在与日本合作的具体案例中,墨西哥的一项研究表明,在协定影响下,墨西哥虽然从产品结构转型中获益,但没有总量数字上的明显增长。① 而在美国方面，抛开受到自由贸易负面影响的美国行业的走低，北美贸易协定总体取得了非常积极的成果。② 在墨西哥，自由贸易的影响分布不均，一些地区从国际产业链融合中受益颇多。③

中国和墨西哥之间达成的自由贸易协定在两国不同的视角下可能效果有所不同。对墨西哥来说，与中国合作的机遇可能不再像前几年那样诱人。但在特朗普当选总统后，他威胁墨西哥美国将从北美自由贸易协定中撤出，并且强制进行关于协定的重新谈判。在这样的情势下，与中国签订新的自由贸易协定是对墨西哥市场多元化的一大机遇。对中国来说，中国有在未来与美国签订双边协定时平衡两国影响力的想法。在美国撤出跨太平洋伙伴关系协定的谈判后，日本在协定中扮演领导者的角色，中国处在更大的挑战中。

### （四）墨西哥和中国的双边经贸关系

直到最近，墨西哥和中国之间的经贸关系才越来越受到重视。有证据表明，多年来墨西哥一直视中国为美国市场和本国市场的强劲竞争对手。无论如何，墨西哥曾坚决反对中国加入世界贸易组织。它最后极不情愿地同意中国的加入，也是建立在中国与其签订的双边条约中，给予诸如逐渐降低部分商品的关税等贸易特权的基础上。经济利益的冲突、双边互信的缺失、墨西哥华

---

① Sánchez, M. G. L., Regalado, S. C., Bravo, R. G. and Guzman-Anaya, L., *Economic Impact of Economic Partnership Agreement Mexico-Japan*, Tokyo: The Institute for Economic Studies Seijo University, 2016.

② Hills, C. A., NAFTA's Economic Upsides: The View from the United States, *Foreign Affairs*, 2014, 93 (1): 122.

③ Díaz Dapena, A., Fernández Vázquez, E., Garduño Rivera, R. and Rubiera Morollón, F., *Does Trade Imply Convergence? Analyzing The Effect of NAFTA on The Local Convergence in Mexico*, México, D. F, CIDE, 2015.

## 第五章 中国—墨西哥 FTA：破除贸易壁垒以跨越中等收入陷阱

人群体问题被忽视等，都使两国之间存在隔阂。① 因此，多年来，双方贸易额极不显著。直到 21 世纪的到来，双边交流开始稳步增长，在近十年间更是大幅增长。如图 5-1 所示，贸易互通非常显著：墨西哥产生了大量赤字，同时两国贸易总额不断上升。

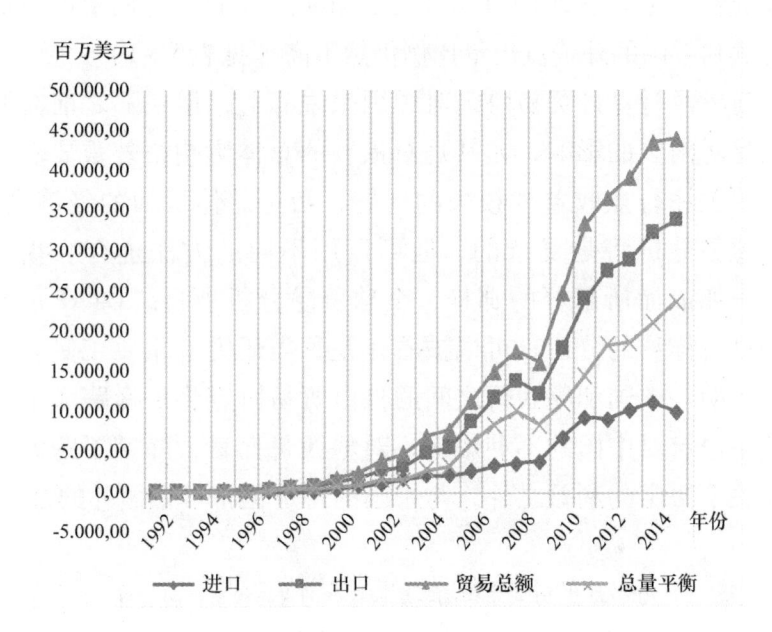

**图 5-1 中墨贸易总量**

资料来源：笔者对 Comtrade 数据库数据的预测。

长期以来，中国与墨西哥相比，凭借被低估的币值和低劳动力成本，在美国市场保持着竞争优势。然而中国相对于墨西哥劳动力的传统优势不断缩减，直至差距不再显著，美国企业不再因此选择在相隔万里的中国大陆建厂运营。对于美国企业来说，墨西哥建厂的地理优势和物流成本都更具吸引力。此外，及时为美国企业提供客户服务、在可控的文化领域内开展业务都是美国企业

---

① Hearn, A. H., Mexico, China, and the Politics of Trust, *Latin American Perspectives*, 2015, 42 (6), pp. 120–139.

选择墨西哥的益处。相比墨西哥的比索，不断攀升的劳动力成本和人民币币值让中墨的商贸关系改变——中国的国有企业和大型私营企业，也会选择将制造业转移到墨西哥。在拉美国家，中国企业能更好地打入美国的消费市场。事实上，中国正成为墨西哥的重要投资者，尤其是2010年以来更是如此。不过，墨西哥的外商投资总额和中国的外资流出量比例仍然不高（见表5-1）。

与墨西哥签订贸易协定对中国来说有益，但在那之前需要评估贸易对两国的影响，尤其是对福利的总体影响格外重要。评估也需要关注行业收益和损失的问题，乃至总体层面的经济利益。这项评估分析将是复杂的，但可以用不同的方法进行。我们认为，正如前面所解释的那样，全球贸易分析项目（GTAP）能够帮助进行详尽的分析，可以被看作是这类研究的重要工具。分析结果表明，中国和墨西哥之间的自由贸易协定将平衡跨太平洋伙伴关系协定对中国的不利影响。对墨西哥而言，除签署跨太平洋伙伴关系协定的利益之外，与中国的协定也将带来额外的好处。

表5-1　2007年至2014年中国在墨西哥外国直接投资占墨西哥资金流入量和中国流出量的份额（百万美元）

| 年份 | 中国对墨西哥的直接投资 | 对墨西哥的外商直接投资 | 占墨西哥流入量百分比（%） | 中国的对外直接投资 | 占中国流出量百分比（%） |
| --- | --- | --- | --- | --- | --- |
| 2007 | 17.16 | 32321.00 | 0.05 | 26510.00 | 0.06 |
| 2008 | 5.63 | 28610.00 | 0.02 | 55910.00 | 0.01 |
| 2009 | 0.82 | 17679.00 | 0.00 | 56530.00 | 0.00 |
| 2010 | 26.73 | 26083.00 | 0.10 | 68811.00 | 0.04 |
| 2011 | 41.54 | 23376.00 | 0.18 | 74654.00 | 0.06 |
| 2012 | 100.42 | 18951.00 | 0.53 | 87804.00 | 0.11 |
| 2013 | 49.73 | 44627.00 | 0.11 | 101000.00 | 0.05 |
| 2014 | 140.57 | 22795.00 | 0.62 | 116000.00 | 0.12 |

资料来源：各年中国统计年鉴和UNCTAD数据库。

## 二　模型与数据

找到一个适合分析中国和墨西哥之间自由贸易协定的模型是有难度的。EORA、EXIOBASE、WIOD、GTAP-MRIOT、GRAM 或 IDE-JETHRO 方法的 AIIOT 都具有独特性和局限性，没有一个是通用方法。[1] 一项对北美自贸区分析的研究采用三种可计量的贸易一般均衡模型，得出的结论是运用不同模型得到的结果显著不同。[2] 在对不同模型所做的学术贡献进行评估后，我们得出结论：全球贸易分析项目（GTAP）模型最适应我们的需求。事实上，这个模型相对标准化，应用比较广泛，且适用于一般均衡模型。[3]

全球贸易分析项目模型适用于衡量自由贸易条约带来的经济影响。事实上，全球贸易分析项目（GTAP）模型的目的在于为分析国际范围内的政策问题提供量化工具，同时从协作记录、更新贸易数据的专家处获取信息。[4] 学者们将这种方法应用于关于

---

[1] Tukker, A. and Dietzenbacher, E., Global Multiregional Input-Output Frameworks: an Introduction and Outlook, *Economic Systems Research*, 2013, 25 (1), pp. 1 – 19.

[2] Fox, A., Serge, S. and Tsigas, M., *Predicting the Effects of NAFTA with the BDS, GTAP, and EK Models*, U. S. International Trade Commission, 2015.

[3] Domingues, E. P., Haddad, E. A., and Hewings, G., Sensitivity Analysis in Applied General Equilibrium Models: An Empirical Assessment for MERCOSUR Free Trade Areas Agreements, *The Quarterly Review of Economics and Finance*, 2008, 48 (2): 287 – 306.

[4] Walmsley, T., Aguiar, A. and Narayanan, B., *Introduction to the Global Trade Analysis Project and the GTAP Database* (No. 3965), Center for Global Trade Analysis, Department of Agricultural Economics, Purdue University, 2012.

双边和多边贸易条约经济影响的多种研究项目和课题中。① 全球贸易分析项目（GTAP）模型还能在谈判过程中帮助促成实现具体目标的案例情景。此外，识别出受到自由贸易协定不利影响的行业有利于预测这些行业内企业的困境，从而在面对这些利益受损地区企业的反对前为它们提供具体的补偿建议。值得一提的是，我们将遵循西里沃德纳（Siriwardana）和杨（Yang）分析澳中自由贸易协定的方法：衡量总体的经济影响，重点考察福利和行业部门。②

### （一）模拟设计

我们运用全球贸易分析项目模型进行分析，旨在展现对不同特定行业特定影响的图景。我们使用第九版数据库，其中包括了在140个地区57个行业的国际贸易数据。我们的分析涵盖9个国家和地区，10个行业。这些国家和地区是：（1）中国；（2）墨西哥；（3）美国；（4）加拿大；（5）跨太平洋伙伴关系协定成员国（不包括墨西哥和美国）；（6）中国香港、中国台湾；（7）拉丁美洲（不包括墨西哥）；（8）欧盟（包括28个成员国）；（9）世界其他地区。这些行业是：（1）主要农产品业；

---

① Nakajima, T., An Analysis of the Economic Effects of Japan-Korea FTA: Sectoral Aspects, *The Journal of Econometric Study of Northeast Asia*, 2002, 4 (1): 1 – 16; Domingues, E. P., Haddad, E. A. and Hewings, G., Sensitivity Analysis in Applied General Equilibrium Models: An Empirical Assessment for MERCOSUR Free Trade Areas Agreements, *The Quarterly Review of Economics and Finance*, 2008, 48 (2): 287 – 306, Solís, M., & Katada, S. N., Unlikely Pivotal States in Competitive Free Trade Agreement Diffusion: The Effect of Japan's Trans-Pacific Partnership Participation on Asia-Pacific Regional Integration, *New Political Economy*, 2015, 20 (2): 155 – 177.

② Siriwardana, M. and Yang, J., GTAP Model Analysis of the Economic Effects of an Australia-China FTA: Welfare and Sectoral Aspects, *Global Economic Review*, 2008, 37 (3): 341 – 362.

# 第五章　中国—墨西哥 FTA：破除贸易壁垒以跨越中等收入陷阱

（2）加工食品业；（3）矿产资源行业；（4）金属行业；（5）纺织和服装业；（6）木材、纸张和化学制品行业；（7）电子器材行业；（8）运输业；（9）其他制造商；（10）其他服务业。附录 A 显示更详细的信息。如表 5-2 所示，我们还使用全球贸易分析模型的第九版数据库比较了这些国家和地区行业的进口关税。在这两种情况下，中国和墨西哥这两个国家都实行了一系列进口关税。墨西哥方面，从中国进口的这三类商品需要支付高额关税：服装（27.71%）、糖类（26.80%）以及饮料和烟草（26.41%），另外一半以上种类的商品都实行两位数的高关税。中国对墨西哥产品征收的最高关税适用于汽车和零部件业（22.55%）、肉制品（13.45%）、杂项制造业（12.22%）、动物制品（11.28%）。与墨西哥相反，中国只对 1/4 的特定产品种类征收两位数的高关税。

表 5-2　中国—墨西哥商品贸易现行的双边关税（%）

| 部门 | 中国* | 墨西哥** |
| --- | --- | --- |
| 1. 谷物 | 0.06 | 1.00 |
| 2. 其他作物 | 4.78 | 12.30 |
| 3. 动物制品 | 11.28 | 5.69 |
| 4. 林业和渔业 | 8.46 | 11.85 |
| 5. 采矿和能源 | 0.06 | 10.58 |
| 6. 肉制品 | 13.45 | 10.00 |
| 7. 其他食品 | 8.18 | 19.69 |
| 8. 乳业 | 0.00 | 0.00 |
| 9. 糖 | 0.00 | 26.80 |
| 10. 饮料和烟草 | 4.15 | 26.41 |
| 11. 纺织 | 5.75 | 16.73 |
| 12. 服装 | 7.19 | 27.71 |
| 13. 木材和纸制品、出版 | 1.58 | 12.65 |

续表

| 部门 | 中国* | 墨西哥** |
|---|---|---|
| 14. 化学制品、橡胶和塑料 | 6.76 | 7.92 |
| 15. 贵金属 | 0.36 | 5.37 |
| 16. 金属制品 | 10.23 | 10.31 |
| 17. 汽车和零部件 | 22.55 | 8.39 |
| 18. 机械和工具 | 2.38 | 3.32 |
| 19. 杂项制造 | 12.22 | 9.16 |
| 20. 服务 | 0.00 | 0.00 |

\* 中国从墨西哥进口的关税

\*\* 墨西哥对从中国进口的关税

资料来源：普渡大学（2011），GTAP 第 9 版数据库。

通常，基于全球贸易分析项目（GTAP）模型的研究结果多样。尽管扩大可能的结果的数量会生成更多详细信息，这也可能使分析偏离主要研究目标。因此，在我们的研究中，我们提供两种不同模拟路径：（1）取消跨太平洋伙伴关系协定成员国间的商品贸易关税；（2）取消跨太平洋伙伴关系协定成员国间商品关税，同时墨西哥和中国以零关税签订自由贸易协定草案，即我们所称的中国—墨西哥自由贸易协定（CMFTA）。在我们的分析中，我们假设商品货物完全自由流通。我们使用2011年作为计算基年，并保持其他因素不变。在撰写本章时，没有更新的数据可供使用。

（二）模拟结果

我们的全球贸易分析项目（GTAP）模型模拟结果展现了对宏观经济、行业部门的不同效应和对贸易模式的不同影响。模拟的结果很重要，因为这提供了理解中墨自由贸易协定能否使贸易创新化、多样化的依据。此外，假设两国间的自由贸易协定能签署成功，这些结果显示了对国际贸易流量的影响的估计。

## 第五章 中国—墨西哥FTA：破除贸易壁垒以跨越中等收入陷阱

第一部分的分析分别显示了自由贸易协定本身（第一种情景）和再加上中国—墨西哥自由贸易协定（第二种情景）对实际GDP、贸易表现和贸易平衡的影响。关于实际GDP，有证据表示中国—墨西哥自由贸易协定将给中墨两国带来利益，但对其他地区影响甚微。墨西哥在两种情景下都会受益，表现在实际GDP从0.04%增加到0.12%，而中国将实现从-0.0007%到0.008%幅度的改变。因此，中国—墨西哥自由贸易协定将平衡跨太平洋伙伴关系协定对中国实际GDP的负面影响。对墨西哥而言，协定将带来除签署跨太平洋伙伴关系协定之外的额外好处。当我们考虑对贸易表现的影响时，墨西哥是完全的受益者——出口扩张量从0.32%提升到0.77%，且进口扩张量从0.47%提升到1.3%。在贸易表现中，中国在两种情景下所受影响相对较小——出口量从-0.01%提升到0.1%，进口扩张量从-0.02%提升到0.22%。最后，在贸易平衡方面，两种情景下的结果也有所不同。在第一种情景下，两国都从其商品贸易账户头寸中受益，但是第二种情况下会出现不利于贸易平衡的因素，墨西哥贸易赤字更大而中国贸易顺差更大。在这两种情况下，中国将在贸易方面取得小幅进展，幅度从-0.001%到0.07%不等。而墨西哥方面，它在贸易层面将取得从0.06%到0.1%的轻微提升。

在我们评估中国和墨西哥之间可能实现的自由贸易协定时，一个重要的考虑方面是其对福利的总体影响。按照西里沃德纳（Siriwardana）和杨（Yang）使用的方法，我们使用等价变化（EV）和实际消费支出（RCE）来计算净福利收益。等价变化用以衡量"为使政策施行前后经济状况维持不变，在贸易自由化之前必须给予或从经济体中拿出的收入量"。在我们的研究中，贸易创造使跨太平洋伙伴关系协定和中国—墨西哥自由贸易协定在两种情景模拟中对两国都有潜在利益。然而，在中国，第一种情景中的积极影响远小于第二种情景。以实际消费支出衡量的福利结果在两种情景下不同：第一种情景下跨太平洋伙伴关系协定本身对两国福利均不利，而跨太平洋伙伴关系协定再加上中国—墨西哥自由贸易协定的第二种情景下，两国的实际消费支出有微弱的增长（如表5-3所示）。

表5-3　　　　　两种情境下中墨自由贸易协定的宏观经济效应

| | 实际GDP（%） | 出口量（%） | 进口量（%） | 交易条件（%） | 贸易余额（百万美元） | 等效变化（EV）（百万美元） | 实际消费支出（%） |
| --- | --- | --- | --- | --- | --- | --- | --- |
| 情境1：TPP | | | | | | | |
| 中国其他地区 | 0.00 | -0.01 | -0.02 | -0.00 | 30.05 | 32.55 | 0.01 |
| 墨西哥 | 0.04 | 0.32 | 0.47 | 0.06 | -201.52 | 709.13 | 0.10 |
| 美国 | 0.00 | -0.02 | -0.14 | -0.06 | 2125.58 | -1504.20 | -0.05 |
| 加拿大 | 0.03 | 0.11 | 0.42 | 0.22 | -434.28 | 1542.14 | 0.21 |
| TPP | 0.02 | 0.01 | 0.19 | 0.05 | -2416.28 | 2648.54 | 0.11 |
| 中国香港、中国台湾 | 0.00 | -0.01 | -0.01 | 0.00 | 19.87 | 5.60 | -0.00 |
| 拉美其他地区 | 0.00 | 0.01 | -0.04 | -0.02 | 247.17 | -191.53 | -0.04 |
| 欧盟28国 | 0.00 | 0.00 | -0.00 | 0.00 | 439.31 | 244.66 | -0.01 |
| 世界其他地区 | 0.00 | 0.01 | -0.02 | -0.02 | 190.10 | -1128.43 | -0.03 |
| 情境2：TPP和CMFTA | | | | | | | |
| 中国其他地区 | 0.01 | 0.10 | 0.22 | 0.07 | -502.45 | 2020.93 | 0.09 |
| 墨西哥 | 0.12 | 0.77 | 1.30 | 0.10 | -1129.09 | 1738.52 | 0.26 |
| 美国 | -0.00 | -0.06 | -0.27 | -0.11 | 3774.67 | -2960.59 | -0.11 |
| 加拿大 | 0.03 | 0.10 | 0.43 | 0.23 | -461.79 | 1582.96 | 0.20 |
| TPP | 0.02 | 0.01 | 0.17 | 0.04 | -2405.09 | 2541.71 | 0.10 |
| 中国香港、中国台湾 | 0.00 | -0.01 | -0.02 | -0.00 | 16.36 | -3.58 | -0.01 |
| 拉美其他地区 | -0.00 | 0.00 | -0.06 | -0.03 | 248.90 | -227.72 | -0.05 |
| 欧盟28国 | 0.00 | -0.00 | -0.01 | 0.00 | 367.36 | 70.08 | -0.01 |
| 世界其他地区 | -0.00 | 0.00 | -0.03 | -0.02 | 91.11 | -1138.79 | -0.03 |

资料来源：GTAP模型模拟结果。

## 第五章 中国—墨西哥FTA：破除贸易壁垒以跨越中等收入陷阱

表5-4展现了在两种情景下等价变化的分解效应的细节。根据计划方案，结果显示两国都有显著的变化。墨西哥一方面将因配置效率效应和贸易变化获得收益，另一方面资本存量的变化将受到负面影响，不过总的来说影响是正向的。在第二种情景下，墨西哥将从配置效率效应和贸易变化中获得更高收益；此外，资本存量呈现虽然很小但正向的改变，加总后得到比第一种情景更高的实际消费支出指标值。结果与前例相同，对拉美国家非常有利，尤其在这最后一种情景下，增长达到了两倍以上。对中国的影响相比之下没有如此显著：在第一种情景，即不存在中国—墨西哥自由贸易协定的条件下，配置效率的影响和贸易的改变都是不利的，实际消费支出的最终变化虽然积极但是很小。而在第二种情景下，分配效率效应、贸易变化以及资本存量的变化都是积极的，导致实际消费支出值的显著提升。

表5-4　不同情景下中国/墨西哥的估计等效变化分解（百万美元）

|  | 分配效率效应 | 贸易上的变化 | 资本存量上的变化 | 合计 |
| --- | --- | --- | --- | --- |
| 中国 |  |  |  |  |
| 情境1：TPP | -49.76 | -25.15 | 107.46 | 32.55 |
| 情境2：TPP和CMFTA | 612.75 | 1314.62 | 93.57 | 2020.93 |
|  |  |  |  |  |
| 墨西哥 |  |  |  |  |
| 情境1：TPP | 502.55 | 208.21 | -1.63 | 709.13 |
| 情境2：TPP和CMFTA | 1391.71 | 329.26 | 17.56 | 1738.52 |

资料来源：GTAP模型模拟结果。

### （三）部门效应

我们的研究非常重视跨太平洋伙伴关系协定和中国—墨西哥自由贸易协定所带来的部门效应，用以解释对特定经济活动的影响。如表5-5所示，两份贸易协定的影响在不同部门之间有显著的不同。在墨西哥，运输、加工食品和初级农产品部门在贸易平衡方面表现出最显著的改善迹象。事实上，加工食品部门在两种情景下显示出更强劲的改善。其他制造业和其他服务业在两个协议的影响下都产生了消极影响。在中国，其他制造业部门提升显著，其次是电子设备、木材、造纸和化工业，金属、纺织品和服装业在跨太平洋伙伴关系协定的单独影响下产生消极效应。初级农产品、加工食品和运输业也在两种情景下显示出不利后果，矿产资源仅在第一种情景下有正面效应。

表5-5　　　　在两种情况下按行业划分的中墨贸易差额的估计变化（百万美元）

| 情境 | 情境1：TPP | 情境2：TPP和CMF |
| --- | --- | --- |
| 中国 | | |
| 主要农产品 | -55.13 | -227.12 |
| 加工食品 | -104.64 | -698.34 |
| 矿物资源 | 6.66 | -45.40 |
| 金属 | -96.45 | 557.43 |
| 纺织和服装 | -152.86 | 293.81 |
| 木材、纸张和化学品 | 73.62 | 216.10 |
| 电子设备 | 82.14 | 506.42 |
| 交通运输 | -13.81 | -483.12 |
| 其他制成品 | 163.05 | -268.71 |
| 其他服务 | 127.46 | -353.52 |
| 墨西哥 | | |
| 主要农产品 | 22.42 | 48.12 |
| 加工食品 | 717.42 | 672.58 |
| 矿物资源 | -180.75 | -205.68 |
| 金属 | 50.81 | -244.58 |
| 纺织和服装 | -278.47 | -463.86 |
| 木材、纸张和化学品 | -186.88 | -432.44 |
| 电子设备 | -104.96 | -388.53 |

续表

| 情境 | 情境1：TPP | 情境2：TPP 和 CMF |
|---|---|---|
| 交通运输 | 72.25 | 843.58 |
| 其他制成品 | -227.41 | -680.68 |
| 其他服务 | -85.96 | -277.61 |

资料来源：GTAP 模型模拟结果。

表5-6展示了两种情况下产出百分比的变化。对两国而言，不同类别部门的结果是不同的。对墨西哥来说，交通运输业是受益最大的部门，尤其是在第二种情况下。食品加工业在第一种情况下显示出更显著的影响，而第二种情景下效应相对较小。主要农业食品部门在两种协议的影响下都呈现负面效应，而其他服务业则恰恰相反。在中国，主要农产品和食品加工业在两种情况下都呈现负面效应。木材、造纸和化工、电子设备和其他服务业在两种情况下都显示出积极影响。

表5-6　两种情境下按行业划分的中墨产出变化（%）

| 情境 | 情境1：TPP | 情境2：TPP 和 CMFTA |
|---|---|---|
| 中国 | | |
| 主要农产品 | -0.01 | -0.02 |
| 加工食品 | -0.03 | -0.09 |
| 矿物资源 | 0.00 | -0.01 |
| 金属 | -0.01 | 0.06 |
| 纺织和服装 | -0.01 | 0.02 |
| 木材、纸张和化学品 | 0.01 | 0.00 |
| 电子设备 | 0.02 | 0.05 |
| 交通运输 | 0.00 | -0.10 |
| 其他制成品 | 0.01 | -0.02 |
| 其他服务 | 0.00 | 0.01 |

续表

| 情境 | 情境1：TPP | 情境2：TPP 和 CMFTA |
|---|---|---|
| 墨西哥 | | |
| 主要农产品 | -0.06 | -0.19 |
| 加工食品 | 0.44 | 0.25 |
| 矿物资源 | -1.03 | -1.17 |
| 金属 | 0.04 | -0.43 |
| 纺织和服装 | -0.42 | -0.87 |
| 木材、纸张和化学品 | -0.23 | -0.62 |
| 电子设备 | -0.31 | -1.14 |
| 交通运输 | 0.16 | 1.12 |
| 其他制成品 | -0.11 | -0.27 |
| 其他服务 | 0.03 | 0.10 |

资料来源：GTAP 模型模拟结果。

### （四）对贸易模式的影响

表5-7展示了中国—墨西哥自由贸易协定对贸易量的影响。在第一种情况下，中国将减少对除跨太平洋伙伴关系协定成员国以外的所有国家或地区的出口量，共计46232万美元。在第二种情况下，总体层面上有所恢复，出口额将增加28.3746亿美元。这种情况下，唯一的受益者是墨西哥，收益幅度大到能抵消跨太平洋伙伴关系协定和中国—墨西哥自由贸易协定对所有其他国家地区的不利影响。

表5-7　中墨自由贸易协定对中国贸易流量的影响（百万美元）

| | 情境1：TPP | 情境2：TPP 和 CMFTA |
|---|---|---|
| 中国出口到 | | |
| 墨西哥 | -309.00 | 9747.06 |
| 美国 | -12.88 | -1861.19 |
| 加拿大 | -33.71 | -180.47 |

### 第五章 中国—墨西哥 FTA：破除贸易壁垒以跨越中等收入陷阱

续表

|  | 情境 1：TPP | 情境 2：TPP 和 CMFTA |
| --- | --- | --- |
| TPP | 17.97 | -992.41 |
| 拉美其他地区 | -56.22 | -366.16 |
| 欧盟 28 国 | -49.50 | -1524.72 |
| 世界其他地区 | -58.94 | -1787.94 |
| 合计 | -462.32 | 2837.46 |
| 中国进口自 |  |  |
| 墨西哥 | -129.90 | 2042.30 |
| 美国 | 199.89 | 550.88 |
| 加拿大 | -442.68 | -404.35 |
| TPP | -568.13 | -225.22 |
| 拉美其他地区 | -39.03 | 89.89 |
| 欧盟 28 国 | 94.39 | 25.69 |
| 世界其他地区 | 450.81 | 1098.13 |
| 合计 | -418.99 | 3421.14 |
| 墨西哥出口到 | -129.90 | 9747.06 |
| 中国 | -92.60 | 1941.36 |
| 美国 | -965.84 | -1000.81 |
| 加拿大 | -8.29 | -115.47 |
| TPP | 2660.55 | 2572.07 |
| 拉美其他地区 | -64.90 | -121.15 |
| 欧盟 28 国 | -156.37 | -219.55 |
| 世界其他地区 | -92.90 | -139.41 |
| 合计 | 1276.64 | 2913.70 |
| 墨西哥进口自 | -309.00 | 9747.06 |
| 中国 | -323.47 | 10363.82 |
| 美国 | -2103.92 | -7872.86 |

续表

|  | 情境1：TPP | 情境2：TPP 和 CMFTA |
| --- | --- | --- |
| 加拿大 | 133.77 | 38.88 |
| TPP | 4652.17 | 3940.25 |
| 拉美其他地区 | -180.55 | -353.22 |
| 欧盟28国 | -395.63 | -1362.00 |
| 世界其他地区 | -253.45 | -763.21 |
| 合计 | 1479.69 | 3739.61 |

资料来源：GTAP 模型模拟结果。

在考察中国在跨太平洋伙伴关系协定影响下的进口情况时，其效应对墨西哥、美国、加拿大、跨太平洋伙伴关系协定成员国以及拉美其他国家都是不利的，总体不利影响达到4.19亿美元。然而，这个数字对美国、欧盟（28个成员国）以及世界上其他国家还是有利的。如果加上中国—墨西哥自由贸易协定，情况发生巨大改变，经济影响在总量上反转为积极，达到342.114亿美元。在第二种情况下，加拿大、跨太平洋伙伴关系协定成员国将受到不利影响，而美国、拉美其他国家以及欧盟（28个成员国）将对中国进口产生积极影响。墨西哥将是受益最多的单个国家，其收益比世界其他地区更加显著。

## 三 中等收入陷阱的出路何在？

之前的研究结果支持中国和墨西哥双边贸易的进一步发展。然而，值得注意的是，笔者使用的是包含了一些假设的模型，例如完全竞争假设。在接下来的部分中将对结果进行总结，同时也引出重要问题：中墨自贸协定是否能持续提高两国逃离中等收入陷阱的可能性？

## （一）全球贸易分析项目模型的结论

全球贸易分析项目模型的分析显示，中国—墨西哥自由贸易协定毫无疑问将给中国、墨西哥乃至世界贸易带来重大改变。在实际GDP增长方面，条约对两国均有利，而对其他国家基本无影响。墨西哥在两种情况下都将得到实际GDP的增长，而中国将平衡跨太平洋伙伴关系协定对其的不利影响。对墨西哥而言，除了跨太平洋伙伴关系协定带来的利益外，中国—墨西哥自由贸易协定还有其他好处，比如更好的贸易表现。尽管贸易条件对两国利益有一定损害，但两国仍都将在贸易平衡的改变中受益，尤其是在商品贸易账户方面。由于贸易创新，跨太平洋伙伴关系协定和中国—墨西哥自由贸易协定对中墨两国都展现出积极成果。不过，中国—墨西哥自由贸易协定放大了这种积极成果。两则贸易条约在不同部门间的影响程度不尽相同，两国不同种类部门的效应结果通常显著相反。

对于大多数选定的经济部门而言，土地、劳动力和资本的使用量将显著增加，毫无疑问这两则协定将给上述部门带来影响。与跨太平洋伙伴关系协定相关的货币数据显示，中国将缩减4亿美元以上的出口量，而中国—墨西哥自由贸易协定的签署将扭转这一局面，出口量反增十多亿美元。值得一提的是，中国对墨西哥出口量的急速增长，将抵消对包括美国和其他主要经济体在内国家的出口损失。跨太平洋伙伴关系协定对中国进口有高达4亿美元的不利影响。而如果中国—墨西哥自由贸易协定生效，这个数据将扭亏为盈且达到超30亿美元的水平。墨西哥将从对包括主要经济体在内的其他国家出口，转为从对中国出口中获利。

自由贸易协定不一定是全面的条约，但一定是可行的、能为两国企业带来短期利益的协定。协定可以排除两国将在自由贸易中受损的部门，并为直接投资创造机会。在这方面，值得一提的是中国自从2014年以来作为净外国投资者的身份转变。2015年中国在全球的对外投资前十大行业（计算机与电子、公用事业与能源、汽车、房地产、交通运输、石油与天然气、矿业、医疗保健和休闲娱乐）的评估显示了在墨西哥创立互惠投资项目的潜力。[①] 事实上，墨西哥将欢迎对其任何部门的直接投资。

### （二）足以逃离中等收入陷阱了吗？

中等收入陷阱这一概念对经济学家来说并不新鲜。2006年，当世界银行的经济学家霍米卡拉斯（Homi Kharas）对其概念进行拓展时，这一概念吸引了全世界的目光。简而言之，中等收入陷阱指处于人均8000美元到18000美元收入水平的国家经济增速将放缓，几乎不能继续在其全民中维持这一范围的收入水平。把这一现象描述为陷阱来源于这样的观点：这些经济体在高度增长后达到了长期稳定状态，而始终无法更进一步发展成为发达经济体。因此，成为最富裕国家的承诺永远只是空头支票。背后的原因在于工资的增长以及陷入陷阱前达到的中等收入水平所带来的更高的成本。更高的工资、更少的创新和科技进步，导致其在国际市场上竞争力的缺失。一旦这些国家陷入中等陷阱，他们的出口商品价格被高估，附加值就会很小。很多发展中国家很容易陷入中等收入陷阱，而逃离陷阱则要求特别的举措和清晰的战略。事实上，逃离中等收入陷阱意味着针对加入新流程、寻找维持出口增长和推动国内需求的新市场等目标制定一系列战略。毕竟，中产阶级购买力的提升将对经济产生质和量的双重影响：无论是消费总量，抑或是创新机制的提升，市场对更高质量商品的新需求将会增加。通常，这种飞跃将需要大量投入基础设施和教育行业的资源，以建立一个激发创造力、支持科技创新的高质量教育体系。

墨西哥和中国都将在近期达到中等收入水平。在大多数国家

---

[①] KPMG, *China Outlook* 2016, KPMG Global China Practice, 2015.

第五章　中国—墨西哥FTA：破除贸易壁垒以跨越中等收入陷阱

都没能成功逃离中等收入陷阱的大背景下，日本和韩国是为数不多的跨越了中等收入陷阱的国家。根据新的概念修订，中等收入陷阱演变为一个集合性的陷阱，一个"建立在（1）不利的人口统计数据；（2）低水平的经济多样化程度；（3）低效率的金融市场；（4）不健全的基础设施；（5）低水平的创新能力；（6）薄弱的制度建构；（7）低效的劳动力市场"的概念。[1] 不幸的是，墨西哥以及其他大多数拉美经济体，都满足上述陷入中等收入陷阱的条件。该地区唯一的例外在于第一个因素：这些国家的人口状况非常好，人口中值年龄中位数远低于经合组织（OECD）国家。而亚洲国家的情形不尽相同，它们具备逃离中等收入陷阱的能力并引导拉美国家。中国目前正从制造业经济转型为服务业经济。在这一过程中，中国为拉美地区不同国家的企业创造机会，推动当地实现经济持续增长，而不是仅仅依赖商品出口。[2] 因此，中国和墨西哥应当探索不同机制，以促进双方经济的稳定和增长。

可供政府选择的摆脱中等收入陷阱的政策工具有很多。对于墨西哥而言，工具可能有限，但一旦从总量上考虑，也会有更稳固的摆脱陷阱的基础。墨西哥存在较大改善空间的领域是教育、研发和基础设施部门，尤其是在其私营部门超过公共项目的情况下。

## 四　结论

跨太平洋伙伴关系协定将为环太平洋地区带来发展的新活力

---

[1] Pruchnik, K. and Zowczak, J., *Middle-Income Trap: Review of the Conceptual Framework*, Tokyo: Asian Development Bank Institute, 2017.

[2] Lin, J. Y. and Treichel, V., *Learning from China's Rise to Escape the Middle-income trap-A new Structural Economics Approach to Latin America*, Washington, D. C., World Bank, 2012.

和增长的新机会，即使没有美国也将如此。此外，这项协定在潜在的商业机遇之外能带来其他可能。如前所述，亚洲的不同国家期待制衡中国在亚太地区日益增长的力量。跨太平洋伙伴关系对于中国的利益保证存在疑问。一方面，有许多迹象表明如果获得批准，这种伙伴关系可能对中国的出口产生不利影响，同时限制其地缘经济项目。同时贸易转移也可能发生，比如跨太平洋伙伴关系成员国可以用高价值的中国出口品代替墨西哥市场商品。① 从积极的方面来看，中国可能会因为加入伙伴关系而受益。

吸纳中国加入革新后的跨太平洋伙伴关系协定的倡议因其对利益相关方的潜在收益而备受关注，但由于这样的项目会立即引来政治方面的反对言论，其实是很难实现的。因此，笔者将把分析集中到一个更简洁的情景中，即只考虑贸易和商业层面问题的一个关于中国和墨西哥的双边条约。尽管这种情景比不上中国加入改革后的跨太平洋伙伴关系协定的重要性，但它的影响值得被细化分析以量化国家和部门层面的影响。有人主张中国"积极推动自己的自由贸易协定"，同时谨慎地考虑是否加入跨太平洋伙伴关系协定。② 最后，这场贸易博弈可能比看上去更加错综复杂。中国和墨西哥之间的自由贸易协定绝不可能与这些举措相提并论，但可能是中国成为环太平洋地区更强劲经济力量迈出的第一步。墨西哥没有同样强劲的发展动力，但肯定会积极看待外商直接投资而不介意资金来源的远近。另外，中国可能不得不跨过中国—墨西哥自由贸易协定的经济利益，而看到更远的地缘政治战略的收益。正如全球贸易分析项目模型得出的结果一样，密切中国和墨西哥之间的贸易联系将为双方带来积极结果。不过这一结

---

① Mendoza, J., The Potential Impact of the Trans-Pacific Partnership on the Mexican Trade with China and Korea, *Asian Journal of Latin American Studies*, 2016, 29 (2): 1-28.

② Song, G. and Wen, Y., China's Free Trade Agreement Strategies, *The Washington Quarterly*, 2012, 35 (4): 107-119.

果并不是均衡的，拉美国家将获得经济利益中的大部分，而亚洲国家所获较少。

不管签署自由贸易协定是否能让两国跨越中等收入陷进的概率提升，现实情况都还可能不同。经济规模的差异给中国在全球贸易中地位的改变留下不多的空间，一些对福利无显著提升的行业除外。墨西哥不具备将自由贸易协定中的利益转变为其经济、人口方面进步的所有条件。尽管如此，增量贸易在科技进步可持续化的条件下，仍有望促进创新，为全球市场提供更加适合的产品。例如，电子商务正为地区间"一带一路"的数字化延伸铺路，从而连接环太平洋两岸的市场。[①] 此外，中国在拉美地区日益增长的发展力量将促使其最终成为这些经济体所期盼的贸易规则改善者。毕竟，美国对拉美地区数十年的领导没能使其实现可持续的繁荣。在区域体系下，至少与邻国相比，陷在中等收入陷阱中并不可怕。

周　华

弗朗西斯科·巴尔德（Francisco J. Valderrey）

米格尔·蒙托亚（Miguel A. Montoya）

---

[①] Nan, Yin, El comercio electrónico ayudará a construir "ruta de la seda digital" entre China y América Latina y el Caribe, *Xinhua*, 2017, http://spanish.xinhuanet.com/2017－11/12/c_136746846.htm.

# 第六章 在中国的墨西哥跨国公司

跨国公司（MNEs）的历史可以追溯到殖民地时期，[①] 但第二次世界大战之后其进入了高速发展阶段。大量美国人、欧洲人以及之后加入跨国公司行列的日本公司都努力将触角伸向世界各国。跨国公司一直是国际商业（IB）学者们研究的重点。他们研究这些公司，进而分析其在世界范围内成功的原因、特长及策略。

然而，在过去的几十年间，全球化使国际业务发生巨变，新兴经济体的跨国公司进入世界舞台，其中一些甚至获得了世界领导地位。具有领导地位的新兴经济体的跨国公司包括：来自墨西哥的 Bimbo 烘焙公司、Cement 水泥生产商，来自中国的中国工商银行、阿里巴巴电子商务平台，来自巴西的 JBS 蛋白质生产商，来自智利的 MASISA 家具生产商等。

本章介绍源自发展中国家，在地理环境和文化距离都遥远的外国地区扩张的跨国公司，以墨西哥跨国企业在中国的发展为例。本章的写作目的旨在比较关于跨国公司传统及新兴理论与样本公司的实际情况。笔者将论证这些理论方法对理解充满特定因素的现实情形只有片面的作用。

---

① Wilkins, M., The History of the Multinational Enterprise, In A. R. Rugman (Ed.), *The Oxford Handbook of International Business*, 2nd ed, 2009, pp. 3–38, Oxford, UK: Oxford University Press.

## 一 跨国公司的国际化模型

### （一）传统模型

跨国公司的概念在 50 多年前发展起来，主要以美国、欧洲和日本公司为研究对象。[1] 顿宁开发了 OLI 模型，该模型指出跨国公司的存在是三种优势结合的结果：所有权优势、区位优势和市场内部化优势（OLI）。[2] 科格特和桑德尔认为，知识是国际化的关键因素，因为它使公司获得其他管理资源和技能。[3] 另外一个模型是由拉格曼和韦贝克提出的 FSA-CSA 模型框架。他们认为跨国公司的发展是两种优势结合的结果：一种是公司特定优势（FSAs），另一种是国家特定优势（CSAs）。[4] 这种模型的贡献在于强调了一些跨国公司的优势与特定的地理区位有关，并不能跨国转移在他国发挥出来。相比之下，其他优势不受地域限制，并有助于公司实现海外扩张。

---

[1] Cantwell, J., Location and the Multinational Enterprise, *Journal of International Business Studies*, 2009, 40: 35 - 41; Hennart, J. - F., Down with MNE-centric Theories! Market Entry and Expansion as the Bundling of MNE and Local Assets, *Journal of International Business Studies*, 2009, 40: 1432 - 1454.

[2] Dunning, J., Trade, Location of Economic Activity and the MNE: A Search for an Eclectic Theory, In B. Ohlin, P. - O. Hesselborn, and P. M. Wijkman ( Eds. ), *The International Allocation of Economic Activity*, 1977, pp. 395 - 418, London: Palgrave Macmillan.

[3] Kogut, B. and Zander, U., Knowledge of the Firm, Combinative Capabilities, and the Replication of Technology, *Organization Science*, 1992, 3: 383 - 397.

[4] Rugman, A. M. and Verbeke, A., A Note on the Transnational Solution and the Transaction Cost Theory of Multinational Strategic Management, *Journal of International Business Studies*, 1992, 23: 761 - 771.

换一个角度,从国际市场营销的层面分析,其他作者提出了创新相关模型,指的是通过服务海外市场以提高公司创新能力。[1] 他们认为,只要管理人员在服务国内市场方面获得足够的经验,他们就能专注于海外市场,将公司转变为活跃的出口商。(有关这些模型更深入的详细介绍,参见库沃·卡苏拉和拉莫斯[2]的著作。)

库沃·卡苏拉和蒙托亚发表言论称,这些传统模型建立在对先进经济体的跨国公司进行研究得出的基本假设上,隐含着本国是先进经济体的假设,因而公司可以开发最具创新力的产品和服务,以迎合本国市场,并在之后寻找潜在获利最大的销售对象国家。[3] 因此,这些模型认为跨国公司的宗主国不会影响公司的国际化,或者至多有积极影响,因此它们并没有关注宗主国对跨国公司行为的影响机制。

### (二) 跨国公司的新模式:新兴市场的跨国公司

之前的模型预计新兴国家将成为发达国家跨国公司产品、创新及外商直接投资的接受方。遵循这一逻辑,再加上其低程度的发展水平,新兴国家没有能力培育有国际竞争力的企业。然而,"全球2000强"中结合收入、利润、资产和市场价值,列举了全球最大的企业。到2016年为止,排行榜上已经有来自新兴市场的

---

[1] Cavusgil, S. T., On the Internationalization Process of Firms, *European Research*, 1980, 8: 273 – 281; Czinkota, M. R., *Export Development Strategies: US Promotion Policy*, New York: Praeger, 1982.

[2] Cuervo-Cazurra, A. and Ramos, M., Explaining the Process of Internationalization by Building Bridges Among Existing Models, In S. W. Floyd, J. Roos, C. D. Jacobs and F. W. Kellermanns (Eds.), *Innovating Strategy Processes*, 2004, pp. 111 – 122, London: Blackwell.

[3] Cuervo-Cazurra, A. and Montoya, M. (Eds.), *Mexican Multinationals: How to Build Multinationals in Emerging Markets*, Cambridge University Press, 2018.

480家企业。①

一些学者非常关注这一现象。② 拉格曼认为，这些企业只是基于其本国的竞争优势和规模经济效益才得以国际化，但是它们缺乏维持其持续竞争优势的先进资源和能力。③ 此外，他认为现有的 IB 模型能解释来自新兴市场的跨国公司。然而，其他作者呼吁使用新模型或传统模型的更新版本，因为来自新兴国家的跨国公司与传统分析对象有很大差异。④

库沃·卡苏拉和蒙托亚提出了目前新兴国家跨国公司的四种基本模型：LLL 模型、跳板模型、跨国公司的"新"模型及非顺序国际化模型。⑤ 第一个是 LLL 模型，即联动、杠杆与学习模

---

① Forbes, The Global 2000, 2016, http://www.forbes.com/lists/2010/18/global-2000-10_The-Global-2000_Country.html.

② Aulakh, P. S., Emerging Multinationals from Developing Economies: Motivations, Paths and Performance, *Journal of International Management*, 2007, 13: 235-240; Cuervo-Cazurra, A., How the Analysis of Developing Country Multinational Companies Helps Advance Theory: Solving the Goldilocks Debate, *Global Strategy Journal*, 2012, 2: 153-167; Cuervo-Cazurra, A. and Ramamurti, R., *Understanding Multinationals from Emerging Markets*, Cambridge: Cambridge University Press, 2014.

③ Rugman, A., Do We Need a New Theory to Explain Emerging Market MNEs? In K. P. Sauvant (Ed.), *Foreign Direct Investments from Emerging Markets: The Challenges Ahead*, 2010, pp. 89-93, New York: Palgrave McMillan.

④ Guillén, M. F. and García Canal, E., The American Model of the Multinational Firm and the "New" Multinationals from Emerging Economies, *Academy of Management Perspectives*, 2009, 23: 23-35; Ramamurti, R., What is Really Different about Emerging Market Multinationals? *Global Strategy Journal*, 2012, 2: 41-47.

⑤ Cuervo-Cazurra, A. and Montoya, M. (Eds.), *Mexican Multinationals: How to Build Multinationals in Emerging Markets*, Cambridge University Press, 2018.

型①，它指出，新兴市场跨国公司的国际化源于 OLI 模型中未涉及的其他驱动力因素。首先，跨国公司与其他公司建立"联动"以获得外部优势和外向型定位，并着重通过海外扩张获得战略资产。其次，它们"借助"与合作伙伴的联系，通过战略性关系网获得所需资源。最后，它们通过重复和不断改进来"学习"并构建自身优势。

第二个关于新兴市场跨国公司的模型是跳板模型。② 这些公司对发达经济体中的关键资产进行有野心和冒险性的收购，以此弥补其竞争劣势。它们在海外投资以获得与发达经济体的跨国公司竞争所需的战略性资产，并且规避了国内机构和市场缺陷。

第三个是所谓的跨国公司的新模型，③ 其基础是新兴市场的跨国公司虽然竞争优势有限，但比先进国家的跨国公司发展更快、更广泛。它们通过运用强劲的组织和政治手段、联盟和收购方式来获得令人称奇的国际化速度。

第四个是非顺序国际化模型。④ 该模型指出新兴市场的跨国公司不用遵循发达国家曾经采取的渐进式国际化过程——先在与本国相近的国家发展，再拓展到更远的国家。相反，这些公司有两条可选择的发展路径。第一，它们可以进入类似本国的国家，比如其他新兴经济体。在这些国家，即使市场规模不是很大，它

---

① Mathews, J. A., Dragon Multinationals: New Players in 21st Century Globalization, *Asia Pacific Journal of Management*, 2006, 23: 5 - 27.

② Luo, Y. and Tung, R. L., International Expansion of Emerging Market Enterprises: A Springboard Perspective, *Journal of International Business Studies*, 2007, 38: 481 - 498.

③ Guillén, M. F. and García Canal, E., The American Model of the Multinational Firm and the "New" Multinationals from Emerging Economies, *Academy of Management Perspectives*, 2009, 23: 23 - 35.

④ Cuervo-Cazurra, A., Selecting the Country in Which to Start Internationalization: The Non-sequential Internationalization Argument, *Journal of World Business*, 2011, 46: 426 - 437.

们也能更容易地发挥自身影响力。第二，它们可以进入提供更好市场机会的国家，例如发达国家。不过，在发达国家，运用本国在运营中积累的经验比较困难。

来自新兴市场的跨国公司有一个共同点：本国相对发展程度较低，影响了公司资源和能力的发展，进而不利于之后的国际化。它们的发展起点是一套欠发达的科技管理能力。它们遇到的其他障碍包括欠发达的法律制度和知识产权水平、本国在国际市场上不高的声誉、较高的资本成本等。

## 二 墨西哥跨国公司案例

大部分关于新兴经济体跨国公司的研究都致力于分析中国、俄罗斯、巴西的公司，可能是因为金砖四国概念的普及。然而，2017年全球最大的2000家上市公司中，墨西哥公司数量（15家）几乎与巴西（20家）相当。[1] 库沃·卡苏拉和蒙托亚编写了一本关于墨西哥跨国公司的开创性书籍。他们把对墨西哥跨国公司国际化的分析当作实验模型，希望探索中小型新兴国家公司提升竞争力和在国际层面发展的新路径。[2] 根据乌普萨拉模型的逻辑，公司的国际化过程要注重高熟悉度和低风险，因而墨西哥跨国公司主要在拉丁美洲或美国地区发展。[3] 只有少数墨西哥跨国公司冒险进入中国。这展现了一个新兴经济体的跨国公司进入另

---

[1] Forbes, The World's Biggest Public Companies, 2017, https://www.forbes.com/global2000/list/4/#tab: overall.

[2] Cuervo-Cazurra, A. and Montoya, M. (Eds.), *Mexican Multinationals: How to Build Multinationals in Emerging Markets*, Cambridge University Press, 2018.

[3] Johanson, J. and Vahlne, J. E., The Internationalization Process of the Firm: A Model of Knowledge Development and Increasing Foreign Market Commitments, *Journal of International Business Studies*, 1977, 8: 23–32.

一个新兴经济体发展的情形，在这种情形下两地的地理和文化距离将预示着特殊的挑战。我们特别关注公司运营的背景如何影响运营流程，以全面了解这些企业进入中国时遇到的问题。

中国在过去几十年间接受的外商直接投资比世界上其他国家都更多。其市场规模和增长速度使其成为各国跨国公司的投资目标。世界500强企业中的绝大部分都在中国建有公司。除了其庞大的市场，中国在基础设施（港口、道路、机场等）方面的进步也令人称奇，其劳动力素质不断提升，世界一流大学排名急速攀升（2016年QS排名前50所高校中占据3所），工业科技园区欣欣向荣。这些因素综合起来使中国成为许多国家理想的海外投资平台。此外，中国国家主席习近平提出的"一带一路"倡议将在未来几年实施，这将成为中国企业吸引中东、东南亚和东欧市场的平台。

不过我们在看到中国提供的巨大机遇的同时，也不能忽视从墨西哥视角看到在中国发展的巨大问题。首先，中国和墨西哥之间有着长达14小时飞行或3周航行的地理距离。直到2006年，墨西哥和中国之间还没有直飞航班（目前每周只有三个航班）。其次，中墨之间的语言和文化差异也很大。在墨西哥，一项非常难的任务被戏称为"用中文表达"。尽管如此，一批墨西哥跨国公司还是冒险进入中国，它们中的一些认为中国是它们在亚洲板块开拓的重要平台。

笔者将对不同行业的四家公司进行分析，以拓展分析中的多样性：Bimbo（食品，烘焙）、Softtek（服务，信息技术）、Nemak（铝合金车辆部件）和Interceramic（瓷砖）。

这些公司大部分在进入中国市场之前就对中国市场进行过深入研究，也有一些通过收购进入中国市场，并从市场上学习如何将新举措运用到公司经营中。其他公司则以最小限度的调整，将它们的商业模式复制到中国，希望能维持本公司统一性的企业文化。笔者将在本章的剩余部分讨论它们在中国发展遇到的主要困难，和它们如何解决这些困难。这些墨西哥跨国公司提供了创业、创新和积极的战略举措的案例，也留下了很多能为其他墨西哥跨国公司和中小企业借鉴的经验教训。

### （一）宾堡集团（烘焙）

宾堡集团由洛伦佐·塞维奇、海梅·约巴、何塞·马塔、贾姆·森德拉、阿方索·贝拉斯科在1945年建立。宾堡集团是全球最大的烘焙公司，2016年全球销售额达135.06亿美元，全球雇员达130913人。宾堡集团生产、分配并营销数以千计的产品，包括各种生鲜、冷藏盒状面包、馒头、饼干、糕点、英式松饼、百吉饼、包装食物、玉米饼、咸味小吃和糖果等。该公司在美洲、欧洲、亚洲的22个国家开展业务，经营171家工厂，向270万个销售点分销产品。自1980年以来，其股票在墨西哥证券交易所、在美国通过美国存托凭证（ADRs）上市。

宾堡集团通过在许多国家建立工厂，与他国烘焙公司建立战略性伙伴关系或收购交易来实现投资，与它合作的公司有北京的Pan Rico公司、危地马拉的Pan Europa公司、乌拉圭的Los Sorchantes公司、智利的Lagos del Sur公司、墨西哥的Pastelerías El Globo公司和La Corona公司、哥伦比亚的Lalo公司、美国的George Weston和Sara Lee公司、巴西的Plus Vita公司等。

这些令人印象深刻的成就归功于公司的工作文化、效率和生产力，它一直高度关注管理自身的分销系统。宾堡集团的高管不会花太多时间在公司战略上，他们更关注提高生产和物流效率。董事会主席兼首席执行官丹尼尔·塞维奇评价道：他们寻求全球的最佳措施，加以运用以提高生产力。[1]

宾堡集团进入亚洲市场时非常谨慎，只进行了适度投资。一

---

[1] Guillén, M. F. and García-Canal, E., *Emerging Markets Rule*, New York: McGraw-Hill, 2013.

些和居住在墨西哥的中国人一起进行的市场研究和核心研究组旨在了解中国人的口味。① 业务经理伯纳多·则米诺指出，市场研究是了解哪类产品可以在当地推广的重要途径，然而尽管进行了这些研究，一些产品仍然遭遇了失败。② 下面为大家介绍著名的 Gansito 案例（这是一种由奶油夹心和巧克力包裹的草莓做成的小蛋糕）。Gansito 是宾堡集团的明星产品，在许多国家非常畅销，但是在中国，它却不久就被撤出，因为中国民众更喜欢浓烈的口味。因此，宾堡集团并不是以其典型产品占领市场，而是不断探索新的产品，例如肉饼、玉米三明治、腌黄瓜面包、甜豆松饼等。这些产品在本土墨西哥人看来都是不可接受的。③

在收购中国市场一些知名的厂商和品牌后，宾堡集团决定进入中国市场。2006 年 3 月，宾堡集团以 1170 万美元收购了西班牙潘瑞克公司的北京子公司。潘瑞克公司自 1997 年开始在中国开展业务，到 2006 年有 775 名员工，北京郊区的一所工厂及北京和天津附近的分销网络。通过收购，宾堡集团获得的不只是它的产品组合，还有该市场的具体信息。其运营部门包括总部大楼、制造工厂、北京的五个销售办事处和天津的一个销售办事处。2005 年，这家中国公司的销售额达 1110 万美元，营业亏损为 80 万美元。④ 宾堡集团当时的亚洲首席执行官豪尔赫·萨拉特说，最初宾堡集团预期它们在中国的增长率会比在拉美地区的增

---

① Siegel, J., Grupo Bimbo, Harvard Business School case 9 - 707 - 521, 2009.

② Suárez Ramírez, A., El Grupo Bimbo, una década en China, *China-Hoy*, 2016, http: //www. chinatoday. mx/eco/news/content/2016 - 11/29/content_ 731563. htm.

③ Kruger, U., Bimbo, un caso de éxito latinoamericano en China Retrieved from *SinoLATAM*, 2014, http: //www. sinolatamforum. com/opiniones_ detalle/0 - m151 - 238/bimbo-un-caso-de-exito-latinoamericano-en-china.

④ Siegel, J., Grupo Bimbo, Harvard Business School case 9 - 707 - 5212009.

长率更高。① 然而，事与愿违，挑战接连出现：食品口味不同，语言障碍突出，道德操守差距也很大。

2007 年，宾堡集团的北京分公司正式成立，并推出了重要的泰迪熊品牌。2009 年，为克服口味上的文化差异，宾堡集团收购了当地品牌"百万庄园"，并在 2010 年收购了"金红伟"。

一方面，中国经济的增长促进了国民文化观念和饮食营养观念的改变，这有利于国际食品品牌在中国的扩张。例如，2016 年，肯德基在中国各城市开设了 600 家新餐厅，同时，麦当劳的目标是未来 5 年在中国推出 1000 个新网点；星巴克预计中国的快销咖啡连锁店的市场规模将超过美国，截至 2021 年中国目前 2300 家的连锁店数量将翻一番。传统的中国人不消费烘焙食品，而目前中国消费者对西方食品日益增长的口味偏好为烘焙业打开了新的市场，有利于烘焙业的发展。

文化差异和对中国消费者口味的适应对宾堡集团来说是一个巨大的挑战。为了克服目前的困境，宾堡集团的北京分公司遵循它们所说的"深化对消费者的理解"的流程。宾堡集团北京分公司运营总监塞萨尔·克鲁兹表示，消费者拥有最终话语权。② 因此，公司坚持调整并创造新的产品。几年来，宾堡集团在中国市场推出了一百多个品种的产品。其迎合市场的理念使其每年都能实现两位数的增长。

另一方面，中国市场在消费者习惯、政策法规方面都为宾堡集团提供了巨大的学习机遇。年复一年，中国市场带给宾堡集团的挑战日新月异。目前宾堡集团没有单独报道中国分公司的财报结果，因为它们都被归入墨西哥总公司的财务报表中。不过，在 2016 年，宾堡集团报道中国分公司有 1541 名中国员工，占其全

---

① Agencias en Beijing, El osito Bimbo va a la conquista de China, *Crónica*, 2006, http://www.cronica.com.mx/notas/2006/269835.html.

② Zhang, W., Al pan, pan y a Bimbo, Bimbo, 2011, http://www.chinatoday.mx/eco/clae/content/2011-07/26/content_379348.htm.

球 130913 名员工总数的 1.2%。"我们不能说自己是中国市场的领导者，但这是我们的奋斗目标。中国市场太大，竞争非常激烈。我们有很多缺陷，但我们相信我们能成为全国闻名的品牌。中国消费者对营养水平和食品安全已经越来越敏感。"克鲁兹补充说。

此外，宾堡集团在零售分销领域也进行创新。潘瑞克公司不在小型店铺或社区商铺中销售，因为这些店铺位于狭窄而错综复杂的小巷子里。为解决这一问题，宾堡集团开始用自行车送货。2010 年，宾堡集团通过 38 辆自行车，将商品送入 30000 家小型商店。然而，挑战仍然非常艰巨。进入中国市场耗费宾堡集团在其他国家市场三倍多的时间。在中国，分销网络比其他国家更加本土化，国家基础设施仍然不足。①

"毫无疑问，进入中国市场仍有很多困难。但关键的是我们有长远的愿景和对变革的开放观念。我们坚定不移地坚守自己的价值观和理念，同时不断学习以适应新文化。领导力和本地人才对拉丁美洲在中国的发展来说非常重要，两种文化的融合和交流是一种相互学习的过程，我们得以了解中国市场并加速解决问题。"宾堡集团的首席执行官丹尼尔·塞维奇这样评论。此外，塞维奇认为，就流程和方法而言，宾堡集团采取了和其他领域发展的相同方案（例如信息基础、企业资源计划、公司报告、商业、运营和行政领域的关键流程），但会适当调整并尊重当地的法律法规。②

宾堡集团的计划是继续在中国不断发展，在承认中国市场的

---

① Anderson, B., Bimbo "destraba" las puertas de China, *Expansión*, 2010, http://expansion.mx/expansion/2010/09/03/bimbo-china-expansion?internal_source=PLAYLIST.

② Latin Trade, Grupo Bimbo: Todo empieza con entender al consumidor, *Latin Trade*, 2014, http://latintrade.com/es/grupo-bimbo-todo-empieza-con-entender-al-consumidor/.

巨大潜力的同时，宾堡还有很长的路要走。2017年4月，宾堡集团宣布将在中国扩大业务，并至少再进入另一个亚洲和中东地区国家的市场。①

中国的宾堡集团和墨西哥高管及员工团队合作，以促进对不同市场状况的适应。宾堡集团保留了大多数行政、运营和控制系统，但也为适应文化差异做出了很多努力。它在墨西哥和其他拉美国家占据主要市场或是垄断市场的寡头之一，拥有大量的市场份额和全国性的分销系统，因此它在中国面临的主要挑战是如何在只占据中国市场2%市场份额的情况下成为该行业的一个小型竞争者。

### （二）索菲特克（信息技术服务）

1982年，索菲特克公司在墨西哥蒙特雷由阿尔法集团的五名前雇员建立。布兰卡·特维诺在2000年被任命为首席执行官，并在此之后一直担任此职。公司自成立以来发展迅速，到1988年已经拥有了100名员工。1994年，它成为一家国际公司，并在巴西开设了第一个办事处。目前，索菲特克是信息技术流程的全球服务提供商，在北美、拉美、欧洲和亚洲地区有30个办事处、12000名员工。该公司在美国、墨西哥、中国、巴西、阿根廷、哥斯达黎加、西班牙、匈牙利和印度设有15个全球发展中心。索菲特克为20多个国家提供服务，通过现场、岸上物流服务模式及其全球近岸模式，索菲特克帮助首席信息官提升业务的一致性。②

索菲特克是一家私人公司，不披露财务或市场信息。然而，

---

① Milenio, Bimbo planea expandirse en China, *Milenio*, 2017, http://www.milenio.com/negocios/bimbo-china-asia-oriente-pekin-mexico-negocios-milenio-noticias_0_941306154.html.

② Softtek, Quiénes somos?, 2017, http://www.softtek.com/es/acerca-de-softtek/iquienes-somos.

《扩张》杂志估计该公司 2013 年的销售额约为 5.05 亿美元，[①] 这使得索菲特克成为墨西哥第 247 家大公司。此外，根据《扩张》杂志的排名，索菲特克是墨西哥地区信息技术服务领域第二大全球布局型公司，在墨西哥排名前 100 位的全球公司中名列第 15 位。[②] 在其 33 年的发展历程中，索菲特克一直是多家财富榜前 500 强公司的首选服务提供商，并且已经被多家组织和行业分析师认为是墨西哥乃至全球最重要的信息技术公司。

根据索菲特克美国分部首席执行官贝尼·洛佩兹的说法，索菲特作为一个大型组织的职能发挥的作用越来越大——该组织正在向更多样化的多源模型转型，并在去年实现了 35% 的年增长。索菲特克在墨西哥、巴西、美国、阿根廷、西班牙、中国、印度运营，并建立全球开发中心（GDCs）。尽管印度地区的成本上涨，但拉美地区相对印度和中国而言仍不具备成本优势。拉美地区的主要优势是地理区位。它与北美处于同一区位，与支持人员的协作和沟通更加便捷，这种优势被称为"近岸"优势。索菲特克在中国的业务可能会支持其他国家的项目。"总有一些工作不具备近岸优势，而中国需要更多软件服务。"洛佩兹认为。[③]

索菲特克模式的一个关键优势是其运营管理。索菲特克的运营模式不是首席执行官做所有决定的一个僵硬的金字塔结构，而是有分支的伞状结构。索菲特克是由独立工作单位组合成的网络，这为快速进入新市场、提供新服务和新产品带来了便利性。

---

① CNN Expansion, Interactive Ranking 2014, the 500 Companies Most Important in Mexico. *CNN Expansion*, 2015a, http://www.cnnexpansion.com/rankings/interactivo-las-500/2014.

② CNN Expansion, Las 100 mexicanas más globales del 2015, *CNN Expansión*, 2015b, https://expansion.mx/especiales/2015/01/13/las-100-mexicanas-mas-globales-2015.

③ Mitchell, R., Mexico, Latin America and the Battle to Be the Next India, *Computerworld*, 2007, http://www.computerworld.com/article/2477683/it-management/mexico--latin-america-and-the-battle-to-be-the-next-india.html.

根据罗梅罗的说法，公司并没有就如何实现国际扩张举行战略峰会。索菲特克鼓励其员工自主的创新，许多项目都是从公司底部发起的。

索菲特克在墨西哥参与总部位于美国的跨国公司，但它的第一个国际办事处在一名员工的倡议下在巴西成立。最初，索菲特克派墨西哥员工前往巴西分公司服务，随后它选择在巴西当地招聘员工。它进入中国市场也采取了类似的路径：这是它一个合作伙伴的提议。然而，它在西班牙和阿根廷办事处和全球开发中心的建立采取的是不同的路径：索菲特克的一位重要客户在这些地区开设分公司，并邀请索菲特克为他们提供现场支持。

2006年8月，应其合作伙伴进入中国市场的倡议，索菲特克收购了中国的信息技术联合公司。该信息技术联合公司在2008年成为索菲特克的亚洲分公司。这一全球开发中心拥有尖端的访问控制和电信基础设施，包括生物识别设备、现场全天候监控、三重冗余互联网连接和每位消费者的孤立网络区段。2008年，索菲特克亚洲分公司在北京、上海、厦门和西安落地。[1] 信息技术联合公司的创始人，现任索菲特克亚洲分公司的执行副总裁兼中国分公司的首席执行官西里尔·艾尔西杰这样说："自从这两个团队（IT United 和 Softtek）结盟以来，我们从顾客那里收获了极高的热情。"[2]

2009年，索菲特克在中国江苏无锡开设了第二家全球开发中心。这个新的全球开发中心配备了最先进的接入、计算和电信控制系统，旨在满足公司全球客户的需求。其安全标准达到最高层

---

[1] Softtek, NFVZone Softtek Finalizes Acquisition of China's IT United, 2007, http://www.tmcnet.com/usubmit/2007/08/20/2874627.htm.

[2] Softtek, Softtek Introduced Softtek Asia with Expansion of Global Delivery Center in China, 2008, https://www.softtek.com/es/sala-de-prensa/comunicados-de-prensa/softtek-introduce-softtek-asia-con-la-expansion-del-centro-global-de-entrega-en-china.

次，电信和流程成熟度很高。索菲特克选择在无锡建立公司，不只因为其高质量的基础设施，也因为它靠近高等教育中心，能够提供一个充足的人才基地。①

2013年，索菲特克在北京的办事处转变为"专攻企业移动性的卓越中心"，致力于迎合亚洲企业日益增长的移动方案的需求。它开始在主要的移动平台，包括 ios 和安卓上为亚洲市场提供业务方案和交互营销。根据谷歌赞助开展的"我们的移动星球"的研究，②亚洲国家在市场渗透率和智能手机的使用方面都处于领先地位。此外，中国是世界上发展最快的智能手机市场。③索菲特克计划开办新公司，并继续在中国发展，以在这块世界影响力递增的区域有所建树。

索菲特克为其客户，即遍布全球的跨国公司提供的服务推动其进入中国市场，最初通过收购，后来通过追加的绿地投资。收购完成后，索菲特克保留了拥有中国市场经验的原有高层管理团队，并任命信息技术联合公司的创始人担任其亚洲分公司的副总裁兼中国分公司的首席执行官。基于这个因素，索菲特克进入中国市场十分顺利。

### （三）耐马克（铝合金车辆部件）

耐马克，S. A. B. de C. V. 的总部设在墨西哥新莱昂州加西亚，是一家在16个国家开展业务的控股公司。阿曼多·加尔萨

---

① Softtek, Softtek abre nuevo Centro Global de Servicios en Wuxi, China, 2009, https://www.softtek.com/es/sala-de-prensa/comunicados-de-prensa/softtek-abre-nuevo-centro-global-de-servicios-en-wuxi-china.

② Our Mobile Planet, *Our Mobile Planet Data Download*, With Google, 2013, http://think.withgoogle.com/mobileplanet/es/downloads/.

③ Softtek, Softtek abre su primer Centro de Excelencia para Servicios de Movilidad Empresarial en Beijing, China, 2013, https://www.softtek.com/es/sala-de-prensa/comunicados-de-prensa/softtek-abre-su-primer-centro-de-excelencia-para-servicios-de-movilidad-empresarial-en-beijing-china.

是其主席，阿曼多·塔梅斯是其首席执行官（Nemak，2017）。

耐马克成立于1979年，是由位于密歇根州迪尔伯恩的多元化蒙特雷综合企业阿尔法集团和美国福特汽车公司组成的20%—80%的合资企业。多年来，福特汽车公司的股权参与率在5%左右，在耐马克董事会保持两个席位。阿尔法集团在2017年积极参与石化、冷藏食品、信息技术及电信、石油和天然气开采，保持耐马克约75%的股权。自从耐马克在2015年从母公司中独立出来后，另外20%的股权在墨西哥证券交易所流通。

与许多其他墨西哥跨国公司不同的是，耐马克利用国际化摆脱种族主义化的职员配置，在由12人组成的最高管理团队中有5人是欧洲人。

耐马克是全球排名第一的内燃机部件供应商，尤其是汽缸盖（占收入的52%）和发动机组（占收入的34%）。此外，耐马克还为全球汽车行业生产铝结构部件和传动部件。截至2016年，该公司在16个国家的36家工厂雇用了21000多人，营业额达到43亿美元。2017年，其客户名单包括全球大多数主要原始设备制造商（OEM），包括北汽、宝马、菲亚特及其附属品牌（阿尔法·罗密欧、克莱斯勒、法拉利、玛莎拉蒂）、一汽、福特、通用及其附属品牌（霍顿）、现代、国际卡车、五十铃、依维柯、起亚、标致和欧宝品牌、塔塔汽车的捷豹和路虎品牌、马辛德拉和马辛德拉的双龙品牌、马自达、日产、雷诺、丰田、大众及其附属品牌（奥迪、兰博基尼、保时捷、斯柯达）。①

由于与福特公司的联系，耐马克自成立以来被视为一家国际公司。从1982年到1996年，耐马克从意大利泰克西公司（当时归属菲亚特公司）购买技术专业知识。泰克西公司在1988年获

---

① Nemak, Annual Report 2016, 2017a, http://investors.nemak.com/phoenix.zhtml? c = 253659&p = irol-reportsannual.

得了1997年回购的耐马克公司的20%股权。① 到1990年为止，耐马克已经开始通过建立研发部门投资自己的技术。② 北美自由贸易协定下的这一技术升级过程和墨西哥汽车生产业的加速增长为耐马克公司进军北美和欧洲奠定了基础。对于汽车行业的一级供应商，为与准时制生产系统相配合，针对客户的组装工厂的地理优势比进口安排更重要。2000年，耐马克收购加拿大温莎福特汽车公司的两座铝铸造厂（2009年其中一家工厂关闭）。2005年，耐马克收购位于德国的劳顿巴赫在欧洲三个国家的业务。2006年，耐马克接管了其墨西哥竞争对手凯斯特（部分归属挪威海德鲁水电公司）的业务，进一步巩固了其在本土市场的主导地位。2007年，耐马克收购了其前技术提供商泰克西公司的部分铝业务，运营包括墨西哥、美国、巴西、中国南京、波兰和阿根廷的工厂。同年，耐马克收购了海德鲁公司位于奥地利、德国、匈牙利和瑞典工厂的铝铸造业务（后者不久后关闭）。2012年，耐马克收购了美国J. L. 法国汽车铸造公司，其中包括三家美国工厂和一家西班牙工厂。③ 2016年，耐马克收购了土耳其矿石铸造公司。④ 除了这些收购活动，耐马克还通过绿地投资实现国际化。2003年在捷克共和国、2012年在印度钦奈、2014年在中国

---

① Quesada, J. A., *Casos de empresas exitosas en México y a nivel global*, Mexico: Instituto Mexicano de Ejecutivos de Finanzas, 2011.

② Valtierra Gallardo, S., *Innovación y tecnología en la industria y su relación con la vinculación académica*, Mexico: Academia de Ingeniería, A. C, 2013.

③ Zapata, L. and Hartmann, A. M. (forthcoming), Automotive components: Metalsa vs. Nemak, In A. Cuervo-Cazurra and M. A. Montoya (Eds.), *Mexican Multinationals: How to Build Multinationals in Emerging Markets*, Cambridge, UK: Cambridge University Press, 2018.

④ Automotive World, Nemak Successfully Consummates the Acquisition of Cevher Döküm Sanayii A. ş., 2016, https://www.automotiveworld.com/news-releases/nemak-successfully-consummates-acquisition-cevher-dokum-sanayii-s/.

重庆、2015 年在俄罗斯乌里扬诺夫斯克都可见其投资活动的身影。①

耐马克在中国的第一家也是最重要的工厂位于江苏省省会南京市江宁经济技术开发区。该工厂初创于 1997 年，由现已停产的 TK 铝业有限公司拥有，后转手意大利泰克西 S. P. A 公司。在南京的区位选择基于靠近南京菲亚特汽车有限公司装配厂的考虑，该厂于 2006 年关闭。2007 年，耐马克收购了泰克西的部分资产，包括泰克西的南京工厂。因此，耐马克是亚洲第一家，且目前仍是亚洲最大的生产气缸盖、底座和其他高科技铝制汽车零部件的工厂。该厂采用的铸造技术有 GSPM 技术（重力半永久型）和 LPDC 技术（低压铝压铸）。该厂占地面积 55000 平方米，总投资额达 1 亿美元。耐马克还在南京建立了亚洲产品开发中心。②

耐马克在中国的第二家工厂在 2012 年以绿地投资的定位创建：这座 12 万平方米的工厂在中国中部的重庆市兴建，投资额达 1.2 亿美元。耐马克的重庆分公司采用现代 HPDC（高压压铸）技术，主要生产发动机组和传动部件。其雇员约 600 人，③ 计划生产能力为每年 100 万个单位，主要为长安福特提供部件。④ 耐马克的少数合作伙伴持有长安福特 50% 的股权。

---

① Zapata, L. and Hartmann, A. M. (forthcoming), Automotive Components: Metalsa vs. Nemak, In A. Cuervo-Cazurra and M. A. Montoya (Eds.), *Mexican Multinationals*: *How to Build Multinationals in Emerging Markets*, Cambridge, UK: Cambridge University Press, 2018.

② Nemak Careers, Chongqing, 2014a, http://careers.nemak.com/interior-pages/our-regions/asia/chongqing.aspx#Overview.

③ Automotive News China, Nemak Launches 2nd Engine Component Plant, 2013, http://www.autonewschina.com/en/article.asp?id=10664.

④ IHS SupplierInsight, Nemak Begins Production at Second Plant in China, 2013, http://www.ihssupplierinsight.com/news/22610/nemak-begins-production-at-second-plant-in-china.

除了生产工厂，耐马克于 2011 年在上海建立了其亚洲公司总部，负责集中协调印度和中国的业务。总部办事处主要承担区域协调功能，如采购、业务发展、销售、财务和人力资源。

耐马克的成功秘诀之一是汽车制造商一直面临更严格的标准，因此在发动机、变速箱和车身部件中用铝部件代替铁部件。耐马克凭借尖端技术和铝冶炼经验，抓住了这一历史机遇。这一机遇与耐马克的全球影响力相结合，使其拥有为全球客户在制造地服务的能力，推动其走向成功。①

在中国，耐马克面临的主要挑战是中国地区的需求波动。塔梅斯，耐马克的首席执行官，在 2016 年宣布，虽然耐马克与中国市场的参与度并无大关联，但中国市场的成长潜力巨大，耐马克必须紧跟其客户的步伐。鉴于耐马克的两家中国工厂在 2016 年的产能利用率达到 100%，塔梅斯甚至考虑筹建第三家工厂，②正在与客户谈判建厂地址。③ 塔梅斯认为，在中国的另一大挑战是中国市场正向需要更多附加值的上一代发动机转型。

耐马克进入中国市场是对前合伙人和竞争对手的一篮子并购方案的一部分，而随后的阶段由其少数股东兼主要客户邀请决定。因此，耐马克在中国的发展战略是其全球汽车行业定位的一部分。作为一家 B2B 公司，耐马克的市场准入决策是其客户网络的功能，当地的文化和行政条件起次要作用。尽管汽车行业呈现出巨大的波动和不确定性，且中国是该行业竞争最激烈的市场之

---

① Alfa, Informe Anual 2016, 2017, https://www.alfa.com.mx/down/informes/InformeAnual16.pdf.

② Sánchez, A., Nemak quiere doblar apuesta por China y diversificarse, *El Financiero*, 2016, http://www.elfinanciero.com.mx/empresas/nemak-quiere-doblar-su-apuesta-por-china-y-diversificarse-mas.html.

③ Coronado, S., Nemak negocia con clientes para nueva planta en China, *El Financiero*, 2017, http://www.elfinanciero.com.mx/monterrey/nemak-negocia-con-clientes-para-nueva-planta-en-china.html.

一，但耐马克在中国的成功业绩推进了第三家制造工厂的建造计划。

**（四）Interceramic 瓷砖公司**

Interceramic 是一家总部位于墨西哥北部奇瓦瓦州的陶瓷地砖和墙砖生产商。Interceramic 在墨西哥证券交易所上市，其首席执行官是阿尔梅达家族的成员。21 世纪初，墨西哥亿万富翁阿尔弗雷多·弗里卢收购了公司的主要股权。① Interceramic 最初于 1979 年成立时是一个砖瓦厂，20 世纪 90 年代以来经历了令人称奇的增长，仅在 1995 年和 2009 年经受了两次经济危机的影响。② 2016 年，Interceramic 的销售额达 4.44 亿美元，其中 30% 在海外，即在北美和中美洲以及中国实现。它在全球的员工数达 4874 名。截至 2016 年，Interceramic 在墨西哥和美国分别经营三家与一家工厂，在中国的经营则由其合资伙伴负责。2017 年，Interceramic 的首席执行官宣布计划在未来五年内实现产量翻一番，③ 该计划包括位于墨西哥中部瓜纳华托的新工厂。④ Interceramic 成功的很大一部分可归功于其分销系统，包括超过 300 家墨西哥的专

---

① Ramírez, Z., Empresario Alfredo Harp duplicaria en 48% inversiones bursátiles, *Noticias Financieras*, 1, 2004, April 28.

② Interceramic, Informe Anual 2004, 2005, https://interceramic.com/inversionistas/reportes/informes-anuales; Interceramic, Informe Anual 2016, 2017, https://interceramic.com/inversionistas/reportes/informes-anuales.

③ El Economista, Interceramic inauguró obra en Chihuahua con 100 mdp, *El economista*, 2017, https://www.eleconomista.com.mx/estados/Interceramic-inauguro-obra-en-Chihuahua-con-100-mdp-20170908–0064.html.

④ Notimex, Interceramic invertirá 80 mdd en planta de producción en Guanajuato, Milenio, 2017, http://www.milenio.com/negocios/interceramic-inversion_mexico-guanajuato-planta_produccion-loseta-ceramica-milenio_0_919708389.html.

卖店，以及在加拿大、美国、危地马拉、巴拿马和中国的分店。①

墨西哥的陶瓷行业受到中国进口陶瓷品影响，其压力越来越大。2014年，Interceramic的国内竞争对手Lamosa和Vitromex开始草拟针对中国进口产品征收反倾销税提案，②并在2016年实施。③相比之下，Interceramic在2002年后一直采取将中国作为其产品外包基础的战略。自2006年以来，Interceramic在中国设立了代表处。2005年，Interceramic开始与中国公司广东喜多陶瓷有限公司合作。喜多陶瓷有限公司成立于2004年，其首席执行官是何谦。该公司位于中国东南部的佛山，是一个生产陶瓷的传统可追溯到明代的城市。④ 2016年，中国成为Interceramic进口的85%产品的原产国，这相当于5000个集装箱货物的价值。⑤

2010年，Interceramic与Kito签署了一项以ICC品牌销售产品的合资协议，⑥它们进行了Interceramic监督设计活动、Kito主导生产的分工。在最初两年，Interceramic在中国市场投入了1000万美元。该合资企业的目标是中国蓬勃发展的房地产市场和

---

① Interceramic, Informe Anual 2016, 2017, https：//interceramic. com/inversionistas/reportes/informes-anuales.

② Ramírez, M., Anuncia Lamosa lucha contra dumping chino, *El Norte*, 2014, https：//norte-monterrey. vlex. com. mx/vid/anuncia-lamosa-lucha-dumping-chino-497517662.

③ Ramírez, M., Impone SE cuotas a pisos chinos, *El Norte*, 17, 2016, June 7.

④ Díaz, U., Crece Interceramic in China, *Reforma*, 2016, http：// www. reforma. com/aplicacioneslibre/articulo/default. aspx？id = 845560&md5 = 664291b4cd3892527b14a4b64d53e2da&ta = 0dfdbac11765226904c16cb9ad1b2efe & po =4.

⑤ Ibid. .

⑥ EFE, Mexicana Interceramic firma memorando de cooperación con socia china Kito：China-México, *Mis finanzas en línea*, 2010, http：// www. misfinanzasenlinea. com/noticia. php？nid = 15765.

日益壮大的中产阶级。尽管 Interceramic "可能需要对中国人进行很多教育来使他们了解墨西哥擅长生产高品质的瓷砖",市场营销教授沈乔威如是说。[①] 到 2016 年为止,90 多家 Interceramic 分店建立起来,[②] 这已经是一项壮举了。

在接下来的五年里,Interceramic 公司计划将它的销售额翻一番,[③] 使其保持在全球前十位的排名,总经理维克多·阿尔梅达如是说。未来几年,他们将投资于技术和现有设施的现代化并购置新设备。除了在瓜纳华托州新建工厂的第一阶段外,公司还将投资"数百万美元"。阿尔梅达说,Interceramic 公司的成功秘籍在于专注全球竞争,而不把目光局限在做当地范围内的龙头老大。

## 三 探讨与结论

与传统的国际商业理论所预测的相反,新兴国家一直在推动跨国公司的发展,并且这些跨国公司不仅迁移到文化和地理区位类似的国家,也进入了像中国这样文化和地理距离上都很遥远的地区。本章分析了来自不同行业的四家墨西哥跨国企业。Bimbo(面包店)、Softtek(IT 服务)、Nemak(铝合金车辆部件)以及 Interceramic(瓷砖)。

除了由阿尔法集团和福特汽车公司合资成立的耐马克公司

---

[①] Knowledge@ Wharton, Mexican Multinationals Target China's Most Adventurous Consumers, 2013, http://knowledge.wharton.upenn.edu/article/mexican-multinationals-target-chinas-most-adventurous-consumers/.

[②] Interceramic, Informe Anual 2016, 2017, https://interceramic.com/inversionistas/reportes/informes-anuales.

[③] García, S., Chihuahua, el plan de Interceramic para duplicar ventas en 5 años El Financiero, 2017, http://www.elfinanciero.com.mx/empresas/chihuahua-el-plan-de-interceramic-para-duplicar-ventas-en-anos.html.

外，其他公司都由家族成立，并且仍然由家族管理。索菲特克仍然是私人公司，而宾堡、耐马克和 Interceramic 公司已经成为了上市公司，不过创始人家族持股比例仍很高。

表 6-1　　　　　　　　　在华墨西哥跨国公司比较

|  | Bimbo（烘焙） | Softtek（IT 服务） | Nemak（铝合金车辆部件） | Interceramic（瓷砖） |
|---|---|---|---|---|
| 公司历史 | 1945 年由洛伦佐·赛尔维奇（Lorenzo Servitje）等人创立 | 1982 年由布兰卡·特雷维诺（Blanca Treviño）等人创立 | 1979 年由阿尔法集团（Alfa Group）和福特汽车公司（Ford Motor Co.）共同创立 | 1978 年由阿尔梅达（Almeida）家族创立 |
| 所有权类型 | 原为家族企业，1980 年起上市 | 私人 | 上市，阿尔法 75%，福特 5%，BMV20% | 原为家族企业，后上市 |
| 2016 年进入国家数 | 22 | 20 | 16 | 6 |
| 2016 年全球雇员数 | 130913 | 12000 | 21000 | 4874 |
| 全球销售额，以百万美元计，2016 年 | 13506 | 505 | 4.3 | 444 |
| 进入中国的时间、地点和投资数额 | 2006 年，北京工厂，1170 万美元 | (1) 2006 年，北京中心 (2) 2009 年，无锡 GDC | (1) 2007 年，南京，1 亿美元 (2) 2011 年，上海总部 (3) 2012 年，重庆工厂，1.2 亿美元 | (1) 回购上海 (2) 2010 年，与 KITO 合资，1000 万美元 |
| 进入模式 | 收购工厂和本地品牌，外商独资 | (1) 收购，外商独资 (2) 新建，外商独资 | (1) 收购，外商独资 (2) 新建，外商独资 | (1) 回购 (2) 合资企业 |

续表

| | Bimbo（烘焙） | Softtek（IT服务） | Nemak（铝合金车辆部件） | Interceramic（瓷砖） |
|---|---|---|---|---|
| 主要挑战 | 文化导致的消费偏好差异、缺乏当地的分销链 | 难以跟上技术步伐 | 需求波动 难以跟上技术变革 | 中国人不知道墨西哥可以生产高质量的瓷砖 |
| 解决方法 | 深入理解消费者需求，树立长远战略，乐于变革，灵活适应当地文化、领导层和人才 | 顺应亚洲市场对企业移动解决方案的需求，将公司驻北京办事处改为"企业移动性卓越中心" | 建立新工厂，增加其产品的附加值 | 根据中国人的口味调整设计，在中国各地建立销售点 |
| 成功因素 | 丰富的全球经验，IT、ERP系统等与国际接轨的管理方式，商业、运营和行政方面的有效思路 | 在收购后保留原公司市场经验丰富的高层管理人员 | 铝行业的上升趋势，在全球客户中的良好声誉 | 建立分销网络，与中国企业合资进行生产 |
| 未来计划 | 扩大在中国的业务，把中国发展为企业的亚洲平台 | 保持在中国和印度的业务增长，将其作为企业的亚洲平台 | 在中国开设具有更高产品附加值的工厂 | 在未来五年将销售额翻一番，对技术进行投资，通过购置新设备对现有设施进行现代化改造 |

资料来源：笔者自制。

在我们的样本中国际化程度最低的公司是 Interceramic，它只在六个国家设有分支机构，而宾堡和索菲特克则分别在20个或更多的国家开展业务。公司的规模跨度也很大，以员工数为例，从 Interceramic 的4870名员工到宾堡的130913名员工。同样，年销售额也从4.44亿美元到135亿美元不等。

它们进入中国市场始于2004年，并仍在持续的进程中。四家公司的最初进入模式包括收购（Bimbo、Nemak、Softtek）和合资企业（Interceramic）。

耐马克和索菲特克都将其初始收购的经验运用于尝试中国战略中的下一步绿地投资。Interceramic 倾向于继续与合资伙伴合作。传统观点认为，拥有部分国际客户的 B2B 公司（Nemak、Softtek）受文化隔阂影响较小，而 B2C 公司（Interceramic）则需要取得中国合作伙伴的支持才能成功。这一规则的例外情况来自宾堡集团，必须指出它们的学习过程十分缓慢，产品也还没有在京津和上海地区之外的区域进行分销。

墨西哥跨国公司面临的主要挑战是：激烈的竞争、文化差异（甚至在口味上）、不同的监管体制、强烈的需求波动，还有中国人对墨西哥及其文化和产品的不了解。

但是我们小样本中的墨西哥跨国公司没有被它们发展中的额外困境吓倒。宾堡集团制定了"深度消费者理解"政策、长期发展愿景和变革的开放观点以及适应新文化、领导力和本地人才的灵活性。随着亚洲企业日益增长的对移动解决方案的需求，索菲特克将其在北京的办事处变成了"企业移动性卓越中心"。耐马克通过开设第三所工厂，反击汽车行业的激进的竞争对手，并为其产品增加价值。最后，Interceramic 与中国本土的公司成立了一家合资企业，将中国的生产能力与墨西哥的设计和分销技能结合了起来。

哪些因素促使墨西哥跨国公司在这个复杂而竞争激烈的市场中茁壮成长呢？宾堡集团凭借其全球经验、最佳国际惯例（如信息技术、企业资源计划、报告及商业、运营和行政领域方法论的关键流程）巩固在中国的运营成效。完成收购后的索菲特克保留了市场经验丰富的高层管理人员，并任命信息技术联合公司创始人为索菲特克亚洲分公司副总裁兼索菲特克中国分公司首席执行官。耐马克凭借其独到的全球眼光，充分利用了铝业的发展趋势。Interceramic 没有抱怨中国公司攻击墨西哥市场，而是与其中一家合作，进入中国市场并在中国建立自己的分销网络。

## 第六章 在中国的墨西哥跨国公司

这些墨西哥跨国企业都找到了应对中国市场现状的方法。它们都意识到了中国自身及其作为东亚和东南亚门户的市场潜力。经济学家一致认为亚洲将是未来几年全球增长潜力最高的地区。宾堡集团计划扩大在中国的运营规模，使中国成为其在亚洲的发展平台。索菲特克将继续在中国和印度不断扩张；耐马克计划在中国建立第三家工厂，生产附加值更高的产品；Interceramic 的目标是在未来 5 年内实现销售翻一番，通过投资技术并购置新设备来对其设施进行现代化改造。

来自新兴市场的跨国企业需要明确的战略，以适应不断变化的环境以及市场的执法纪律，在中国这样竞争非常激烈的市场中更是如此。这一任务并不容易，但本章中的四家墨西哥跨国公司都展现出可以完成的能力。在这一点上，笔者还需要进一步的深入研究，以确定这四家公司的成功因素能否被其他公司复制，以及它们发展中出现的错误能否被避免。

毛里西奥·塞万提斯·塞佩达（Mauricio Cervantes Zepeda）
安德烈亚斯·哈特曼（Andreas M. Hartmann）

# 第七章　中国在拉美市场的品牌建设与国际化战略

帕斯（Paus）将"中等收入陷阱"定义为"中等收入国家由于工资水平的上升，不能再凭借其标准化的劳动密集型商品进行国际竞争；与此同时，这样的国家由于生产力水平过低无法大规模参与高附加值的生产活动"。[①] 众所周知，为本国经济创造更多附加值的方法之一是创建属于自己的大品牌，即那些能够以强大的实力和产品实用性进入国际市场的本土龙头企业。

同其他将中国和拉丁美洲联系起来的论著一致，[②] 本章分析了6个中国的商品或服务品牌在拉丁美洲的战略定位。我们发现，与西方国家的国际品牌一样，中国的品牌也遵循有机和无机这两种发展路径。目前，越来越多的中国品牌正在进军国际市场。这些中国企业正针对其海外市场进行品牌策略的设计。正如将在本章中看到的

---

① Paus, E., Escaping the Middle Income Trap: Innovate or Perish, ADBI Working Paper 685, Tokyo: Asian Development Bank Institute, 2017, https://www.adb.org/publications/escaping-middle-income-trap-innovate-or-perish.

② Hase-Ueta, M., Tjong, E., Werner-Weins, N. and Junqueira-Schmidt, F., China and Brazil: Transitioning from the Middle-Income Trap to Sustainable Development? A Sociological Perspective on Consumption, Inequality and the Middle-Income Trap, In Lemus, D., Cervantes, M., and Montoya, M. (Eds), Development and the National Middle-Income Trap: China-Latin America, Beijing: China Social Sciences Press, 2018.

第七章　中国在拉美市场的品牌建设与国际化战略　139

那样，这些策略根据其产品和目标市场的差异而有所不同。

　　无论是商品还是服务，任何品牌都代表了它背后的厂商。因此，品牌对于本土企业和跨国企业的发展起着战略性的作用。

　　王和梅里利斯（Wong 和 Merrilees）曾经指出，品牌战略能够将厂商的内在能力和外部环境结合起来，从而指导企业的发展和扩张。乌德（Urde）等学者则指出，品牌是一个公司发展战略制定的起点。笔者同意乌德的观点，认为品牌战略能够在新兴或潜在市场给予厂商以竞争优势。

　　厂商能够发展、定位、重新定位其品牌，品牌能够帮助厂商在本土市场占有一席之地，并进一步进入国际市场。而其作用的发挥取决于品牌的声誉和公司决定实施的战略。

　　具体来说，就中国品牌而言，范[1]将1978年作为中国厂商制定营销和品牌战略的开始，并将之后的过程分为以下几个阶段：

　　第一阶段称为生产阶段，开始于20世纪80年代。在这一阶段，中国经济正逐渐走出计划经济；同时，由于产品短缺，国内市场被跨国公司和中外合资企业所占据。嘉陵和本田在摩托车制造上的技术交流、青岛通用冰箱厂和利勃海尔在冰箱制造上的合作都是很好的例子。

　　第二阶段即销售和广告阶段，出现于20世纪90年代。这一阶段的特征是产品供过于求、竞争加剧和价格战。这一阶段创立的本土公司比外国企业获得了更大的市场份额。厂商开始认识到，广告是继价格战之后的有力武器。然而，中国企业在一定程度上混淆了广告和品牌这两个概念，一些厂商天真地认为，只需增加广告支出就能打响品牌，自然就能拉动销售量的增长。在该阶段，厂商投入巨额资金以提升其形象，这也导致了许多企业的破产。

　　第三阶段即品牌创造和全球化阶段，始于20世纪和21世纪

---

[1] Fan, Y., The Globalisation of Chinese Brands, *Marketing Intelligence & Planning*, 2006, 24 (4): 365 – 379.

之交。国内市场的激烈竞争、产能过剩、价格战导致的利润率下降及其他因素促使中国政府急于推动经济发展，并开始实施"走出去"的国际化战略，使中国企业能够在海外市场寻求商业和投资机会。①

该阶段政府的一系列举措中，最重要的是加入世界贸易组织（WTO）和创建由中国品牌战略推进委员会颁发的"中国名牌"产品标志。该标志旨在为中国品牌增加价值，弥补其在海外市场的竞争劣势，保护本土市场。

中国经济在这一阶段得到了快速增长。但此时，品牌只是用来标志一个产品或服务的，它们并不被视为与客户建立深厚关系的要素，公司的特征仍然是官僚组织和集中决策。在这个阶段，中国品牌的平均生命周期为7年半，与前十年相比，厂商的生存率为10%。②

咨询公司朗标指出，在2008年和2012年（恰好是界定的第三阶段），北京奥运会和发达国家经济危机使中国受到世界瞩目。跨国企业将中国消费者作为其目标受众的重要部分，为获得更大的市场份额，阿迪达斯、耐克等体育品牌开展了激烈的品牌推广活动。③

国家的经济增长和国内产业的发展不仅推动了北京、上海、广州、深圳等大城市的现代化，也带来了中国消费者生活方式的变化，尤其是深受欧美等西方国家和中国台湾、日本、韩国影响的新中产阶级。好莱坞影片商店、面包店、快餐店和咖啡连锁店

---

① Armony, A. C. and Strauss, J. C., From Going Out (zou chuqu) to Arriving In (desembarco): Constructing a New Field of Inquiry in China-Latin America Interactions, *The China Quarterly*, 2012, 209: 1–17.

② Fan, Y., The Globalisation of Chinese Brands, *Marketing Intelligence & Planning*, 2006, 24 (4).

③ Labbrand, *Growth of Branding in China*, 2015, http://www.labbrand.com/brandsource/growth-branding-china.

的兴起就是很好的例子。①

艾克（Aaker）对该阶段的研究指出，中国企业尚未设计出有效的品牌管理工具或系统，也没有引进优秀人才来管理这些工具。② 这些企业在品牌管理上的缺失主要来自其高级管理层的短视，对实用性和商业性的执着使它们不知道该如何建立一个强大的品牌。艾克还解释说，中国企业通常将其成功归功于政府支持，这也是它们缺乏建立品牌动力的原因。

## 一 拉丁美洲对中国品牌的认识

目前尚无关于拉丁美洲对中国品牌认知的研究。尽管如此，致力于营销和品牌咨询的中国公司蓝色光标通过对2016年美国1100名消费者的调查发现，在美国的消费者看来，中国品牌不如其他国家的品牌可靠。大多数受访者认为，中国品牌缺乏透明度和可持续性。超过一半的美国消费者（57%）认为中国品牌在透明度上做得不够。信息传播、知识产权、诚实和可持续性（污染、工作环境和安全条件）等因素限制了品牌的透明度。③

调查还显示，中国品牌未能与客户建立情感联系。虽然内敛和谦逊是中国文化的突出特征，但它或许也是中国品牌表达其独特个性的障碍。

因此，中国品牌在海外市场尚缺乏知名度。品牌曝光率是消费者做出购买决策的关键因素，更频繁地接触中国品牌广告的消费者将更倾向于选择购买中国的产品。本次调查中，有7%的受访者曾通过社交媒体和搜索引擎了解中国品牌，18%的受访者表

---

① Labbrand, *Growth of Branding in China*, 2015, http://www.labbrand.com/brandsource/growth-branding-china.

② Hollis, N., Is China Ready to Build Global Brands?, 2013, https://www.brandingstrategyinsider.com/2013/11/is-china-ready-to-build-global-brands.html#.Wft-xFvWypo.

③ BlueFocus, *China's Global Brands* 2016, Beijing: BlueFocus, 2016.

示很难获得有关中国品牌及其产品的信息。

同一项调查还指出，虽然调查对象是美国市场，但上述问题也出现在非洲和拉丁美洲等新兴市场，即使中国品牌作为西方和本土品牌的替代品已被更多人接受。①

正如范指出的那样，中国营销和品牌发展的第三阶段标志着中国企业全球化的开始。② 福谢林和萨迪指出，厂商建立全球化战略的两个原因是：国内市场饱和与生产过剩；对原材料的需求。③

第一个动机源自中国原始设备制造商（Original Equipment Manufacturer，OEM，以收购方品牌名称购买和销售产品的公司）和外国公司制造合同的终止。随着外国品牌进入本地市场以及其他本地品牌的涌现，情况变得更糟，本地企业被卷入以极低利润率为代价的价格战中。生产能力过剩（或者说产品供过于求）迫使企业寻找新的海外市场。

第二个动机来源于企业对能源、原材料和其他投入的需求。中国政府推动和资助了本土企业在非洲、亚洲、拉丁美洲和南太平洋地区的重要投资。④ 从这些地区获得的资源可以促进中国工业的发展，并为其产品的商业化开拓新的市场。⑤

---

① BlueFocus, *China's Global Brands* 2016, Beijing: BlueFocus, 2016.
② Fan, Y., The Globalisation of Chinese Brands, *Marketing Intelligence and Planning*, 2006, 24 (4).
③ Fetscherin, M. and Sardy, M., Chinese Brands: the Build or Buy Considerations, *International Journal of Chinese Culture and Management*, 2008, 1 (4): 418 – 438.
④ Fornes, G. and Butt-Philip, A., Chinese Outward Investments to Emerging Markets: Evidence from Latin America, *European Business Review*, 2014, 26 (6): 494 – 513.
⑤ Fetscherin, M. and Sardy, M., Chinese Brands: the Build or Buy Considerations, *International Journal of Chinese Culture and Management*, 2008, 1 (4): 418 – 438.

中国汽车工业对新市场的开拓就是一个例子。近年来,南美洲已成为继中东和非洲之后中国汽车的第三大出口目的地。拉丁美洲经济的增长是该地区汽车市场巨大潜力的主要原因。根据中国国际贸易促进委员会的数据,从 2008 年到 2013 年第一季度,拉丁美洲地区商用车比例由 14.71% 上升至 20.62%,其中智利、秘鲁和委内瑞拉为主要出口目的地。

由于拉丁美洲市场对中国汽车厂商的吸引力,福田、江淮、力帆等汽车品牌都试图在巴西、哥伦比亚、墨西哥和巴拉圭建立装配厂,以便更好地了解拉丁美洲市场并将其产品推广到该地区的其他国家。

由于这些汽车品牌的定位比较低,许多重视产品质量的消费者并不会把它们作为消费的首选。尽管如此,较低的价格和其采用的技术都对消费者的购买起到了关键的作用。

## 二 品牌建设战略还是品牌国际化战略?

高、沃特泽尔和吴[1]以及后来的福谢林和萨迪[2]、阿尔莫尼和施特劳斯[3]的研究指出,中国企业的品牌建设一般有两种形式:第一种是有机增长,第二种是无机增长,即通过兼并收购来购买海外资产。

---

[1] Gao, P., Woetzel, R. and Wu, Y., Can Chinese Brands Make It Abroad?, *The McKinsey Quarterly*, 2003, 4: 54 – 65.

[2] Fetscherin, M. and Sardy, M., Chinese Brands: the Build or Buy Considerations, *International Journal of Chinese Culture and Management*, 2008, 1 (4): 418 – 438.

[3] Armony, A. C. and Strauss, J. C., From Going Out (zou chuqu) to Arriving In (desembarco): Constructing a New Field of Inquiry in China-Latin America Interactions, *The China Quarterly*, 2012, 209: 1 – 17.

## (一) 有机增长

这种策略也称为绿地（Greenfield），指的是渐进式的品牌建设。在这种情形下，公司首先将其产品和服务的销售定位在本土市场（中国）；一旦占据了本土市场，它就会利用先前获得的经验和资源逐步进入新兴市场（或发展中市场）并随后进入发达市场，实现全球化。

对中国企业来说，最容易进入的新兴市场或发展中市场主要是东南亚国家。因为该地区存在中国移民，再加上语言、习俗的相似性，中国企业在这些市场几乎不会遇到任何进入的阻碍。其他发展中市场还有非洲、中东、中亚和拉丁美洲。[1]

这一策略最重要的特点是发展速度慢且初始投资小，这对那些希望扩大其业务的中小企业特别有吸引力。而其缺陷则在于，采用此策略的企业往往缺乏对海外市场的品牌认知和具有竞争力的产品技术。[2] 下面列出了几个采用该品牌策略的公司作为例子：

### 1. 嘉陵[3]

中国嘉陵集团成立于 1875 年，并致力于军用汽车的制造。1979 年，该集团开始研发和生产民用汽车，并将自己定位为民用汽车行业的创始人和领导者。1981 年，嘉陵和日本本田公司一起成立了汽车制造协会。在 20 世纪 90 年代，两家公司成立了一家合资企业，并开始在哥伦比亚、巴西、美国、印度尼西亚和越南

---

[1] Gao, P., Woetzel, R. and Wu, Y., Can Chinese Brands Make It Abroad?, *The McKinsey Quarterly*, 2003, 4: 54-65.

[2] He, P., *Chinese Brands and Branding Strategies*, Hertfordshire: University of Hertfordshire, 2012.

[3] Jialing, *Estrategia de posicionamiento*, 2014, http://www.jialingcolombia.co/compania/.

分销它们的产品，并建立了装配厂和代理办事处。目前，它们的产品已经出口到世界九十多个国家和地区。

嘉陵汽车的出口地有：委内瑞拉、阿根廷、乌拉圭、厄瓜多尔、哥斯达黎加、秘鲁、墨西哥、智利和尼加拉瓜。很明显，拉丁美洲是其重要市场。由于当地拥挤的交通和低效的公共交通服务，当地消费者需要能够减少其交通时间的低成本汽车。①

嘉陵在哥伦比亚市场的策略是，在主要城市建设分销渠道，借助分销商网络、授权车间和备件销售的支持，打造真正的品牌效应。实现上述策略的核心思路之一是进行全方位的人员培训并不断提高产品质量，推动其产品通过 ISO 9001—2000、ISO 14001 认证和英国皇家皇冠认证。

滕（Tan）认为嘉陵汽车进入新市场的方法就是绿地投资（见表 7-1）。② 嘉陵汽车在哥伦比亚的活动可以追溯到 1995 年，这一年，它在卡利（Cali）建立了一家汽车装配厂以降低运输成本。随后，凭借在该市场获得的经验，嘉陵汽车开始将其产品销售到拉丁美洲的其他国家，而将哥伦比亚作为其在拉美地区的运营中心。

### 2. 银联

中国银联于 2002 年由中国主要银行（中国工商银行、中国农业银行、中国银行、中国建设银行）共同建立，作为 Visa 和万事达卡（Mastercard）的本土替代品。银联卡的知名度很高，仅

---

① Rodríguez, D. A., Santana, M. and Pardo, C. F., *La motocicleta en América Latina: Caracterización de su uso e impactos en la movilidad en cinco ciudades de la región*, Bogotá: Corporación Andina de Fomento-CAF, 2015.

② Tan, K., Generic Internationalization Strategies of Emerging Market Multinationals: The Case of Chinese Firms, *Advances in Economics and Business*, 2017, 5 (2): 83-94.

在亚洲，银联卡的数量就超过了 35 亿张，超过 Visa 和万事达卡。[1]

2012 年，中国银联将品牌国际化、产品全球化（亚洲、欧洲、美洲、大洋洲、非洲）作为其目标之一。今天，银联卡已经进入了全世界 162 个国家，其中包括墨西哥、巴西、阿根廷和秘鲁等拉丁美洲国家。[2] 其品牌战略使其能够超越 Visa 和万事达卡，在世界主要支付网络中占据一席之地。

在中国境外，银联卡的消费者群体主要是赴海外工作或休闲的中国旅客。这些游客对跨境支付的需求较高，并且希望他们所持有的信用卡能被国外接受。银联利用跨境旅游的增长趋势及中国的开放政策，与海外金融机构签订了合作协议。[3] 银联的品牌定位是舒适、安全的支付服务，并且能够在购物中心、机票、酒店住宿等方面为消费者提供各种折扣。

古巴是拉丁美洲和加勒比地区第一个与中国建立外交关系的国家。两国之间的政治、经济和文化联系使得古巴的自动柜员机从 2013 年起就开始接受中国的银联卡，这使得许多中国游客可以在古巴使用人民币现金。据银联国际称，中国银联的服务随后拓展到了古巴所有的商店，并帮助改善了古巴的电子

---

[1] Morris, David, China UnionPay's Commercial Card Growth Strategy: First Asia, then the World!, 2016, https://www.packagedfacts.com/Content/Blog/2016/03/01/China-UnionPay%E2%80%99s-commercial-card-growth-strategy-First-Asia-then-the-world.

[2] People Daily, UnionPay apunta al mercado financiero de América Latina, *Xinhua*, 2016, http://spanish.peopledaily.com.cn/n3/2016/0512/c31620-9056819.html.

[3] Morris, David, China UnionPay's Commercial Card Growth Strategy: First Asia, then the World!, 2016, https://www.packagedfacts.com/Content/Blog/2016/03/01/China-UnionPay%E2%80%99s-commercial-card-growth-strategy-First-Asia-then-the-world.

支付服务。①

银联的目标是实现其信用卡在全球的接受度，并与 Visa 和万事达卡等国际品牌竞争。为实现这一目标，银联正积极寻求同海外银行达成协议，以便这些银行的客户也可以使用银联卡。与此同时，银联还借助电子商务（Electronic commerce，E-commerce）途径，为手机或平板支付提供技术帮助。②

### （二）公司并购与重组（M&A）

这种品牌建设战略指的是收购发达国家企业，从而借助现有品牌推销其产品。笔记本电脑和手机制造商联想采用的就是这种战略。该公司收购了 IBM 和摩托罗拉的电脑部门（包括其商标权），以进入北美市场并获得一席之地。

发达市场的特点是竞争激烈、复杂，且市场准入门槛较高。③ 该策略的运用能使跨国企业在发达市场获得快速的发展。但是，它需要高额的投资、财政激励和政策扶持。

在最近一项对 50 家中国制造企业的研究中，谭指出，进入发达市场的中国企业比进入新兴国家的更多。发达市场包括美国和德国、法国、荷兰等西欧国家，而新兴市场则包括南美、东

---

① Cubadebate, Comienzan en Cuba operaciones con tarjetas bancarias chinas de la UnionPay, *Cuba Debate*, 2016, http://www.cubadebate.cu/noticias/2016/01/19/comienzan-en-cuba-operaciones-con-tarjetas-bancarias-chinas-de-la-unionpay/.

② Morris, David, China UnionPay's Commercial Card Growth Strategy: First Asia, then the World!, 2016, https://www.packagedfacts.com/Content/Blog/2016/03/01/China-UnionPay%E2%80%99s-commercial-card-growth-strategy-First-Asia-then-the-world.

③ Gao, P., Woetzel, R. and Wu, Y., Can Chinese Brands Make It Abroad?, *The McKinsey Quarterly* 4, 2003.

欧、亚洲等地区。①

该研究还指出，大多数中国制造企业会开设海外子公司，以获得国外的市场、品牌和技术，而其他公司则致力于产品多样化或资源开采。

技术和营销知识被用来弥补公司在竞争中可能存在的任何差距或劣势。但是，这些公司不会选择将生产转移到国外，因为在中国，它们可以以很低的成本进行大规模生产。谭将上述品牌建设策略按进入模式分类（如表7-1所示），这些进入模式构成了企业国际化战略的一部分。②

表7-1　　　　　　　　一般的国际化战略

| 中国EMMNC | EMMNC 编号 | 目的地 | 价值链运动 | 品牌 | 进入方式 | 品牌的国际化战略 |
|---|---|---|---|---|---|---|
| 同洲，1，吉利，嘉陵，力帆 | 6 | 南南 | 中低端市场 | OBM | 新建 | 本地优化 |
| 赛伦，希米勒，中鼎，电子，长城 | 22 | 南北 | 高端 | OEM | 新建和并购 | 低成本供应商 |
| 海康威视 | 8 | 南北 | 高端 | OBM | 新建和并购 | 寻求先进市场 |
| 联想，中兴TCL通讯 | 5 | 南北和南南 | 中低端市场 | OBM | 新建和并购 | 全球合并 |
| TCL多媒体，海信 | 9 | 南北和南南 | 中低端市场 | OEM和OBM | 新建和并购 | 双重策略 |

注：EMMNC：新兴市场跨国公司（Emerging Market Multinational Corporation）
OEM：原始设备制造商（Original Equipment Manufacturer）
OBM：原始品牌制造商（Original Brand Manufacturer）
资料来源：Kun Tan。③

---

① Tan, K., Generic Internationalization Strategies of Emerging Market Multinationals: The Case of Chinise Firms, *Advances in Economics and Business*, 2017, 5 (2).
② Ibid..
③ Ibid..

## 第七章　中国在拉美市场的品牌建设与国际化战略

下列是看一些遵循无机增长战略的企业的例子。

### 1. 海尔

海尔成立于1984年，是青岛通用冰箱厂与德国利勃海尔集团合作的产物。自成立以来，该公司一直由首席执行官张瑞敏管理。他一直有一个非常明确的目标：制造可靠、高质量的产品。

在20世纪90年代，海尔进行了一系列收购，力图使其产品组合多样化（洗衣机、空调系统、电视、电脑等），从而在中国占据市场并稳固其有利地位。此后，该公司开始进行品牌国际化建设，并专注于研发（R&D）、制造和营销领域，其产品适应全球各地消费者的需求。海尔在其设立于德国、中国、日本、韩国和美国的研发中心进行产品研发，并在位于欧洲、亚洲、中东、非洲和美国的工厂从事生产。[①] 该公司在全球家电市场中占有最大的份额（约10%），全球营业额超过288.6亿欧元。

目前，海尔打算扩大其在美国及其他区域市场的业务。在收购通用电气（GE）的家用电器部门后，海尔还同墨西哥家电企业玛贝（Mabe）达成合作。此次收购使海尔能够利用通用的"美国制造"商标进入高端家电市场，成为该行业的重要一员。海尔从发达市场获得的经验和认可也有利于它进入拉丁美洲市场。

海尔品牌的建立既有赖于传统的营销手段，又借助了数字营销。传统的营销活动主要有电视广告、点广告（Point of Purchase Advertising，POP）、参加活动和展览会及赞助文化和体育活动。海尔公司还积极参与环境计划承担社会责任，这也给它带来了良好的声誉。

就数字营销而言，海尔拥有自己的Facebook页面、YouTube

---

[①] IP Mark，*Haier, una marca en construcción*，2013，http://ip-mark.com/haier-una-marca-en-construccin/.

频道、3D在线资源室和新建的网站。① 此外，它还投资搜索引擎营销、搜索引擎优化和博客。

### 2. 比亚迪

比亚迪公司（Build Your Dreams）成立于1995年，最初致力于手机电池的制造。2003年，公司收购了秦川汽车厂并开始生产电动汽车，从而建立起比亚迪汽车公司。其创始人王传福的想法是以合理的价格制造100%环保的电动汽车。②

比亚迪汽车不仅生产电动汽车，还生产汽油汽车和混合动力汽车。技术创新是该公司的一大优势，同时，它还能给中国其他汽车企业供应安全气囊、ABS系统和其他电子元件。比亚迪在全世界有20家工厂，其中14家在中国，6家分布在俄罗斯、叙利亚、埃及、苏丹、美国和巴西。③ 在企业国际化方面，比亚迪进行过两次海外收购，并与其他公司建立了合资企业以扩大资源供应。④

比亚迪既生产公共交通工具（公共汽车、出租车），也生产私家汽车（汽车、皮卡和SUV）。虽然本土市场仍然非常重要，不过该公司已经开始向欧洲、美国和拉丁美洲市场进军，出口E6、ebus或K9（公交车，长12米，最高时速70千米/小时，燃料范围超过250千米。）等电动汽车，以及F3DM、秦等插电式混

---

① Haier, *About Haier*, 2015, http://www.haier.net/ve/mergepage/about_haier/.

② Eclass, *BYD：Construyendo futuro*, 2010, https://comunidad.eclass.com/articulo/5891/byd-construyendo-futuro.

③ Massiero, G., Ogasavara, M. E., Jussani, A. C. and Risso, M. L., Electric Vehicles in China: BYD Strategies and Goverment Subsidies, *Revista de Administração e Inovação*, 2016, 13 (1): 3–22.

④ Jianhui, H., *Empresas multinacionales de países emergentes: el caso de las empresas automovilsíticas de china* (master's thesis), Universidad de Oviedo, Spain, 2013.

合动力车。①

由于其高端的产品定位，中国汽车企业在拉美地区的活跃程度在过去几年中有所增加。比亚迪汽车的特点就是技术领先、安全性强、污染少、用户体验好且价格合理。②

比亚迪在拉美市场的战略主要是与政府或其他市政实体达成协议，为其公共交通（出租车和公共汽车）提供价格与燃油汽车相近的电动汽车。只要购买者认可这些汽车的可靠性、舒适性和环保性，比亚迪的品牌形象就得以建立。③

与特斯拉汽车、日产聆风（Leaf）或雪佛兰沃蓝达（Volt）等其他电动汽车相比，比亚迪并未大力利用广告推销其产品。

对于比亚迪而言，电动汽车的发展是顺应可再生能源利用这一全球化趋势的。它面临的主要挑战是如何在西方市场立足，并与雪佛兰、日产或特斯拉等品牌获得同样的地位。④

### （三）天生全球化

"天生全球化"（born global）的企业，也被称为全球初创企业，其特点是从开始运营的那一刻起（或在非常接近初创时刻的时期内）就已经进入了国际市场，也就是说，这些企业的国际化过程比一般企业快得多。

它们往往是相关知识和经验比较丰富的年轻企业家领导下的

---

① *BYD Autos*, BYD, 2017, http：//www.byd.com/la/auto/es/index.html.

② TODOAutos, BYD presenta la más grande flota de taxis eléctricos en América Latina, *TODOAutos*, 2017, http：//www.todoautos.com.pe/portal/autos/172 - noticias/6374 - byd-e6-biotaxis-colombia.

③ Aldama, Z., Coches chinos en rutas sudamericanas, *El País*, 2014, https：//elpais.com/economia/2014/10/31/actualidad/1414758249_485100.html.

④ Barredo, A., BYD, la Tesla china, se come el mercado eléctrico mundial, *Hipertextual*, 2016, https：//hipertextual.com/2016/07/byd-tesla-coche-electrico.

中小企业。除了这一至关重要的性质外，这类企业往往还具有以下特征：①

（1）由于需要迎合不同市场，其产品或服务具有一定程度的多样性。

（2）通过商业网络或企业联盟（联合和合作）进入海外市场。

（3）利用信息技术（互联网、电子邮件、电子商务和社交媒体）推动产品销售。

（4）组织结构简单灵活。

（5）由于资金、人力和生产资源稀缺，它们特别重视资产的控制而不是占有。

（6）较难收集、消化相关市场信息。为了弥补这种不足，它们通常会依赖网络上的信息。

由于小企业的资源比较稀缺，它们的生产能力很低。因此，它们不得不关注市场的细分部分。

**1. OnePlus（一加手机）**

OnePlus 于 2013 年在深圳成立，是中国主要的智能手机制造商之一。2014 年，它推出了 OnePlus One，这款智能手机具有与三星 Galaxy S5 相似的技术特性，但售价仅为其一半。截至 2016 年年初，它在三十三个国家销售了超过一百万部手机，收入超过三亿美元，拥有六百多名员工，成为了世界知名品牌。②

OnePlus 就是一家诞生于全球的企业。无论是其产品包装还是企业网站，都从未将 OnePlus 界定为中国企业。

---

① Nardali, S., Systematic Literature Review on Born Global Firms, *Yonetim ve ekonomi*, 2017, 24（2）: 563 – 578.

② Romero, M. M., Rodríguez Escudero, A. I., Rodríguez Pinto, J. and Temprano García, V., Caso práctico: OnePlus, Desarrollo de estrategias y retos de una empresa "born global", *Harvard Deusto Márketingy Ventas*, 2017, 142: 56 – 64.

根据罗梅罗等人的说法,该企业推动销售增长的手段如下:①

(1) 可定制的操作系统。OnePlus One 手机内置了一款基于安卓的操作系统 Cyanogen,其性能和价格可与三星和 HTC 的产品相媲美。

(2) 网络直接分销。在加利福尼亚和伦敦的物流基地的支持下,OnePlus 在深圳和香港进行分销。鉴于市场的巨大需求,客户必须与企业签订快递信使和客户援助服务的合同。

(3) 创意活动和互联网社区。该企业将经济活动与创意活动结合起来。其中一项活动要求用户录制一则损毁自己的智能手机的视频并且上传到网络。参与这一活动的前 100 名用户将以 1 欧元的价格获得一台全新的 OnePlus One。几天之内,Youtube 上出现了超过 1000 多个销毁其他品牌手机的视频。

(4) 邀请制的销售系统。用户只有通过邀请才能购买 OnePlus One。他们可以参加企业论坛发起的比赛,或从之前的参赛者那里获得邀请。这种方法有助于强化产品的排他性,更有效地控制库存。

有赖于论坛和销售系统的邀请制度,OnePlus 建立起了一批忠实的品牌拥护者。一旦 OnePlus 出现什么问题,这些用户会在社交媒体上捍卫他们信赖的品牌,而这一策略的成本仅仅相当于给予最活跃成员的一些文化衫的价格。在论坛上,OnePlus 还鼓励用户传播与 OnePlus 活动相关的消息,如比赛或抽奖活动等。

从 2016 年开始,OnePlus 将通过运营商 Trigo 进入哥伦比亚市场。该企业原本没有在拉美市场进行扩张的计划,因为它更加

---

① Romero, M. M., Rodríguez Escudero, A. I., Rodríguez Pinto, J. and Temprano García, V., Caso práctico: OnePlus, Desarrollo de estrategias y retos de una empresa "born global", *Harvard Deusto Márketingy Ventas*, 2017, 142: 56 - 64.

关注美国和欧洲市场。①

尽管如此，虽然 OnePlus 并未正式将产品推向拉美市场，但在秘鲁、哥伦比亚、委内瑞拉、阿根廷、巴西、智利等国家，当地消费者都能通过 Mercadolibre、Linio 和 OLX 等网站找到 OnePlus 的各种产品。

2. 小米②

小米是一家致力于智能手机等电子设备的设计、开发和销售的企业。它成立于 2010 年，当时还是一家小公司。成立第二年，小米宣布与移动电话运营商"中国联通"结盟，2012 年决定进军欧洲市场。

由于小米有着强大的供应商——夏普（Sharp）提供液晶触摸屏、高通（Qualcomm）提供处理器，台湾富士康（Foxconn，iPhone 制造商）进行组装，它能够以低成本、高规格进行生产。③与其竞争对手不同，小米不会在传统广告上花钱，也没有自己的线上或实体商店，而是通过电商分销渠道直接向消费者销售手机。

目前，该公司估值约 400 万美元，是中国这一最大的手机消费市场上实力最强的手机销售商。同时，小米也进入了亚洲其他国家和拉美国家的市场，占据全球第三大智能手机制造商的地位，仅次于三星和苹果。④

---

① Collado, C., Los teléfonos de OnePlus no llegarán a Latinoamérica oficialmente, al menos de momento, *Andorid4All*, 2016, https：//andro4all.com/2016/10/oneplus-no-llegaran-latinoamerica.

② Xiaomi, *Home*：*All products*, 2017, http：//www.mi.com/en/list/.

③ BBC Mundo, Xiaomi, "la empresa emergente más valorada del mundo", *BBC Mundo*, 2014, http：//www.bbc.com/mundo/noticias/2014/10/141030_tecnologia_perfil_empresa_xiaomi_ig.

④ Glowik, M., *Market Entry Strategies：Internationalization Theories, Concepts and Cases of Asian High-Technology Firms*：Haier, Hon Hai Precision, Lenovo, LG Electronics, Panasonic, Samsung, Sharp, Sony, TCL, Xiaomi, Berlin：De Gruyter Oldenbourg, 2016.

进入拉丁美洲时，它将品牌名称改为"mi"。因为对于不说中文的人来说，"mi"更容易发音和记忆。而其旗舰型手机"红米"则更名为"Redmi"，以帮助消费者了解并记住产品名称。

2016 年起，小米公司开始在巴西发展业务。一开始，它只是通过虚拟商店提供产品。由于销售量低于预期，小米开始运用新的销售战略，如通过电子邮件进行零售业务等。①

随后，小米又将其产品 Redmi Note 4 和 Redmi 推向墨西哥市场。它还通过 Google Play 推出了自己的应用程序。通过应用程序，小米的粉丝可以访问公司的信息，了解促销、折扣等活动以及推出的新产品。另外，小米还凭借其短期折扣（闪购）的销售策略而闻名，这使其近年来的销售量得到进一步的增长。

小米手机还通过官方分销商进入了乌拉圭、巴拉圭、玻利维亚、哥伦比亚和智利等其他拉美国家的市场。除手机外，小米还拥有多种产品，包括活动腕带、充电宝、电视、耳机、扬声器和平板电脑等。

## 三　结论

表 7-2 中列出了本章六个案例的摘要。包括每个案例最重要的特征，如建立年份、提供的产品或服务类别、市场进入策略、品牌建设策略（如果它们是 2017 年咨询公司 Branz 评选出的中国品牌建设者前 30 名的话）等。

很明显，这些企业遵循了不同的发展战略。但它们的战略都突出了科技的作用，都将拉美国家作为重要的销售市场，且都重视社交媒体的使用和品牌在目标市场中的定位。

---

① Cuartas, E., Xiaomi crecerá a través de venta de smartphones en tiendas físicas, Enter, 2017, http://www.enter.co/cultura-digital/negocios/xiaomi-crecera-a-traves-de-venta-de-smartphones-en-tiendas-fisicas/.

表7-2 品牌策略总结

| | 嘉陵 | 银联 | 海尔 | 比亚迪 | 一加手机 | 小米 |
|---|---|---|---|---|---|---|
| 成立时间 | 1875年 | 2002年 | 1984年 | 2003年 | 2013年 | 2010年 |
| 类别 | 摩托车 | 融资服务 | 家用电器 | 汽车 | 电子产品 | 电子产品 |
| 客户群体 | 中产阶级年轻人 | 游客和中国商人 | 中产阶级年轻人 | 中产阶级年轻人 | 中产阶级年轻人 | 中产阶级年轻人 |
| 战略 | 与行业领先者合资产品质量创新与认证向车间人员和分销商培训品牌和产品知识 | 与银行和支付机构结盟向客户提供福利计划 | 先进市场的竞争对手收购其他公司颠覆性创新致力于环境保护（RSE） | 低成本供应商竞争对手从B2B市场转向B2C | 低成本供应商低成本、创意营销大型促销活动招标采购制度 | 低成本供应商大型促销活动或销售 |
| 在中国全球品牌建设者前30中的排名（Brandz 2017） | — | — | 7 | — | 12 | 5 |
| 品牌力量（Brandz 2017） | — | — | 572 | — | 454 | 716 |
| 购买其商品和服务的国家与地区 | 哥伦比亚、巴西、委内瑞拉、阿根廷、乌拉圭、厄瓜多尔、哥斯达黎加、秘鲁、墨西哥、智利和尼加拉瓜 | 阿根廷、巴哈马、巴西、加拿大、哥伦比亚、哥斯达黎加、古巴、厄瓜多尔、格陵兰、马提尼克、墨西哥、秘鲁、波多黎各、苏里南、维尔京群岛、美国、委内瑞拉 | 美国、哥伦比亚、墨西哥、智利、秘鲁、委内瑞拉、古巴 | 哥斯达黎加、库拉索、哥伦比亚、智利、阿鲁巴、阿根廷、危地马拉、智利、巴拿马、玻利维亚、巴拉圭、秘鲁、多米尼加共和国、尼加拉瓜、厄瓜多尔和委内瑞拉 | 秘鲁、哥伦比亚、委内瑞拉、阿根廷、巴西、智利等没有正式代表 | 墨西哥、巴西、智利、哥伦比亚、秘鲁、玻利维亚、乌拉圭、哥斯达黎加和巴拉圭 |
| 进驻的社交媒体 | Facebook Twitter YouTube | 微博 Facebook Twitter | Facebook Twitter Pinterest Google Plus LinkedIn Instagram YouTube | Facebook Twitter Google Plus LinkedIn YouTube | Facebook Instagram Twitter LinkedIn YouTube | Facebook Twitter Google Plus YouTube Instagram 微博 |

资料来源：笔者自制。

## 第七章　中国在拉美市场的品牌建设与国际化战略

图7-1通过时间轴的方式列出了一些我们认为与各个品牌有关的事件。对于每个案例，我们都能看到对应企业的创立、合资、进行关键的兼并收购、上市、向国际市场扩张的具体年份。总的来说，从20世纪90年代开始，国际性品牌在中国越来越多，它们能够提供多样化的产品，并针对新市场采用多种进入和发展策略。

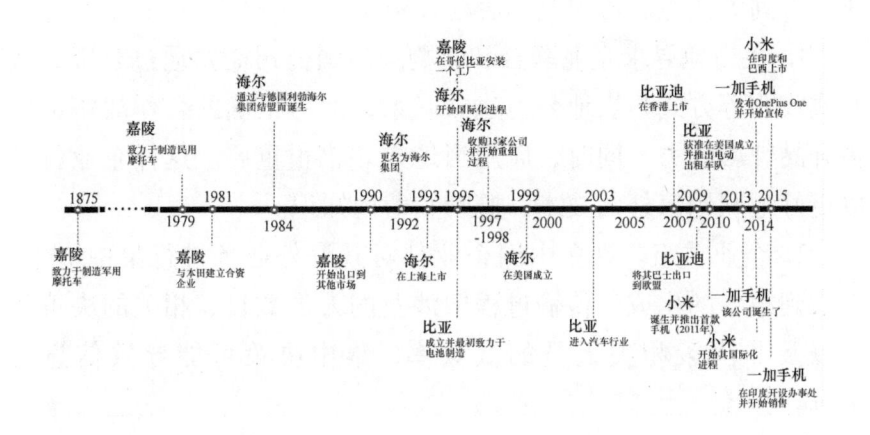

**图7-1　中国企业品牌的国际化发展**

资料来源：笔者自制。

同时，我们还可以观察到企业之间增长和扩张的速度不同。例如，由于社交媒体的运用，OnePlus和小米比嘉陵或海尔等其他企业更快地在国际市场上找到了自己的定位。

在整个研究中，我们意识到中国企业的确能够提供适合当地消费者需求的高质量的产品和服务，海尔就是一个很好的例子。中国企业有能力收购现有的品牌，以进入发达市场并参与竞争。这意味着它们在欧美等发达市场建立自主品牌的能力有限。

而在新兴市场，企业的战略基础则是建立自己的品牌。在这样的市场进行竞争的优势是准入门槛低、竞争对手数量少，且有一系列有利于企业创新的条件。缺点是这样的市场灵活性不强，缺乏迅速、准确响应既有问题的能力，这在一定程度上影响了品牌的发展。OnePlus 曾收到许多消费者对智能手机操作系统功能失败的投诉，因此它不得不转包一家公司以处理客户的投诉。

中国企业以有机增长和加速增长为基础，力图打造国际品牌。然而，消费者对其提供的产品和服务质量的看法、西方品牌在不同市场中的影响、以牺牲长期投资为代价获得更高收入和短期关注的品牌建设活动（如公共关系、广告和商业化）使这些企业以下列方式重新考虑其品牌建设策略。

1. 在当地寻求企业联合和收购。中国公司需要通过合资、兼并或收购等方式与当地公司建立联系，因为正确的合作战略可以提升品牌影响力。同时，雇用当地人才也很重要。这样企业就可以更好地利用海外的技术、监管和营销知识。

2. 企业重组。许多中国企业都对其海外业务进行集中决策。考虑到报告的生成、传输过程中涉及的人员数目、相关的决策延迟以及非决策相关人员的低效率，集中决策可能导致信息的失真。

企业组织必须了解其所针对市场的政治、经济、文化和技术状况。为此，企业必须改善总部与海外办事处之间的协调，以便让后者获得授权，从而及时在当地市场做出与品牌战略相关的决策。和垂直组织（集中决策）的指令比起来，海外办事处对当地业务和市场研究的反馈更有利于其将当地文化融入品牌，并与消费者建立更强烈的情感联系。

3. 从内到外重塑品牌。品牌推广一直是一个大众对其知之甚少的术语，中国企业常常把这个词和商标、广告及产品包装联系起来。然而，品牌不仅仅意味着重新设计商标或更改名称，中国企业还必须提供高价值、高质量的创新产品和服务。

它们已经意识到，为了建立全球品牌，企业必须进驻到各大数字媒体中，如 Facebook、YouTube、Twitter 等。数字技术为品牌提供了与客户沟通的新渠道。品牌建设的重点已经发生了巨大变化，从拉动销售增长转变为构建和维护同客户间的关系。

为了获得更广泛的受众，中国企业必须开始创造能够吸引消费者情感的故事，从而让它们与其品牌的联系更加密切。为此，重要的是确定自身品牌能够满足人们的哪些情感需求，从而通过品牌建设和品牌相关活动或事件来回应这些需求。

另一种取得巨大成功的传播策略是利用意见领袖的影响力来展示产品的功效和优势，或在社交媒体上推出促销活动。

同时，企业还应当明确营销和沟通策略必须在短期、中期和长期内产生影响。这将使中国企业摆脱长期以来海外消费者对其产品质量的负面看法，建立起一个能够进入世界各地的品牌。

另外，它们还应采取措施以减少生产经营活动对环境的负面影响，对解决社会和经济问题做出贡献，以提高中国品牌的认可度。

最后，我们可以看到，中国品牌的全球化路径决定于它们各自遵循的发展战略。在所示的案例中，我们注意到其中一些企业决定建立自主品牌，而其他企业则选择了国际化道路以进入拉丁美洲市场。在国际化的道路上，许多企业成功立足于全球市场，其他的正走向消亡。

奥托·雷加拉多·佩萨（Otto Regalado Pezúa）

加布里埃尔·萨帕塔（Gabriel A. Zapata）

米格尔·蒙托亚（Miguel A. Montoya B.）

# 第八章　逃离中等收入陷阱的一条路径

## ——中国创意城市模式

现如今，拉美政府面临的一个最严峻的挑战，就是设计一套逃离中等收入陷阱的可行方案并加以实施。尽管许多拉美国家如巴西、阿根廷、哥伦比亚和墨西哥在当代历史长河的不同时期都出现过显著的经济增长态势，但他们最终还是不可避免地陷入了中等收入陷阱。如果我们观察同时期东亚国家实现的经济发展和成就，或许对比会更加清晰。正如杰菲（Gereffi）所解释的那样，这两个地区在工业化进程中实现的成果大相径庭。[1] 目前我们可以看到的事实是，拉丁美洲的经济体从几十年前就开始显示出生产率增长逐步放缓的迹象。[2] 因此，现在的拉丁美洲几乎不可能和近期世界前列的经济体相抗衡。

泰勒（Taylor）论证了拉丁美洲的国家经济陷入不景气的过程。一方面，它们在制造品出口上丧失了价格竞争的优势；而另

---

[1] Gerffi, G., Paths of Industrialization: An Overview, In G. Gerffi and Wyman D. L. (Ed.), *Manufacturing Miracles: Paths of Industrialization in Latin America and East of Asia*, 1990, pp. 3 – 31, Princeton, NJ: Princeton University Press.

[2] CEPAL, *Structural Change and Productivity Growth 20 Years Later: Old Problems, New Opportunities*, CEPAL: Santiago de Chile, 2008.

一方面，它们也无力在创新尖端科技方面与发达国家竞争。① 因此，这些国家就"陷入"了中等收入陷阱。据巴尔沃萨（Barboza）所述，放眼中国，自 2010 年以来，中国在经历了三十年经济的迅猛增长后（于 2010 年第二季度超越日本），成为继美国之后的世界第二大经济体。② 然而，蔡（Cai）认为对于中国来说这不仅仅是经济发展的全貌，现在中国也同样正面临着如何平稳跨越中等收入阶段的挑战。③ 因此，虽然路径不同，但中国和拉丁美洲来到了同样的十字路口：如何通过内生的经济增长来避免和克服中等收入陷阱。换言之，如何在诸如此类的发展中国家推行一条可行有效的经济转型路径。

从世界银行的数据来看，1960 年的 101 个中等收入经济体中，只有 13 个国家到 2008 年成为了高收入经济体，而其余国家或者仍处于中等收入水平，或者降级为低收入水平。④ 虽然有多种因素可以决定一个国家是否可以摆脱中等收入陷阱，但一个最基本的条件是，各国必须在 50 年甚至更长的时间内保持 5% 的国民平均收入增长率，才可以实现从中等收入水平到高收

---

① Taylor, M., The Politics of Latin America's Middle Income Trap, Washington, Council of Foreign Relations, 2017, https：//www.cfr.org/blog/politics-latin-americas-middle-income-trap.

② Barboza, D., China Passes Japan as Second-Largest Economy, *The New York Times*, 2010, http：//www.nytimes.com/2010/08/16/business/global/16yuan.html?pagewanted = all.

③ Cai, F., There a "Middle-income Trap"? Theories, Experiences and Relevance to China, *China and World Economy*, 2012, 20 (1)：49 – 61.

④ The World Bank and Development Research Center of the State Council, PRC, *China 2030：Building a Modern, Harmonious, and Creative High-Income Society*, Washington, D.C.：The World Bank, 2013, http：//documents.worldbank.org/curated/en/781101468239669951/pdf/762990PUB0chin a0Box374372B00PUBLIC0.pdf.

入水平的过渡。①

从这个角度来看,实现这一过渡和跨越的关键,就是保持持续高速的经济增长和发展。而问题在于,许多潜在的风险和挑战都会影响这一目标的达成。尽管自2008年经济危机之后全球经济呈现复苏的态势,但一些因素仍然会阻碍经济的持续健康发展,而这些主要因素则包括:来自金融市场的压力、石油价格大幅回落对石油出口国的影响、保护主义抬头、贸易战、潜在产出增长放缓以及不同的地缘政治风险等。②

在这样的大背景下,我们提出了一条全新的路径——创意经济。创意经济能够创造收入和就业机会,同时能够促进社会包容性的提高,推动文化多样性的繁荣,并拉动人类发展的潜力(联合国贸易和发展会议,UNCTAD)。事实上,创意、知识和获取信息的媒介才是经济发展的强大引擎,是在经济全球化背景下的全新利好因素。因此,创意经济有助于推动创业创新,促进生产力提高,拉动经济增长。③

桑托斯·德伊森贝赫(Santos-Duisenberg)认为,创意经济最积极的影响之一,在于同时促进了地区间和全球的贸易发展。此外,与更传统的服务和制造业相比,与创意创新产品和服务相关的产业也得到了前所未有的发展。④ 而且未来几年这种快速扩张的

---

① Yao, Z., How Can China Avoid the Middle Income Trap? *China and World Economy*, 2015, 23 (5): 26-42.

② The World Bank, *Global Economic Prospect: A Fragile Recovery*, Washington, D. C.: The World Bank, 2017, http://www.worldbank.org/en/publication/global-economic-prospects.

③ Analistas Económicos de Andalucía, *Cultura y Desarrollo: Impacto socioeconómico de Málaga 2016*, Málaga: Economía Andaluza, 2017.

④ Santos-Duisenberg, E., La Economía Creativa: ¿Es una Opción de Desarrollo Factible?, In A. C. Fonseca Reis (Ed), *Economía Creativa como estrategia de desarrollo: una visión de los países en desarrollo*, 2008, pp. 54-76, Sao Paulo: Itao Cultural.

势头仍会持续下去。柏塞拉和萨勒诺（Bocella 和 Salerno）则看到，在经济全球化的背景下，创意创新产业是贸易利好的催化剂，是许多发展中国家不可多得的新机遇。而从国家层面来看，刺激区域间网络发展，推动实施发展当地经济、改善公共和私营部门之间关系的政策，是推进创意文化产业的必由之路。①

总之，在浩浩汤汤的全球化潮流下，创造力和知识已经成为了实现经济增长和社会发展的全新驱动力。许多的事实也表明，创意经济的发展对发展中国家是有利的，尽管传统的经济产业和部门在进入国际市场时总会遇到很多障碍，但这种情况在创意经济产业中却鲜有发生。因此，创意经济可以成为发展中国家经济增长乃至减少贫困的一个不二选择（联合国贸易和发展会议/联合国开发计划署，UNCTAD/UNDP）。

但是，与创意创新相关的产业并不会凭空出现，它们需要有适宜这种产业发展的土壤来生根发芽，而城市就是创意产业发展的一片沃土。斯科特（Scott）认为：“创意经济通常高度集中在一个地区，但它的市场范围却往往可以触及世界的各个角落。”②因此，创意城市这个概念蕴含着经济社会发展的各个方面，并连通了城市发展的各个部门和环节。但是，周（Zhou）则提出：“文化在现代城市的扩张中起着主导作用，其与创意城市的结合将带动城市全方位发展。”③ 中国这一案例表明，促进城市文化创意活动的活跃度能够成为促进经济发展的重要因素。

---

① Boccella, N. and Salerno, I., Creative Economy, Cultural Industries and Local Development, *Procedia-Social and Behavioral Sciences*, 2016, 223: 291–296.

② Scott, A. J., *Social Economy of the Metropolis: Cognitive-Cultural Capitalism and the Global Resurgence of Cities*, Oxford: Oxford University Press, 2008.

③ Zhou, Z., *A Study on Globalizing Cities: Theoretical Frameworks and China's Modes*, Hackensack, NJ: World Century Publishing Corporation, 2014.

本章将从创意城市的角度来分析中国的创意经济，分析的目的旨在说明中国成功的经验如何能为拉美国家经济转型提供借鉴和指导。为此，本章分为四个小节。在第一节中，笔者将讨论创意经济和创意城市的概念。在第二节中，笔者会分析创意经济如何成为一种重要的发展战略。在第三节中，笔者将具体分析中国创意经济和创意城市发展的现状。而在最后的小节，笔者将对中国创意经济发展对拉美国家的借鉴意义做出总结和归纳。

## 一　创意经济与创意城市

创造力已经成为了构成区域经济理论重要的要素之一，就像技术和创新是20世纪经济增长的驱动力一样。现如今，创造力在塑造世界各地区的经济发展轨迹和模式方面同样发挥着不可磨灭的作用。

由于创意经济的概念还没有具体成型，因此产生了许多种定义的方法（联合国贸易和发展会议，UNCTAD）。而且，创意经济的构成要素也并没有单独的说明。然而，关于这个概念的所有分类方法都具有一系列的共同表征，比如促进创意创新，追求经济发展等文化创意产业存在的意义，不仅因为它所蕴含的经济价值，更在于它们在促进新技术、新观点的出现和文化社会效益的提高方面发挥的作用。[①] 因此，"创意经济"是一个仍在不断补充完善的概念，而这个概念则基于创意资本拉动经济发展这一主要观点。创意经济有这样几个特点：（1）它可以有力地拉动收入增长，促进就业和出口创收；（2）它涵盖了与科学技术、知识产

---

① UNESCO, *Creatives Cities for Sustainable Development*, 2016, https://fr. unesco. org/creative-cities/sites/creative-cities/files/creative% 20cities% 20for% 20web. pdf.

权和旅游业发展目标相互作用的经济、文化和社会效益的方方面面；（3）它是一系列基于知识和智慧的经济活动，其在宏观和微观层面与整体经济的发展息息相关；（4）在拉动创新、涵盖多学科和多部门政策的依托下，它将成为一条十分有潜力的经济发展路径。总的来说，创意经济的核心就是创意产业。

彼德拉斯内格（Piedras）认为，创意经济不可或缺的要素，是创意元素形成的过程或者阶段中所昭示的价值链在其中不可或缺的贡献，在它们的相互作用下，含有文化价值的创意或者灵感由此诞生。[①] 哈特利（Hartley）则认为创意经济的一大特征，便是创意和文化向各部门和生产阶段的流入。它的存在通过地区间到全球范围内含有创意经济价值观的商品和服务流动，促进深刻的社会、组织、政治、教育和经济层面的变化并裹挟其中。创意经济的意义，不仅在于催生新的灵感和想法，更是为了进一步推动文化、社会、科技、经济、政治等因素的融合，从而形成渗透进人们生活的一种价值观。[②] 这一具有创新性和前卫性的理念，涵盖了经济、文化和社会的各个方面，在创意产业的作用下拉动经济增长。这一理念的影响小至技术、知识产权、旅游业，大到经济、文化、社会各方面。奥利维拉和墨菲（Oliveira 和 Murphy）提出，创意产业一般来说，分为四大类：传统文化类、艺术类、媒体类和功能型创作类。[③]

---

[①] Piedras, E., México: Tecnología y Cultura Para un Desarrollo Integral, In A. C., Fonseca Reis (Ed.), *Economía Creativa como estrategia de desarrollo: una visión de los países en desarrollo* 2010, pp. 150 – 167, Sao Paulo: Itao Cultural.

[②] Hartley, J., Creative Industries, In J. Hartley (Ed.), *Creative Industries* 2005, pp. 1 – 40, Oxford, U. K: Blackwell Publishing.

[③] Oliveira, J. S., *La Industria Creativa como recurso de desarrollo económico: el caso del grupo Cland*. Sevilla: Universidad de Sevilla, 2014; Murphy, A. B., China's Cultural and Creative Economy: An Introduction, *Eurasian Geography and Economics*, 2012, 53 (2): 179 – 181.

文化和创意产业离不开具有文化特征产品的发展和传播，而这些产品通常包括：艺术品、手工艺品、音乐、建筑艺术品、电视节目、戏剧作品、玩具、电子游戏、纸质材料、广告、文化旅游景点等。

我们常常把创意产业分为四个层级。第一层级叫作"核心"（core）或"关键"（key）产业，它们往往负责生产和发行受版权保护和附加权利的作品，比如电影、音乐、表演艺术、出版品、计算机程序、数据、电视和收音机节目、广告和包括摄影在内的图像艺术。

而第二层级由"相互依存"（interdependent）的产业构成，它们的经营范围包括生产、制造和销售用于作品创作或其他受保护的文化产品创造的辅助设备。"相互依赖"产业的日常经营活动常常包括各种辅助器具的生产制造，比如电视机、DVDs、电子游戏设备、电脑、乐器、纸张、印刷品和照相摄影设备等。

第三层级的产业，我们称它们为"部分参与"（partial）的产业，因为它们一部分生产经营活动与就业目的和其他受产业保护的材料相关。而这些产业的经营范围包括服装、建筑、运动鞋、室内设计、家具、玻璃、瓷器、珠宝、手工艺品、壁纸、地毯、玩具和博物馆服务。

第四层级，则是"基本无贡献"（non-dedicated）产业，其中产品和服务的流动、推广和销售是产业经营的主流，并且这些活动并没有在创意产业中发挥中心和关键作用（联合国贸易和发展会议，UNCTAD）。从表8-1来看，由于创意产业在世界范围内的异质性，世界知识产权组织和联合国教科文组织（WIPO和UNESCO）对这一产业有各自的分类方法。

表 8-1　　　　　　　　　　创意产业分类

| 根据 WIPO 标准分类 | 根据 UNCTAD 标准分类 |
|---|---|
| **核心产业**<br>广告<br>视频社区<br>影视<br>音乐<br>表演艺术<br>社论<br>软件<br>电视广播<br>视觉和图形艺术<br>**产业**<br>电子材料<br>电子仪器<br>造纸<br>复印机<br>**部分产业**<br>建筑<br>服装<br>鞋业<br>设计<br>时尚<br>家居用品<br>玩具 | **传统文化表达**<br>工艺品<br>节庆活动<br>**表演艺术**<br>现场音乐<br>剧院<br>舞蹈<br>歌剧<br>马戏团<br>木偶剧<br>**视听**<br>电影<br>电视<br>广播<br>其他<br>**新媒体**<br>软件<br>电子游戏<br>数字创意内容<br>**创意服务**<br>建筑<br>广告<br>创意研发<br>文化<br>娱乐<br>**设计**<br>室内<br>平面<br>时尚<br>珠宝<br>玩具<br>**编辑和印刷媒体** |

续表

| 根据 WIPO 标准分类 | 根据 UNCTAD 标准分类 |
|---|---|
| | 图书 |
| | 报刊 |
| | 其他出版物 |
| | **视觉艺术** |
| | 绘画 |
| | 雕塑 |
| | 照片 |
| | 古董 |
| | **文化遗址** |
| | 考古遗址 |
| | 博物馆 |
| | 图书馆 |
| | 展览 |
| | 谷歌翻译业务：翻译工具网站翻译 |

资料来源：UNESCO，2013。[1]

格莱姆和沃尔（Grams 和 Warr）提到，一个创意经济体的发展，是基于合理化创意经济后促进创新型社会形成的基础之上的，在这个过程中，需要经济机遇和社会接纳的相互兼容。在将城市里的每一个人看作经济发展的齿轮的同时，也要将他们视为工人和市民，并且制定出一种可以区分两者的方法。[2]

与创意文化相关的经济活动主要发生在具有某些特征的城市，对于这一点，兰德里（Landry）认为，城市拥有最重要的储

---

[1] UNESCO, *Creative Economy Report* 2013: *Special Edition*, *Widening Local Development Pathways*, 2013, http://www.unesco.org/culture/pdf/creative-economy-report-2013.pdf.

[2] Grams, D. and Warr, M., *Leveraging Assets*: *How Small Budget Arts Activities Benefit Neighborhoods*, Chicago, IL: Richard H., Driehaus Foundation and the John D. and Catherine T., MacArthur Foundation, 2003.

备，就是它的人口要素。创意取代了当地的资源禀赋和市场准入门槛，成为了城市动态增长的关键因素。兰德里作出进一步阐释：现在世界上有许多城市适逢由新生的全球化力量带来的蓬勃发展的时代，而这些变化因地区而异。在东亚和欧洲等城市化进程加快的地区，旧工业正面临着衰退的趋势，而对于新兴工业来说，城市发展所带来的附加值不取决于其生产了什么东西，而是取决于用于产品生产、加工和服务的智力资本。①

创意城市概念的核心，是城市的经济、社会活动与多种多样的文化互动相互交织。莱维卡特（Levickait）提出："创意城市的发展往往是建立在强大的社会和文化基础设施建设上的；而由于这些良好的文化基础设施，它们在创意产业的就业率相对较高，对外资的吸引力也更加突出。"② 创意城市的另一个重要特点，是在特定环境下不同行为体之间的合作。因此，要推进创意城市的建设，关键在于改善商业环境，以及推进企业间、政府间和研究机构间的合作和交流。周（Zhou）也说到，创意城市的最后一个基本要素是："激发城市内部个人和各部门的创新能力，挖掘他们创造价值的潜力。"③

然而，创意城市发挥其创造潜力的方式各不相同。有些城市在其中承担主心骨的作用，为游客和市民提供丰富的文化体验，通过表演和视觉艺术展现他们的文化遗产或文化活动。因此，像贝鲁特、爱丁堡或萨尔茨堡这样的城市正在通过当地特色节日建

---

① Landry, C., *The Creative City: A Toolkit for Urban Innovators*, London: Earthscan Publications, 2000; Landry, C., *The Art of City Making*, London: Earthscan Publications, 2006.

② Levickaite, R., Interlinks of Cultural and Creative Economies Through Creative Products and Services, *Mokslas: Lietuvos Ateitis*, 2012, 4 (3): 256 – 261.

③ Zhou, Z., *A Study on Globalizing Cities: Theoretical Frameworks and China's Modes*, Hackensack, NJ: World Century Publishing Corporation, 2014.

立自己独特的文化身份,而其他城市则大力发展促进就业和创收的文化和媒体行业。在其他情况下,文化在创意城市建设中发挥的作用,与艺术文化在促进市民福祉、改善社会关系、提高市民文化认同方面的能力密不可分。

在这样的社会背景下,创意在城市的发展中发挥着关键作用。创意城市在扩张经济发展的版图和创造就业机会的同时,也通过改进城市的社会结构和繁荣城市文化多样性来提高市民的生活质量。此外,"在提高市民文化参与度、创造恢复公共生活空间的过程中,创造力也成为了增进社会包容性和市民福祉的驱动力。城市是基于文化和创意等要素参与基础上发展创意经济的核心。它们也同样是增进创新、发展和文明间对话的重要空间(联合国教科文组织,UNESCO)"。

## 二 创意经济——驱动经济发展的齿轮

随着世界经济竞争日愈激烈,生产力水平不断提高,一个经济体想要在国际市场取得成功,关键在于创意经济开创者的创造力和个人能力,以及他们从政府或个人方面得到的进入全球市场的支持。欧康纳(O'Connor)发现,近年来,发展创意和文化产业已经逐渐被提上了经济发展的日程,政府不仅已经清晰认识到创意文化产业中蕴含的消费潜力,更将创意经济视为促进其在国际市场份额增长的中心创意经济的发展条件,包括创意、创新、中小企业的成长和进入全球市场的难易程度。[①] 阿劳霍(Araujo)也同样看到与那些不够灵活和活跃的经济部门相比,创意产业开创了新的先例:它们以创新的方式解读和应用知识,采用尖端技

---

① O'Connor, J., Introduction: Creative Economies, In L. Kong y J. O'Connor (Eds.), *Creative Economies, Creative Cities, Asian-European Perspectives* 2009, pp. 1 – 5, New York: Springer.

术和新的商业合作模式，运用国际思维思考问题，使用合适的方法拉近和消费者的距离。①

坎宁安（Cunningham）认为创意产业这一理念广泛传播的原因，在于它融合了两条当代经济政策新思路。一方面，它促进了新经济体中信息通信技术和研发的加速发展；另一方面，它推动了机遇文化认同和社会赋权的消费方式的形成。因此，创意经济已经成为这十年间国际经济与发展议程的热门话题。②

各国政府也迅速接受了创意经济作为推动经济快速增长和发展的有力路径。此外，各国也认识到，创意经济对于经济发展的意义不容小觑，有创意的人需要独特适宜的环境才能真正使效用最大化。创意经济的发展也从侧面反映出了产业转型的愿望：创造力作为一种"现代化"的手段，改变了传统的心态和原有产业结构。③

罗萨斯（Rosas）看到，在发达国家，创意经济正在飞速发展。属于经济合作与发展组织（OECD）的国家，创意经济的发展速度是服务业的两倍，是制造业的四倍。④

坎宁安（Cunningham）发现，消费对后工业经济的拉动作用越来越显著，也在潜移默化中改变着它们的性质。"自己动手制作"成为经常出现的围绕媒体和文化的消费者活动。多年来，互

---

① Araujo, R. M., La economía creativa, una fuente creciente de desarrollo, *Hospitalidad ESDAI*, 2015, Vol. 27, pp. 7 – 28.

② Cunningham, S. D., The Creative Economy: Patterning the Future, *Dialogue: Academy of the Social Sciences in Australia*, 2007, 26 (1): 15 – 23.

③ European Institute for Comparative Cultural Research, *Mobility Matters: Programmes and Schemes to Support the Mobility of Artists and Other Cultural Professionals*, 2008, http://www.mobility-matters.eu/web/files/14/en/Final_ Report_ -_ Mobility_ Matters_ _ _ ERICarts.pdf.

④ Rosas, M. C., ¿Una economía creativa?, *América latina en Movimiento*, 2012, https://www.alainet.org/es/active/52124.

联网上用户发布的内容数量不断攀升。①

在同样的研究中，莱维卡特（Levickait）也指出，发展中国家的创意经济理念更侧重于利用创意资本和文化中存在的各种丰富的文化资源。在利用这些资源的同时，创意产业也让各国充分了解了其所蕴含的文化遗产，奠定了独特的文化特征，也就进一步为经济增长提供了文化源泉和建立新工作空间的机会，以应对全球化的挑战。创意经济促进了社会参与度的提高，增进了文化多样性，推动了人类的社会进化。②

毋庸置疑，数字化趋势浩浩汤汤，数字技术的应用随着消费者和企业的文化发展而日新月异，它不仅改变了我们的工作方式，而且推动了全新商业模式的构建，促进了生产、分销和消费等环节中有价值的想法与技术的相结合。

作为发展的一大引擎，创造力和文化在创造就业机会的经济效益以及刺激新技术或创新思想出现等方面的效益得到了人们的认可。更重要的是，文化的收益并不能完全用货币来衡量，而这将有可能催生经济的转型变革（联合国教科文组织，UNESCO）。同时，创意经济可以增加出口创收，创造更多就业机会和利润，同时促进社会融合、文化多样性繁荣和人的全面发展（联合国贸易和发展会议，UNCTAD）。

正如联合国教科文组织（UNESCO）提到的那样，我们应该怀有这样一个坚定的信念，要大力发展地区经济，改善贫困地区生活条件。政策制定者需要对个体创意中原作者和小型文化企业如何运作，以及它们之间紧密的关系有更深层次的理解。

创意经济的最初目标可能是寻求经济的发展，但是现如今，很多国家已经改变了它们的经济利益目标，也就是说，各国已经

---

① Cunningham, S. D., The Creative Economy: Patterning the Future, *Dialogue: Academy of the Social Sciences in Australia*, 2007, 26 (1): 15 - 23.

② Levickait R., Four Approaches to the Creative Economy: General Overview, *Business, Management and Education*, 2011, 9 (1): 81 - 92.

开始大规模生产创意产品,而忽视了社会福利,带来了剥削儿童、过长的工作时间和福利缺失等一系列问题。

目前,这种带有破坏性的经济模式取决于公司和政府的利益取向——攫取经济利益,这阻碍了创意产业在经济中充分发挥作用,使得文化的恒久性很难作为整体发展的基础。

## 三 中国的创意经济与创意城市

创意经济部门在上一次全球经济衰退期间的表现远优于其他传统经济部门,在全球经济增速放缓期间拉动了经济发展,提供了更多就业机会。中国并不止步于确保必需品的供应,它正在进一步收购具有生产潜力的非洲公司的股份——通过购买津巴布韦建造在瓦格和卡里的唯一一家发电厂70%的股份。中国继购买国家铁路股份之后,又一次迈出了发展中国家对外投资的步伐。① 此外,拉马纳坦(Ramanathan)认识到,在微观层面上,中国企业正在快速吞并当地的小型零售商和制造商。中国另一个摆脱制造业国家身份桎梏驱动出口的例子是"一带一路"项目。② 巴尔德雷和莱穆斯(Valderrey 和 Lemus)认为,这一举措是中国发展战略的一部分,旨在深化与亚洲、欧洲和非洲等国的经济联系,它将40多亿人紧紧联系在了一起。③

---

① International Monetary Fund, *World Economic Outlook*, October 2017, *Seeking Sustainable Growth: Short-Term Recovery, Long-Term Challenges*, Washington: International Monetary Fund, 2017.

② Ramanathan, S., La Economía Creativa como Estrategia de Desarrollo: La Perspectiva Hindú, In A. C. Fonseca Reis (Ed), *Economía Creativa como estrategia de desarrollo: una visión de los países en desarrollo* 2008, pp. 204 – 223, Sao Paulo: Itao Cultural.

③ Valderrey, F. and Lemus, D., New Silk Road and International Business Diplomacy, *Comillas Journal of International Relations*, 2017, 10: 47 – 64.

瑟尔克尔维（Thiruchelvam）从这个角度来看，中国政府对创意经济的支持，意于一个更长远的目标：增进中国人民的福祉。① 关于这一点，中国国家主席习近平在2014年联合国教科文组织的演讲中指出："中国梦将通过物质文明和精神文明的共同进步和相互促进来实现。"因此，创意与文化是中国经济发展的不二法门。

基恩（Keane）认为，这种从文化向创意的渐进转变，是在从"中国制造"向"中国智造"转变的基础之上，从复制加工产品转变为原创产品，从产业链的下游逐渐过渡到上游，这些都离不开创造力的激发和动员，而这一切都被称为"新的大跃进"。② 丰则看到，中国创意产业的发展有多种形式。在这个国家，创意产业正处于婴儿期，其发展与其他产业类似，取决于国外支持的第一阶段。③

同时，向（Xiang）也指出，2009年，国务院发布文化产业推动计划后，中国政府提出了全面和系统的文化改革和发展路径，致力于建立文化强国，文化产业的发展被提升到了国家战略的水平。④ 而培盛斯（Patience）认为，现在，中国正试图摆脱低

---

① Thiruchelvam, S., The Future of Chinese Arts and Creative Industries, *Forbes*, 2014, https://www.forbes.com/sites/sthiruchelvam/2014/11/24/the-future-of-chinese-arts-and-creative-industries/#2f1a3cf13980.

② Keane, M., Great Adaptations: China's Creative Clusters and the New Social Contract, *Continuum: Journal of Media & Cultural Studies*, 2010, 23 (2): 221-230.

③ Fung, A., Strategizing for Creative Industries in China: Contradictions and Tension in Nation Branding, *International Journal of Communication*, 2016, 10: 3004-3021.

④ Xiang, H., Introduction: 2011-2015: Principles of National Cultural Strategy and Cultural Industries Development, In H. Xiang and Walker, P. A. (Eds.), *China Cultural and Creative Industries Reports* 2013, 2014, pp.1-9, London: Springer.

成本产品制造商的标签。外国政治家们希望中国公司不仅能创造出口需求，还能创造更高薪酬的就业机会。① 其中一个原因是它们的出口市场（比如美国和欧元区）经济放缓，进而影响到它们的货物需求。

中国更能通过大型文化团体的创建，影院、休闲中心、书店的建设等促进需求的措施，使得文化产业到2020年发展成为经济支柱。这也同样反映在新华社发布的政府工作计划中，其中提到在几年内推动文化产业发展从而达到世界领先地位。②

目前全世界有116个城市被联合国教科文组织评估为"创意城市"。教科文组织的创意城市网络创建于2004年，旨在促进城市间的合作，将创意视为可持续城市发展的战略性因素。这些城市朝着共同的方向努力：将创意和文化产业置于当地发展计划的核心中，并推进国际合作。在这个城市网络中，中国有8座城市名列其中。

"创建于2004年的联合国教科文组织创意城市网络，反映了其对文化及其在社会中作用的不断更新的看法"（联合国教科文组织，UNESCO）。这个城市网络的概念基础是尽管世界上许多城市都意识到创意产业在当地经济和社会发展中扮演着越来越重要的角色，但他们显然不知道如何利用这种潜力或者招募专业的员工来支持产业发展。

---

① Patience, M., La apuesta de China por una industria creativa, *BBC*, 2014, http://www.bbc.com/mundo/noticias/2014/01/140121_china_taotao_creatividad_finde.

② El Informador, China busca que la cultura sea pilar de su economía hacia 2020, *El Informador*, 2017, https://www.informador.mx/Economia/China-busca-que-la-cultura-sea-su-pilar-economico-en-2020-20170508-0140.html.

表8-2　　　　　　　　　东亚创新城市

| 国家 | 城市/特别行政区 | 类型 |
| --- | --- | --- |
| 中国 | 北京 | 设计 |
| | 长沙 | 媒体艺术 |
| | 成都 | 美食 |
| | 杭州 | 工艺品和民间艺术 |
| | 景德镇 | 工艺品和民间艺术 |
| | 中国澳门 | 美食 |
| | 青岛 | 电影 |
| | 深圳 | 设计 |
| | 上海 | 设计 |
| | 顺德 | 美食 |
| | 苏州 | 工艺品和民间艺术 |
| | 武汉 | 设计 |
| 日本 | 金泽 | 工艺品和民间艺术 |
| | 神户 | 设计 |
| | 滨松 | 音乐 |
| | 名古屋 | 设计 |
| | 札幌 | 媒体艺术 |
| | 筱山 | 工艺品和民间艺术 |
| | 鹤冈 | 美食 |
| 大韩民国 | 富川 | 文学 |
| | 釜山 | 电影 |
| | 大邱 | 音乐 |
| | 光州 | 媒体艺术 |
| | 全州 | 美食 |
| | 利川 | 工艺品和民间艺术 |
| | 汉城 | 设计 |
| | 统营 | 音乐 |

资料来源：UNESCO，2017。①

---

① UNESCO, *Creatives Cities for Sustainable Development*, 2016, https://fr. unesco. org/creative-cities/sites/creative-cities/files/creative% 20cities% 20for% 20web. pdf.

该网络的主要目的是促进全球文化团体的发展，推进技术知识、成功经验的交换，并通过创意产业促进当地经济和社会发展。为了取得更好的发展成果，文化产业必须分割为不同的子部门，因此创意城市网络也被划分为七个主题网络城市并且每个城市可以选择一个主要发展的地区。具有文学、电影、音乐、设计、信息技术（新媒体）和美食等公认的创意产品的城市可以进入创意城市网络，以鼓励城市把重点放在那些经济和社会发展潜力最大的地区。

创意城市网络是在艺术和文化、音乐和民间传说等主要文化产业的基础之上而兴起和发展的。之前出现的经济评估问题的解决导致了这一模式的出现，而这一模式是基于更加创新和以市场为导向的态度，而不是精英艺术。

表 8-3　　　　　　　　　　中国的创意城市

| 创意领域 | 城市/特别行政区 | 加入创意城市网络的年份 |
| --- | --- | --- |
| 美食 | 成都 | 2010 |
| | 顺德 | 2014 |
| | 中国澳门 | 2017 |
| 设计 | 深圳 | 2008 |
| | 上海 | 2010 |
| | 北京 | 2012 |
| | 武汉 | 2017 |
| 工艺品和民间艺术 | 杭州 | 2012 |
| | 景德镇 | 2014 |
| | 苏州 | 2014 |
| 媒体艺术 | 长沙 | 2017 |
| 电影 | 青岛 | 2017 |

资料来源：UNESCO，2017。[①]

---

① UNESCO, *Creatives Cities for Sustainable Development*, 2016, https://fr. unesco. org/creative-cities/sites/creative-cities/files/creative% 20cities% 20for% 20web. pdf.

周（Zhou）以中国为例，在中国，一些大型城市开始关注其在城市建设过程中的文化整合，全面开发它们的文明和文化底蕴，旨在塑造良好的城市文化景观，形成创新的企业文化，从而增强其在世界上的声誉。例如，广东省广州市计划将其建设成为现代文化中心城市；湖北省武汉市计划向全球展现城市环境的创新，提出城市要突出特色，突出文化细节，挖掘创新亮点，打造"文化武汉"；浙江省杭州市从文化侧面深化城市化进程，提出学在杭州、住在杭州和商贸在杭州三大理念；浙江省宁波市提出推进三峡沿江文化走廊等文化设施建设，展现其现代文化的内涵和风韵。

弗罗里达（Florida）认为，上海、北京和天津是中国最具创意的城市。[1] 上海坐落于中国的东海岸，位于长江三角洲经济带，它因东西方文化在此的水乳交融，被视为国际大都市。[2] 它也同样是中国最大的商业和金融中心，面积6340.5平方千米，人口2415万人（中国国家统计局，National Bureau of Statistic of China）。上海是中国创意产业的先驱城市，第一个集设计、电影和音乐为一体的工作室也在那里成立。[3] 钟、张和章指出，事实上，尽管中国电影业的源头可追溯到1905年，当时北京一家工作室拍摄的中国戏曲成为了电影的肇始，但电影业的成立，则始于1920年的上海。[4] 2010年，上海市加入了联合国教科文组织的创意城市网络，被誉为设计

---

[1] Florida, R., Understanding the Creative Economy in China, University of Toronto: Martin Prosperity Institute, 2011, http://martinprosperity.org/media/CreativeChina_EnglishVersion.pdf.

[2] UNESCO, Creatives Cities for Sustainable Development, 2016, https://fr.unesco.org/creative-cities/sites/creative-cities/files/creative%20cities%20for%20web.pdf.

[3] Ibid..

[4] Zhong, D., Zhang, Z. and Zhang, Y., From Wenmingxi (Civilized Play) to Yingxi (Shadowplay): The Foundation of Shanghai Film Industry in the 1920s, Asian Cinema, 1997, 9 (1): 46-64.

之城。而到了 2013 年，上海创意产业实现了 2555 亿元的增加值，比去年同期增长 11.8%；工业品设计的附加值达到 636 亿元，同比增长 10.3%；建筑设计附加值增长 10.8%，达到了 1285 亿元。① 截至 2013 年年底，上海已拥有 87 个创意集群，4000 多家创新设计相关机构，283 个艺术实体，239 个文化社区中心，100 座博物馆，25 座图书馆和 743 家档案机构。②

让我们再把焦点转向另一座有着辉煌历史的城市——北京。这座城市从元清时期直到 1949 年新中国成立之后，一直是中国的首都和政治中心，毋庸置疑，它也是中国的文化中心。北京同样有包括中国国家图书馆在内的 47 座公共图书馆，170 多个博物馆和包括国家大剧院在内的 300 多个剧院，每年给市民带来超过 12000 场的艺术表演。此外，北京市还有 119 所设计学院和 3 万余名学生。③ 与此同时，北京的动画设计领域也同样出类拔萃，动画设计部门是北京的支柱产业之一，拥有近 25 万名员工，经济估值超过 1600 亿元人民币。④ 此外，北京还举办过北京设计周、中国红星设计奖、北京时装周、北京国际电影节、北京国际文化创意产业博览会和北京科技博览会等国际化的活动。⑤ 北京有着 20 多个创意集聚区，并提供约 270 个设计和创意讲习班来促进女性在这一产业中的就业。⑥ 最后，任（Ren）也提到这座城市也拥有世界上最负盛名的建筑设计，如国家大剧院、银河 SOHO 和北京首都机场 3 号航站楼，而这些都是开发商和政府官

---

① UNESCO, *Creatives Cities for Sustainable Development*, 2016, https://fr.unesco.org/creative-cities/sites/creative-cities/files/creative%20cities%20for%20web.pdf.

② Ibid..

③ Ibid..

④ Ibid..

⑤ Ibid..

⑥ Ibid..

员将北京推广为新的全球城市而做的努力。①

莱穆斯提及深圳也是中国名列前茅的创意城市之一，它由于邻近中国香港的边境，在 1980 年被选为中国第一个经济特区。② 作为中国改革开放政策的领头羊，深圳可谓是中国过去三十年经济成就的典范之一。③ 深圳在经济发展的过程中，逐渐确立了现代中国创意的理念，而这一理念也逐渐内化到城市居民的心中。深圳拥有 6000 多家设计公司，员工数量达十万人，每年创造产值约为 110 亿元人民币（15.4 亿美元）。④ 深圳的设计产业囊括了平面设计、工业设计、室内和建筑设计、服装设计、玩具设计、珠宝设计、工艺品设计等许多范畴。⑤ 此外，张和涂也看到，在中国被逐渐纳入全球化经济体系的过程中，中国纺织服装产业在区域集群方面也发生了深刻变革，深圳也不例外。⑥ 它已经成为了中国最大的女装生产基地，30000 多名设计师为 800 余个中国时尚品牌工作。⑦ 深圳的创新驱动力十分强劲，现如今，深圳成为了中国高科技产业基地

---

① Ren, X., Architecture as Branding: Mega Project Developments in Beijing, *Built Environment*, 2008, 34 (4): 517 – 531.

② Lemus, D., *Innovación a la china: la larga marcha del gigante asiático hacia el liderazgo mundial*, Madrid: Lid Editores, 2011.

③ UNESCO, *Creatives Cities for Sustainable Development*, 2016, https://fr.unesco.org/creative-cities/sites/creative-cities/files/creative%20cities%20for%20web.pdf.

④ Ibid..

⑤ Ibid..

⑥ Zhang, Z. and To, C., How Do Industry Clusters Success: a Case Study in China's Textiles and Apparel Industries, *Journal of Textile and Apparel, Technology and Management*, 2004, 4 (2): 1 – 10.

⑦ UNESCO, *Creatives Cities for Sustainable Development*, 2016, https://fr.unesco.org/creative-cities/sites/creative-cities/files/creative%20cities%20for%20web.pdf.

第八章 逃离中等收入陷阱的一条路径 181

之一，也是知识产权发展的重要中心。① 每年，深圳的企业提供约 4 万项专利，其中一半涉及创新设计。②

而最后一个中国创意产业驱动经济发展的例子，便是经历城市转型后的杭州。在举办了 2006 年世界休闲博览会和 2007 年的中国创意博览会后，杭州发展了一个创意集群以驱动经济发展。这座城市是中国的古都之一，南宋时期（1127—1276 年），杭州成为了世界上最繁荣昌盛的城市。③ 在过去的几年中，杭州通过发展文化创意产业，走上了以第二、第三产业为中心的经济转型之路。杭州悠久的历史文化在这一转型过程中发挥着至关重要的作用，尤其是工业品产业。④ 这座城市因繁多的传统手工艺而闻名，包括丝绸和茶叶的生产以及瓷器和铜雕的制作。"杭州作为中国丝绸之路的设计、生产和贸易中心城市，一直完好地保护着这些传统手工艺文化遗产"。⑤ 此外，杭州也被称为中国茶都，它一直是全国著名的茶叶生产地区之一，主要因西湖龙井的种植而闻名在外，西泠印社的石雕作品也是杭州手工艺品和民间艺术的见证之一。中国政府已经将杭州纳入了"国家文化创意中心"的行列之中。2014 年，创意产业占杭州全市 GDP 的 17.5%，员工多达 336000 人。⑥

---

① UNESCO, *Creatives Cities for Sustainable Development*, 2016, https://fr.unesco.org/creative-cities/sites/creative-cities/files/creative%20cities%20for%20web.pdf.

② Ibid..

③ Mungello, D. E., *The Forgotten Christians of Hangzhou*, Hawaii: University of Hawaii Press, 1994.

④ UNESCO, *Creatives Cities for Sustainable Development*, 2016, https://fr.unesco.org/creative-cities/sites/creative-cities/files/creative%20cities%20for%20web.pdf.

⑤ Ibid..

⑥ Ibid..

## 四　结　论

巴罗克拉和克苏尔莱特认为，虽然目前创意经济仍然是一个在不断补充完善的新概念，还没有什么具体的定义，但可以肯定的是，这个概念孕育了一个可行的想法：如何通过创造力来改善城市居民的生活。[①] 从这个意义上说，"创意和创新很相似，都具有高风险、不确定性、交易成本、网络外部性、溢出效应和公共良好效应，这也就意味着要单靠市场不足以创造足够的创意资源基础。在过去十年中，创意产业作为经济部门的一部分，无论是政府主营的还是私营的，国内的还是国际的，都在迅速蓬勃发展，这表明创意经济致力于改造人民的自身条件，从而综合利用具有各个社会、地区和国家特征的具备文化价值的资源。

在全球化时代，市场每天都会迎来新的产品，这意味着每天都会发生创意产业与创作、产品和服务的有效整合。我们已经来到了一个通过创意产业为不同经济体内生发展问题提供解决方案的时代，这也是越来越多国家试图发展其城市进入"创意城市"名单的原因。中国这个案例表明了在传统经济产业向创意产业转变过程中政策支持的重要性。

由于创意产业给各个经济体带来的地区间甚至国际间利好，发展中国家甚至很多边缘化国家也已经开始走上了创意经济发展之路，也正多亏了创意经济促进了社会对边缘化地区或阶层的关注，创意经济对 GDP 贡献的总体统计资料才可以不断被补充完善。现在所要做的，就是充分利用这种经济潜力来促

---

① Banco Interamericano de Desarrollo, El impacto económico de las industrias creativas en las Américas, Banco Interamericano de Desarrollo, 2014, http://idbdocs.iadb.org/wsdocs/getdocument.aspx?docnum = 38370643.

进经济发展,而这种潜力来源于经济文化活动的比较优势和竞争优势。

中国创意产业的经验提供了些许借鉴,说明了如何在发展中国家利用创意经济驱动经济发展。首先,历史资源。创意产业以某种方式与过去灿烂辉煌的历史文化联结在一起。它不仅要有历史的烙印,更要从现代视角下对它进行再创造,以更好地弘扬国家悠久的历史文化,给予历史以全新的生命。通过这种方式,历史便可以成为文化产品设计灵感的重要来源。其次,创意不是在真空中迸发的,它需要一片独特的土壤,城市便是这一片土壤,是吸引人才和创造创新空间的最优选择。城市可以通过推行公共政策来促进文化活动的繁荣,为艺术展览提供充裕的场地,并配备强大的现代化基础设施。最后,这些变化不是一蹴而就的,需要中期甚至长期的政策路径才可以真正实现。这种路径需要将地区与国家、企业家和商人的利益结合起来。中国的案例表明,通过设定长期目标并且为之努力,从而真正实现创意城市驱动经济发展这一机制的方法是可行的。

胡安冈·冈萨雷斯·加西亚(Juan González García)
丹尼尔·莱穆斯·德尔加多(Daniel Lemus Delgado)

# 第九章　中国的国际发展合作

——能否成为拉美国家摆脱中等收入陷阱的坦途？

近年来，中国通过各种合作组织和机制，全方位扩大了对各大洲国家的投资援助和合作，既让人眼前一亮，却也逐渐变得不足为奇。中国的援助挤占了传统援助国政府和商业实体援助和合作投资的份额，其中美国和欧洲尤为担心，它们看到了中国在亚非拉地区日益增长的影响力。

中国政府坚持认为，国际合作是改变贫困、营养不良、基础设施建设薄弱、行政效率低下、教育水平不足等落后现象的重要因素。但同时也强调，外部合作本身不会带来受惠国的发展，经济发展是每个国家自己的责任和任务，这一目标的实现取决于自身的社会经济和政治条件。

阿旺达诺、玫圭索和麦尼尔（Avendano, Melguizo and Miner）认为，中国实施国家合作战略，目的是让中国利用地缘政治优势重新打入全球经济。通过提供贷款、增加外国直接投资以及建立更好的贸易合作伙伴关系，中国正在推进对全球的出口，并为基础设施等产能过剩部门开辟新的市场。[①] 戴尔福斯玛、威尔弗雷

---

[①] Avendano, R., Melguizo, A. and Miner, S., Chinese FDI in Latin America: New Trends with Global Implications, Washington, D.C: *Atlantic Council*, 2017, http://publications.atlanticcouncil.org/china-fdi-latin-america/.

第九章 中国的国际发展合作

德和达特斯·格利特（Delfsma, Wilfred 和 Duyters Greert）也提出：保持强劲的经济增长趋势对中国社会和政治的稳定也至关重要。①

中国的国际政策是基于联合国国家发展合作理事会（ICD）的理念之上的，而不是经合组织的官方发展援助。自从中国完成从受惠国到捐赠国的身份转变，并且评估了官方发展援助如何运作和应用之后，中国确立了自己的国际合作模式，而不是依赖于经合组织的方式。

中国政府通过国务院新闻办公室（State Council Information Office）发表声明时指出："促进南南对话和国际合作，向其他国家提供援助和支持，以减少贫困，提高最不发达国家的生活水平。"② 同时，在合作理念的背景下，中国发起了"一带一路"倡议以及相关金融机构，比如亚洲基础设施投资银行（AIIB）、金砖国家新开发银行和其他投资基金公司，以支持与亚洲、欧洲、非洲和拉丁美洲各国的合作。本章旨在增进对国际合作的理解，通过对中国合作方式运用的分析来为拉美地区提供些许借鉴。

## 一 国际发展合作的一些基本概念（ICD）

为了增进对中国对外援助的理解，我们有必要界定国际合作和援助的概念，以及把握中国对这些概念的理解和运用。张、顾和陈（Zhang, Gu and Chen）从这个角度提出，我们可以从中西

---

① Delfsma, W. and Duyters, G., *Multinationals and Emerging Economies, The Quest for Innovations and Sustainability*, Chentelham, U. K.: Edward Elgar, 2009.

② State Council Information Office, China's Foreign Aid, 2011, www.chinanews.com/gn/2011/04 – 21/2989430.shtml.

方发展合作和对外援助话语权之间的分离开始说起。①

根据阿隆索和格兰尼（Alonso 和 Glennie）的说法，从某种意义上说，发展合作这个词仍然与财政援助或官方发展援助从狭义理解上近似相同。而从广义上理解，发展合作这个词定义十分宽泛，例如包括了市场流动的概念（即外汇或外国直接投资）。传统意义上，国际发展合作（ICD）被认为是通过提供商品和服务来解决发展中国家贫困相关问题的工具。这一合作关系到援助国家的低生活水平，基本上意味着资源从工业化国家流向发展中国家（南北合作），这就是所谓的官方发展援助（ODA）。这是由经济合作与发展组织（OECD）的发展援助委员会（DAC）定义的一个概念。

官方发展援助被定义为旨在促进发展中国家经济发展和福利的政府援助（不包括用于军事目的的贷款和信贷）。援助的形式可以为双边援助，也可以是通过联合国或世界银行等发展机构的多边援助。②

考尔、英格、格鲁贝格、罗切斯特（Kaul, Inge, Grunberg and Stern）指出，涉及多种合作机制的国际合作的另一个构想，是提供用于诸如臭氧空洞、气候变化、艾滋病毒传播、贩毒和金融动荡等问题改善的公共产品。这些问题和贫困没有直接关系，但是对全球来说则是重要议题。③

国际发展合作更广义的概念是由联合国提出的，增加了有关

---

① Zhang, Y., Gu, J. and Yunnan, C., *China's Engagement in International Development Cooperation: The State of the Debate*, Beijing: Institute of Development Studies/Tsinghua University, 2015.

② OECD, *Net ODA (indicator)*, 2018, https://data.oecd.org/oda/net-oda.htm.

③ Inge, K., Grunberg, I. and Stern, M., *Global Public Goods: International Cooperation in the 21st Century*, New York: The United Nations Development Programme, 1999.

国际公共产品的问题。2015年9月，联合国大会通过了"2030年可持续发展议程"。联合国在批准"2030年议程"的决议中指出，当今世界面临的最大挑战是如何消除贫困，并说明了消除贫困对实现可持续发展是必要的。它将17项总目标分解为169项小目标，其中包括贫困、饥饿、粮食安全、营养、可持续农业、健康生活、福祉、教育、性别平等、水资源供应、能源供应、经济增长、基础设施建设、工业化、减少国家之间的不平等、城市化、可持续产品的供应、气候变化、海洋和生态系统的保护、法律诉讼和可持续发展等。①

2030年议程的先例是2000年通过的千年发展目标（MDGs）。这些应该在2015年实现的千年发展目标是：（1）消除极端贫困和饥饿；（2）实现初等教育的普及；（3）促进性别平等和赋予妇女权利；（4）降低儿童死亡率；（5）改善孕产妇的健康状况；（6）防治艾滋病毒/艾滋病、疟疾和其他疾病；（7）确保环境的可持续性；（8）发展全球伙伴关系。显然，这些目标还远远没有实现，比如全世界的赤贫程度减半。但现在，联合国提出了一项新的议程，将目标又延长了15年。

为了从整体上系统化国际合作行动，包括发达国家和发展中国家在内的一些国家建立了自己的发展合作机构，还有国际多边组织以及非政府组织。在国际层面上，有43个国家设有发展援助机构，例如，中国有商务部的对外援助司（MOFCOM），但在下一节中将会看到，中国的国际合作是通过几个国家机构进行的。

另外，促进国际合作的方式有很多。最常见的是往往相互重叠的南北（垂直）、南南（水平）、多边、区域、双边、分散、三角形等方式。具体而言，南北合作是由传统意义上的发达国家资助发展

---

① ONU México, *Objetivos de Desarrollo Sostenible*, 2016, http://www.onu.org.mx/agenda-2030/objetivos-del-desarrollo-sostenible/.

中国家，南南合作则排除了富国的资助。然而，即使在"南方"国家中，也存在发展程度的差异，这使得"南方"国家之间的关系成为不平等的交易，如中国、巴西、印度或澳大利亚。即使在新兴国家中，南南合作的贡献也非常显著（表9-1）。

表9-1　　　　　2009—2013年来自部分新兴国家的捐赠

| 国家 | 2009年 | 2010年 | 2011年 | 2012年 | 2013年 |
| --- | --- | --- | --- | --- | --- |
| 中国 | 1803.9 | 1857.4 | 2469.9 | 2644.2 | 3136.9 |
| 巴西 | 362.2 | 499.7 | NA | NA | NA |
| 印度 | 488 | 576.9 | 730.7 | 605 | NA |
| 南非 | 121.2 | 118.2 | 160.5 | 151.9 | 156.7 |

资料来源：OECD（2013年）关于发展中国家资金流动的数据，以百万美元计。

中国就像其他国际代理机构和国家机构，在国际体系中发挥作用，同时也相应地受益。过去三十年来，我们看到中国的身份地位发生了根本性变化。与任何其他强国一样，中国的外交政策也有不同的细微差别，这取决于其合作的国家。此外，在不违反国际准则的情况下，它将根据国家目标对其进行解释和施行。这种方法完全适用于国际合作领域。

## 二　中国的国际发展合作

与中国成为全球大国的目标相吻合，中国政府一直致力于实施各种国际合作计划。中国不仅参与了上述合作机制，同时也确立了两个国际合作计划。

其一是外援的构想和实施，协助贫穷国家参与南南合作。其二则是广义上的合作，包括相互支持处理公共物品问题，如气候变化、科技进步、教育发展、环境污染、打击恐怖主义、治理缺失等。在这些方面，中国接受双边援助和双边、三边或多边合作的方式。

### (一) 对外援助

布地格姆（Brautigam）研究发现，中国的外援是向同一个方向流动的，即从中国到欠发达国家，特别是非洲和亚洲、拉丁美洲和欧洲的发展水平较低的国家。这样，中国政府通过各种政府机构向几个国家提供外部援助——可以定义为"促进发展"的援助，以基础设施项目和赠款、项目资金优惠贷款、救灾、奖学金学生资助等形式发挥作用。

从西方的角度看，中国的国际援助与力量上升或"逐渐成长的国际力量"的概念有关。但是，中国政府的立场与这种做法不同，中国的国际发展援助和"上升""逐渐成长的国际力量"的概念在官方表述中很少相互关联。

而且，根据西方的准则，张、顾和陈（Zhang, Gu and Chen）认为中国在这个领域没有义务采取行动。实际上，全国人大并没有把外援预算列入其衡量权力话语权的标准。中国财政部方面有义务提交预算报告，但由于外援方面的信息透露机制，没有关于中国对外援助的详细信息。全国人大也没有真正的权力去检查中国的援助支出是否有效地用于其受惠国发展。与此同时，援助受惠国的有效性并不是中国提供援助的关键所在，因为中国认为援助和发展并不相互依赖，每个国家都必须对自身发展负责。

目前中国官方对外援助的财政性援助大部分不符合官方发展援助协会的要求。具体而言，出口信贷、无担保国家贷款或投资不属于官方发展援助的范畴。从这个意义上说，中国和西方在这些问题上的差别比较突出。

从西方的角度来看，中国将国际合作促进发展与对外援助分离似乎是矛盾的。自 20 世纪 70 年代末以来，中国是官方发展援助的最大受惠国之一，但最近它也成为国际发展领域的重要援助国。除了普遍接受的"国际发展合作""发展援助"和

"援助"概念之外，中国也解释并实施了"对外援助"，这是中国领导人在发言中明确提出的外交政策。

近年来中国参与发展中国家援助的规模迅速扩大，中国强调互利和南南合作，并认为中国不是捐助者，而是平等的合作伙伴。马夫（Brautigam）发现中国的财务杠杆是向发展援助委员会提供官方发展援助的重要支撑点，该援助委员会允许各国建立基础设施并投资于生产活动，而这也是近年来经合组织发展合作忽视的领域。①

根据中国领导人的发言，ICD 基本概念的表述非常有说服力：中国必须继续促进国际合作，以便在日益全球化的世界中保持现有的发展速度，逆全球化只会给国家带来毁灭性的结果。为了取得更好的发展成果，必须坚持开放。在未来几十年中，中国的对外开放与合作仍将是中国的核心政策。无论中国做什么都必须符合这一政策的主旨。

### （二）中国对外援助信息

斯托林斯（Stallings）阐述了错综复杂的外援制度设置。中国国务院下设三个部委和两个金融机构。② 在财政部、外交部和商务部之间又存在一个"机构间协调机制"。③ 商务部及其外交援助部是主要协调员，总共估计有 15—23 个机构参与实施发展援助。

---

① Brautigam, D., Aid "With Chinese Characteristics"; Chinese Foreign Aid and Development Finance Meet the OECD-DAC Aid Regime, *Journal of International Development*, 2011, 23 (5): 752 - 764.

② Stallings, B., Chinese Foreign Aid to Latin America, Trying to Win Friends and Influence People, In M. Myers, Margaret and C. Wise, (Eds.), *The Political Economy of China-Latin America Relations in the New Millennium, Brave New World*, 2017, pp. 69 - 90, New York: Routledge.

③ State Council Information Office, China's Foreign Aid, 2011, www.chinanews.com/gn/2011/04 - 21/2989430.shtml.

2011 年和 2014 年关于外援的白皮书中披露了政府信息。[①] 第一份文件提供了中国对外援助的历史概况，包括有关中国区域援助分布的一些基本数据。其中提到，截至 2009 年年底，中国已经为 161 个国家和 30 多个国际和地区组织提供了援助，其中包括 123 个接受中国常规援助的发展中国家。

白皮书还提供了中国对外援助计划的内地资源分类细目，其中包括亚洲的 30 个（占中国外援资金的 32.8%），非洲的 51 个（45.7%），拉丁美洲和加勒比地区的 18 个（12.7%），大洋洲地区 12 个（4%），东欧地区 12 个（0.3%）。

张、顾和陈（Zhang, Gu and Chen）还指出，最贫穷的人主要集中在亚洲和非洲，中国占这些地区外部援助的 80%。正如 2014 年白皮书中"2014 年国外援助计划"所述，这些数字在 2010 年至 2012 年略有变化：中国的援助涵盖了 121 个国家——拉丁美洲和加勒比地区 19 个，大洋洲 9 个。

2014 年白皮书显示，2010 年至 2012 年，中国通过赠款、免息、贷款和优惠贷款等方式拨出 144.1 亿美元用于对外援助。在这三年中，中国提供了 46.573 亿美元（36.2%）的赠款，其中大部分用于为受惠国创建中小型福利工程。这些赠款还用于资助受惠国的技术合作和人力资源开发、物资援助以及紧急人道主义援助。

同期，中国提供无息贷款 14.662 亿美元（8.1%），主要用于帮助受惠国建设基础设施、开展工程项目和改善人民生活条件。贷款的最大一笔金额为 71.7 亿美元（55.7%），专门用于大中型制造业项目和基础设施贷款以及成套设备、机械和电子产品的生产供应。[②]

---

① State Council Information Office, China's Foreign Aid, 2014, http://news.xinhuanet.com/english/china/2014 - 07/10/c_ 133474011.htm.

② Xinhua, Full text of China's Policy Paper on Latin America and the Caribbean, *Xinhua*, 2016, http://www.china.org.cn/world/2016 - 11/24/content_ 39777989.htm.

而且，中国将大部分援助资金用于低收入发展中国家，主要是亚洲和非洲国家，以促进实现其千年发展目标。同一时期，中国向 121 个国家提供援助，其中亚洲 30 个，非洲 51 个，大洋洲 9 个，拉丁美洲和加勒比海 19 个，欧洲 12 个（新华社）。①

张、顾、陈和孙（Zhang，Gu，Chen 和 Sun）同时援引了 2014 年白皮书披露的信息，其中强调，中国通过中非合作论坛（FOCAC）和东盟（ASEAN）等区域性体制结构进行合作。② 就拉丁美洲而言，中国已经将拉丁美洲和加勒比国家共同体（拉加共同体）作为地区的参照物。在 2015 年年初的中国—拉美和加勒比地区委员会会议上，中国提出其目标是"建立一个与拉丁美洲和加勒比国家共同命运的社区和南南合作的新典范"（伊斯兰会议组织，OIC）。③

这两份白皮书都指出了主要的优先领域，囊括了农业、工业、经济基础设施、公共设施、教育、医疗保健和气候变化问题。这些提供的数据是指已经完成的项目数量，而不是已支付的资金数额，这些数字很少按国家或地区细分。

中国援助严格分离政治和经济问题。从官方的角度来看，中国提供对外援助时，坚持不强加任何政治条件（中立），不干涉受惠国内政（不干涉），充分尊重其自主选择自己的路径和发展模式的权利。

2017 年国际援助数据发布了关于国外财务资源使用的官方信

---

① Xinhua, China concede 14.410 millones de dólares para ayuda al extranjero entre 2010 y 2012, *Xinhua Español*, 2014, http：//spanish.xinhuanet.com/china/2014-07/10/c_133474508.htm.

② Sun, Y., Africa in China's New Foreign Aid White Paper, *Brookings*, 2014, http：//www.brookings.edu/blogs/africa-in-focus/posts/2014/07/16-africa-china-foreign-aid-sun.

③ 有关每个拉丁美洲国家参与援助与合作的更多细节，请参阅：斯托林斯（2017）。

息详细报告，题为"中国的全球发展足迹——中国经济在全球范围内最清晰的呈现"①。根据这个数据库，下表列出了接受中国援助的主要国家。②

表9-2　　2000—2014年排名前十的中国发展援助接受国

| 国家 | 以十亿美元计 |
| --- | --- |
| 古巴 | 6.7 |
| 科特迪瓦 | 4.0 |
| 埃塞俄比亚 | 3.7 |
| 津巴布韦 | 3.6 |
| 喀麦隆 | 3.4 |
| 尼日利亚 | 3.1 |
| 坦桑尼亚 | 3.0 |
| 柬埔寨 | 3.0 |
| 斯里兰卡 | 2.8 |
| 加纳 | 2.5 |

资料来源：http://aiddata.org/china。

## （三）从一个更广泛的角度来看待中国的国际合作

这一小节中的合作是指更多地关注公共产品的国际合作，而不是减轻贫困及其后果的项目，之前在论述外部援助中也提到过。这种类型合作的典型案例是欧盟与中国签署的双边"协议地

---

① AidData, AIDDATA: By the Numbers: China's Global Development Footprint, The Clearest Look Yet at Chinese Official Finance Worldwide, 2017, http://aiddata.org/china.

② 查看中国全球官方金融数据库，该数据库涵盖了2000年至2014年在世界5个地区已知的中国融资项目，它包括政府机构的优惠和非优惠资金，http://aiddata.org/data/chinese-global-official-finance-dataset。

平线 2020"（Horizon 2020），其中包括了"24 个新议题，超过 1 亿欧元的总预算将用于促进研究与创新合作。""新的一篮子举措将针对食品、农业和生物技术、环境和可持续城市化、地面运输、集约航空以及环境生物技术和人类健康等领域"。[①]

中国的国际合作与绝大多数国家特别是发达国家一样，是国家外交政策的重要组成部分，是对国家利益的根本反映。对中国而言，扩大对外直接投资和国际贸易战略也与其内部发展和人口生活水平提高息息相关。

对中国国际合作的其他解读角度各异，小至地缘政治角度，大到以古典经济学和马克思主义本身的一般平衡为中心。也就是说，资本和技术过剩的国家需要利用国际市场来避免过度消耗现有的资源。

正如阿旺达诺、梅谷佐、麦尼尔（Avandano、Melguizo and Miner）所述：中国企业也在争取向海外扩充市场，中国许多大型公司过度依赖国内的市场收入。此外，尽管中国经济取得了令人瞩目的成就并实现了前所未有的减贫成果（自 1980 年以来，已有近 7 亿人摆脱了贫困），但经济不平衡现象在加剧。与此同时，虽然中国经济的增长长期以来一直受投资驱动，但在高储蓄率的影响下，这一增长模式存在明显的金融风险，以及重工业和房地产产能过剩的问题。

根据巴克利（Buckley）等人的观点，适用于中国的一般外商直接投资理论指出，出口资本的三大主要动机是："寻求国外市场，寻求效率的提高（降低成本）和寻求资源（包括一个名为战略资产寻求的子集）。"在更具体地分析中国 FDI 的情况后，笔者做出了更精确的概括：（1）资本市场不完善；（2）中国跨国公

---

[①] European Commission, China, Policy, News, Events and Bi-lateral Science and Technology Agreements with China, Europe Union, Brussels, 2017, http://ec.europa.eu/research/iscp/index.cfm?pg=china.

司的所有权优势；(3) 影响中国对外直接投资（ODI）的制度因素。①

值得一提的是，与依赖理论（Independent Theory）相关的另一个辩证视角从20世纪50年代中期也广泛发展起来，这一理论是由几位改革派和马克思主义者提出的。将中国的实际情况和依赖理论相结合可以看出，正如这几十年来发达国家一样，中国也开始进口原材料和出口加工制造品了。

### (四)"一带一路"倡议

在广泛的国际合作背景下，中国提出了"一带一路"倡议，这一倡议响应了习近平主席增强中国在全球的影响力的号召。为此，它特别强调要尽可能利用各种方式加强与外界的合作。因此，中国政府致力于消除地区间贸易壁垒，创建全新的金融机构，并增强了在国际货币基金组织和世界银行等传统国际组织的影响力。

艾乐克（Elek）认为，"一带一路"倡议是深化经济一体化的重要平台。中国政府表示，"一带一路"合作机制对全球任何地区都是开放的。目前它涵盖了已经与中国签署协议的68个国家和国际组织。许多路线已经规划完成，从中国出发，经过中亚，到达非洲和欧洲各国。②

艾乐克、张、张峰和昌达（Elek, Zhang, Zhang Feng and Changda）研究发现，尽管之前的媒体宣传把聚焦点更多放在港口、铁路和高速公路等重大基础设施建设以及中国当局提供的财政资源上，但其实BRI的总体建议涵盖了五个全新的机会领域：

---

① Buckley, P. J., Clegg, J., Cross, A. R., Liu, X., Voss, H. and Zheng, P., The Determinants of Chinese Outward Foreign Direct Investment, *Journal of International Business Studies*, 2007, 38 (4): 499–518.

② Elek, A., China Takes the Lead on Economic Integration, *East Asia Forum*, 2015, http://www.eastasiaforum.org/2015/07/07/china-takes-the-lead-on-economic-integration/.

政策协调、设施连通性、畅通的贸易、金融一体化和人民币债券（香港贸发局，HKTDC）。① 上述五个方面对中国来说意义深远，不仅因为它的地理覆盖面，更是出于它强调经济合作以及政治和国家安全方面的考虑。

艾乐克（Elek）又指出，这种国际合作机制似乎有着明确的以中国为中心的观点。从这个角度来看，重组连接中国与世界其他地区的供应链势在必行，以便将劳动密集型产品转移到其他在中国以外的国家。中国政府表示愿意在基础设施建设方面投入大量资金，提供必要的人力资源，并推进必要的制度变革。能力建设合作对于实现积极和谐的大国关系至关重要，它的时效性强，不需要受冗长的国际条约桎梏。

为了使 BRI 在全球范围内发挥作用，中国政府正致力于从双边、地区和多边层面上利用所有可行的合作机制。②

21 世纪丝绸之路的融资选择包括了已经宣发的 400 亿美元丝绸之路基金、中国—东盟银行间同业公会、上海合作组织银行间同业公会、中国—欧亚经济合作基金，以及最重要的亚投行——在初始的 57 个成员中募集了 100 亿美元的初始资本。

世界银行和亚洲开发银行等其他多边开发银行不仅宣布愿意支持亚投行取得成功，还表示有意寻求加速其自身基础设施发展融资的途径。

---

① HKTDC Research, The Belt and Road Initiative, 2016, https://beltandroad.hktdc.com/sites/default/files/imported/beltandroadbasics/hktdc_1X0K715S_en.pdf.

② CNDR Perspectivas y acciones para promover la construcción conjunta de la Franja Económica a lo largo de la Ruta de la Seda y de la Ruta de la Seda Marítima del Siglo XXI, 2015, http://www.fmprc.gov.cn/esp/zxxx/t1252441.shtml.

格里菲斯、普尔勒兹、黄（Griffiths, Perlez and Huang）[①] 归纳总结得到：到 2016 年中期，中国政府提出的项目如下：

——新欧亚大陆桥经济走廊。

——中蒙俄经济走廊。

——中国—中亚—西亚经济走廊。

——中印半岛经济走廊。

——中巴经济走廊。

——孟加拉国—中国—印度—缅甸经济走廊[②]。

中国国家主席习近平在一带一路论坛开幕式上发表讲话（中国北京，2017 年 5 月 15 日），宣布为"一带一路"倡议额外支付 1240 亿美元的资金，其中包括贷款、赠款和提供给发展中国家的 87 亿美元的援助。此外，还有大约 1 万亿美元已经投资于"一带一路"，而未来十年预计将投入数万亿美元。

### （五）"一带一路"国际合作高峰论坛

第一届"一带一路"国际合作高峰论坛（BARF）于 2017 年 5 月中旬在北京举行。28 位国家元首，100 多位下属政府官员，数十个主要国际组织和来自各国的 1200 位代表出席了会

---

[①] Griffiths, J., China's new world order: Xi, Putin and others meet for Belt and Road Forum, *CNN*, 2017, http://edition.cnn.com/2017/05/13/asia/china-belt-and-road-forum-xi-putin-erdogan/. Perlez, J. and Huang, Y., Behind China's $1 Trillion Plan to Shake Up the Economic Order, *The New York Times*, 2017, https://www.nytimes.com/2017/05/13/business/china-railway-one-belt-one-road-1-trillion-plan.html?hp&action=click&pgtype=Homepage&click Source=story-heading&module=photo-spot-region&region=top-news&WT.nav=top-news&_r=0.

[②] 有关这些项目的更多详细信息，请参阅：香港贸发局研究，"一带一路"倡议，2016，https://beltandroad.hktdc.com/sites/default/files/imported/beltandroadbasics/hktdc_1X0K715S_en.pdf。

议。在这次首脑会议上，国际合作是参会者对话和讨论的中心概念。仅在领导人圆桌会议的联合公报中，这个想法便已经44次被提到它的各种含义，比如：

——发展与合作。
——多边、双边、南北、南南和三角合作。
——连通性合作。
——经济、工业和金融合作。
——加深、促进、加强合作。

## 三　中国与拉丁美洲的合作

考虑到中国对拉丁美洲的援助非常少（仅为8.4%），所以称之为合作可能更为恰当，在这方面中国的经验和见解也更为广泛。因此，从本文的角度来看，中国与拉美的合作（包括援助）满足了以下标准：(1) 经济方面，要求严格的原材料进口和其工业化产品的出口；(2) 政治方面，参与全球地缘政治。占据美国、欧洲等发达国家忽视的战略空间，并和未与中国内地建立官方外交关系的中美洲国家进行建立合作。

马萨其奥（Mussacchio）提出，对于中国与拉美和加勒比地区来说，合作是扩大贸易的一种方式。应该看到，近年来双边的贸易已经近乎停滞，2000年的商业总额为125亿美元，2012年的数字超过2.6亿美元，即在12年内增长了20倍以上。从2012年到现在，由于中国与拉美的贸易增长放缓，特别是由于中国进口减少，这一数字略有下降。但尽管中国在拉美贸易量大幅增长，但这一贸易量在2012年仅占中国贸易总额的6.7%。贸易往来往往不对称，而且交易的构成模式往往是固定了的：中国对黑色钢铁、铜、石油和大豆等自然资源有着巨大需求，然后在制造商驱动下进入拉美市场。①

而威尔森（Wilson）则补充说明了文化也是中国与拉美国家合作不可或缺的一部分。从这个意义上说，中国对拉美的外交政策（与世界其他国家一样）考虑了知识和智慧的力量，这种力量被定义为"一个实干者将硬实力和软实力的要素相互有效和高效结合的能力"。②

中国与拉美国家和加勒比地区的合作表现在经济、贸易、政治、科技发展、教育等方面的各种变迁。国际合作无疑是使《中国对拉美和加勒比政策文件》具有战略意义的基本议题之一。③这份文件分析了广泛的合作领域和理念，确立了北京与拉丁美洲和加勒比地区（ALC）合作的观点。这份官方文件中提道：

> 2014年以来，中拉关系进入了全面合作的新阶段，这是由于中拉论坛为双方合作提供了新的平台，为中国与拉美国家制定了同步互补发展的路线，将和加勒比国家合作计划（2015—2019）一起共同推进贸易、投资和金融合作。因此，双方以贸易、投资和金融合作为动力，把能源资源、基础设施建设、农业、制造业、科技创新和信息技术作为拉美合作重点，实现企业、社会和政府之间的健康互动，扩大资金、

---

① Mussacchio, M., México ante el ascenso de China en el plano internacional, In A. Girón, A, Vargas and Pulido, G. (Eds.), *China y México. Un diálogo cultural dese la Humanidades y la Ciencias Sociales*, 2015, pp. 285 - 296, México, D. F.: Universidad Nacional Autónoma de México.

② Wilson, E. J., Hard Power, Soft Power, Smart Power, *The ANNALS of the American Academy of Political and Social Science*, 2008, 616 (1): 110 - 124.

③ Xinhua, Full Text of China's Policy Paper on Latin America and the Caribbean, *Xinhua*, 2016, http://www.china.org.cn/world/2016 - 11/24/content_ 39777989. htm.

信贷、保险三大融资渠道，加快推进国际合作的质量改善和提升，促进公平正义合作。

该文件还详细介绍了中国与拉丁美洲和加勒比地区之间可能开展的所有类型的合作（包括概念和政治战略区域）。该文件囊括了许多具有远大蓝图的理念，可作为任何双边、区域和多边会议的框架。

特别是，这份文件强调了以下合作概念：在地方政府、贸易终端服务、电子商务、工业投资、金融（包括货币和国家、区域和国际金融机构）、能源和资源、基础设施、农业、科学和技术等领域的共赢概念；在南南、集体、技术创新、民航、民用核能、航天、海事、海关、社会治理、社会发展、环境保护、扶贫、缩小贫富差距、工业投资、疾病控制、文化、体育、大众传播旅游、领事、国际政治事务、2030年可持续发展议程、网络安全、军事交流等方面与区域外有关国家和国际组织的三方合作概念。

在全球经济治理方面，该文件加强了20国集团、亚太经合组织、国际货币基金组织、世界银行、国际清算银行、金融稳定委员会和巴塞尔银行监督委员会等国际经济和金融组织和机制的协调与合作，推进以世贸组织为核心的多边贸易谈判进程，推动建立平衡、共赢、包容的多边贸易体系，促进亚太地区经济一体化进程。

### （一）"一带一路"倡议和拉丁美洲

面对"一带一路"倡议，对于本章中没有具体提及的地区，拉美国家可能有哪些选择？对于这个问题，我们应该看到，BRI（"一带一路"倡议）不是一个死板僵硬的计划，而是一个开放和灵活的举措（正如前文提到的那样），任何地区或国家的项目都能够借助中国金融机构的资源。例如，中国媒体称，"一带一路"倡议涵盖了南美的铁路建设。

最近，亚洲基础设施投资银行宣布批准智利和玻利维亚成为成员，在纳入巴林、塞浦路斯、希腊、罗马尼亚和萨摩亚等国后，亚投行的成员已达77国。除了巴西（金砖国家的创始成员之一）是"一带一路"倡议的合作伙伴之外，阿根廷、委内瑞拉和墨西哥也受邀加入了该倡议。

### （二）"一带一路"倡议和拉丁美洲中等收入陷阱

对于拉丁美洲国家来说，在执行重要基础设施工程建设（铁路、高速公路、水坝、能源生产中心）以及利用数字和卫星通信技术开发自然资源方面来说，"一带一路"倡议是一个不错的选择，这些领域完全可以利用中国的国际合作（不仅仅是外部援助）。从这个意义上说，"一带一路"倡议是拉美国家摆脱中等收入陷阱的另一个工具。但是，实现这一目标的一个基本要求就是要使中国、美国、欧洲和国际组织等有效利用现有资源。

国际合作的机制是多种多样的，包括贸易和外国直接投资。这些国家也需要遵守战后资本主义形成的国际贸易和金融制度，但是也要使得合作机制适配国家实际发展水平，就像之前的"亚洲虎"一样（韩国、南亚、中国香港、新加坡和中国台湾）摆脱中等收入陷阱，这正是中国目前的做法。摆脱这个陷阱的方法看似"简单"，但付诸实践则十分困难。[①]

包括经济学家在内的多位专家早已认识到中等收入陷阱问题的重要性。多纳尔、施耐德和罗斯（Donner，Schneider 和 Ross）认为，陷入中等收入陷阱的国家面临两大制度和政治挑战。"首

---

① 自从习近平主席在中国第十九次中国共产党代表大会（2017年10月）中提出建立实现"全面小康社会"的方针以来，一直非常关注避免中等收入陷阱的方法。

先，提高生产力所需的政策支持（如人力资本和创新）需要对相关机构的承载力和能力进行巨大投资。其次，这些制度性挑战更多在于建立这些机构的政治能力薄弱，而导致这一问题的主要原因是潜在的合作联盟的分散，特别是社会分裂，尤其体现在资本和劳工的关系上，更普遍的是不平等的政治停滞。"①

目前达成的普遍共识是，突破中等收入陷阱的唯一方法是"集约投资，更多地投资于教育，改善基础设施，并促进创新和研发指数（R&D）"。然而，泰勒（Taylor）却一针见血地指出，与经济问题相比，政治问题受到的关注却太少："尽管社会对政治支持机关的需求不足，但中等收入国家必须建立这样强有力的机关单位。"②

古里亚（Gurria）将经合组织的观点总结如下："初步研究表明，为了克服中等收入陷阱，拉丁美洲必须优先采取政策行动，以改善法治、税收制度，提高教育质量，拓宽投资、融资渠道和促进经济多样化以及减少性别差距。"③

换言之，影响逃离中等收入陷阱的主要因素是一次能够为现代化萌发、起飞和发展创造条件的政治统治阶级提出的制度变迁。几十年来，拉丁美洲国家一直在民粹主义和自由主义之间（采用经济开放措施和占领"自由"）摇摆不定。对这两种主义而言，教育、科学技术和基础设施建设等方面更大的投资仍然是必需的客观条件，最重要的是如何更有效地利用所投入的资源，

---

① Donner, F. R. and Schneider, B. R., The Middle-Income Trap: More Politics than Economics, *World Politics*, 2016, 68 (4): 608 – 644.

② Taylor, M., The Latin America's Middle Income Trap, 2017, https://www.cfr.org/blog/politics-latin-americas-middle-income-trap.

③ Gurria, A., The Middle Income Trap in Latin America: Ongoing OECD-World Economic Forum Partnership, 2017, http://www.oecd.org/development/middle-income-trap-in-latin-america-ongoing-oecd-wef-partnership.htm.

这还是一个悬而未决的问题。

随着大宗商品价格的上涨，南美洲经济的发展，主要由中国推动，但原材料产地和制造品市场的发展加剧了该地区主要国家的中等收入陷阱。但是，这当然不是中国的问题，中国与拉丁美洲的经贸合作发展十分顺利。

## 四　结论

中国的国家认同和外交政策与其国际合作政策的设计和实施有着非常密切的关系。中国领导人已经重新定义了国际发展援助的方式，这意味着中国不会循规蹈矩地遵循经合组织等国际组织的标准，而是用各种方式实现这些组织所致力于达成的中心目标。因此，中国已经形成了自己的体制结构，可以通过这种结构直接分配其财力和技术资源。

考虑到中国自身的经济需求和国际政策战略，中国将大部分可用资源用于援助亚洲、非洲和拉丁美洲的最不发达国家，南南合作便是一个证明这一战略合理性的核心概念。中国并没有被视为发达国家，但是在国际社会看来，中国着实是一个大国。

正如本章所论述的，中国的国际合作远不止外援。实际上，中国企业在财务资源、政府管理和海外业绩等方面的重点更多地放在外商直接投资和国际贸易上。

而中国的外商直接投资背景与全球其他区域大国直接投资的背景基本相同。中国出口资本和技术，确保基本原材料的供应，以保持国家的经济增长，并增强中国的国际影响力。此外，中国的金融衍生工具填补了其他国家传统资本和技术出口商尚未填补的空白。

通过国际贸易得以实现的中国合作模式，得益于全球经济和贸易自由化。国际合作战略不仅要降低交易成本，而且要促进与世界各地区和国家的区域和双边优惠和自由贸易发展。分析这一政策经济和地缘政治影响的许多类型的研究和智库数据都支撑着这一观点。

在中国的经济外交政策中，拉美国家已经成为至关重要的合作伙伴，对其直接投资和贸易甚至超过援助。从这个意义上讲，拉美国家对中国的地缘政治至关重要，对于中国的地缘经济更是如此。拉美地区也是中国原材料的主要来源地和产品的大型消费市场，因此，对外直接投资是朝这个地区输入的，拉美国家的外贸结构也证实了这一说法。

"一带一路"倡议（BRI）是中国重要的对外合作倡议。通过这一规划，中国在不断通过地缘政治影响着世界的金融秩序和体系。从这个角度看，中国政府促进了区域间自由贸易，创造了全新的金融机构。

而中国通过"一带一路"倡议所提供的最有深远意义的国际援助，是在发展基础设施建设的领域，包括建设铁路、港口和高速公路和融资。

中国努力促进国际合作的背后，是其扩大对外直接投资和国际贸易的利益所趋。因此，将中国视为连通性发展的全球中心具有很好的地缘经济和政治的战略意义。对中国而言，扩大原材料来源、扩大技术产品和服务出口的市场至关重要。

中国为消除一切形式的贫困问题提供援助，但这并非根本的解决方案。同时中国领导人认为，各国的发展必须以各国的自身政策为基础，这来源于中国自己的经验：贫困是中国自主解决的内生问题。

罗伯托·埃尔南德斯（Roberto Hernández Hernández）

# 第十章 中国给予拉美的发展资金：摆脱中等收入陷阱的地缘政治途径与新契机

马歇尔计划是与国际发展筹资最为相关的先行者，它是第二次世界大战后由美国支持的欧洲重建和经济复苏援助计划。[1] 这个庞大的财政援助计划将援助分配给了16个欧洲国家。1948年至1951年间，美国政府将130亿美元转移给了欧洲遭受重创的经济体。[2] 自那时起，这种融资便被认为是实现发展的关键因素。从这个层面来看，摆脱中等收入陷阱的一个办法是为各国发展所必要的行动筹集足够的资金。

各国以及国际组织预见到了发展筹资的不同形式。[3] 每个国

---

[1] Prado, J., El Consenso de Monterrey: ¿Una alternativa al esquema tradicional de financiación al desarrollo? *Relaciones Internacionales*, 2002, 88: 69 - 83.

[2] Echeingreen, B. and Uzan, M., The Marshall Plan: Economic Effects and Implications for Eastern Europe and the Former USSR, *Economic Policy*, 1992, 7 (14): 13 - 75.

[3] 外部融资的来源分为私人的和官方的。官方的外部融资是来自第三国（官方双边资金流）或者多边机构的资金流。这些外部融资的来源十分广泛，包括多边开发银行，国际货币基金组织等组织或联合国系统内的机构等多边非金融机构等。这些官方资金流可以是优惠性的也可以是非优惠性的。在第一种情况下，与在市场条件下相比，授予的资金援助对于受援国来说是十分有利的，尽管非优惠性资金流的授予条件与市场条件十分的相似。

家和机构根据他们对这些资金运作的优先程度以及典型模式的设想，确定了资金的优先顺序和运作模式。在经营贷款机制的背后，从何种视角看待发展的范式更为重要。在这一方面，发展援助委员会（发援会）①一直是了解发展筹资的一种主要方式。另一方面，官方发展援助（ODA）是官方提供的优惠资金流。这种援助是流向发展中国家的资金流，而这些发展中国家在经济合作与发展组织（经合组织）的发展援助委员会（发援会）和多边发展机构受援国名单上。在考虑发展贷款筹资时，有三个条件是必不可少的。首先，主要目标是促进发展中国家的发展和提高发展中国家的经济福祉；其次，这是一项优惠性贷款；最后，这其中捐赠要素的比例至少要达到25%。

然而，在国际发展合作组织（IDC）的机制中，其他非发展援助委员会成员国援助者提高了他们关于资助项目类型以及资助需满足条件与特点的特定条件。也许在新的千禧年之际出现的金砖国家对于国际数据中心的制度有着最为显著的影响。那些援助者的存在对于传统的援助者来说是一种挑战，不仅涉及资金流，更与发展的概念化以及他们为了实现发展所采用的机制有关。②

从这一方面来看，非传统援助者的出现撼动了国际数据中心的机制。新的援助者提出了他们对于理解发展筹资以及实现发展

---

① 发展援助委员会是一个国际性的论坛，有三十个成员国，这些成员国是最主要的资金援助的提供者。此外，世界银行、国际货币基金组织以及联合国开发计划署也作为观察员参加这一论坛。发展委员会使命是促进发展与合作，以促进发展中国家的可持续发展为目标，包括促进经济增长、缓解贫困状况以及提高生活水平。Development Assistance Committee, *Development Assistance Committee DAC*, 2018, http://www.oecd.org/development/developmentassistancecommitteedac.htm.

② Lemus, D. and Santa Cruz, A., La política de la cooperación internacional para el desarrollo: los países argamasa y el caso de México como proceso de localización normativa invertida, *Relaciones Internacionales*, 2015, (48): 59–85.

## 第十章　中国给予拉美的发展资金：摆脱中等收入陷阱的地缘政治途径与新契机

筹资的要求。这些新的援助者将不同的国家抽象化地等同理解为沙特阿拉伯、俄罗斯、巴西、中国、韩国、委内瑞拉、科威特以及印度，而这些援助者对于发展筹资的做法也各不相同。同样地，这些援助者在融资模式、融资规模、融资兴趣以及融资项目方面也存在着差异。然而，这些国家，尤其是那些金砖国家集团中的国家，都希望根据南南合作（SSC）的原则为新的发展筹资计划制订新的计划。[①]

具体来说，金砖国家在国际发展合作组织相关问题上不断施加干预，而这证明了国际发展合作组织的逐渐转变并不是巧合。金砖国家集团对于形成新的融资方式的希望的迫切程度，是与他们在过去几十年中完成的巨大的经济增长成正比的。这一事实使得合作领域的"游戏规则"发生了无声无息的变化。

中国便是一个绝佳的例证。根据科约勒斯达尔和威尔·斯特兰德的说法，四个基本的原因使得这个合作模式有着显著的不同且极具挑战性。[②] 首先，关于援助国与受援国之间的关系，事实上这种联系基于在国际体系中各国关系平等的假设，是一种横向联系。其次，融资发展对于援助国以及受援国都有着很大的益处，因此可以说是双赢的。再次，融资援助不能是有条件的，因此这样国际性的援助并不意味着限制或放弃主权。最后，当一个单一的行为者，比如说一个国家，要合作建造道路或是桥梁，发展融资会更为有效。换句话说，当不是多边关系时，发展融资会有更佳的运作。

---

① Bracho, G., La identidad de los países de renta media y de México desde la perspectiva de la OCDE, En C. Ayala and J. A. Pérez (Eds.), *México y los países de renta media en la cooperación para el desarrollo: ¿hacia dónde vamos?*, 2009, pp. 287–315, México, D. F: Instituto Mora.

② Kjøllesdal, K. and Welle-Strand, A Foreign Aid Strategies: China Taking Over?, *Asian Social Science*, 2010, 6 (10): 3–13.

本章旨在探讨拉丁美洲与加勒比国家新型融资发展提供者的作用。具体来说，我们分析了中国模式是如何在拉美运作的，同时也分析了这样的模型是否有助于摆脱中等收入陷阱。在第一部分，我们讨论了不同的融资援助模型以及中国采取的姿态。在那之后，我们分析了中国为了支持经济发展而融资的机构背景。为了分析这一点，我们讨论了2006年至2016年间的融资援助的特点与规模。最后，我们总结了西方模式以及新型模式意味着发展中风险与机遇并存。

## 一　中国在融资援助概念化中的地位

在新兴经济体国家出现经济危机的情况下，官方发展援助资金流也有着显著的减少，国际社会认识到有必要寻求新的公共与私人发展资金源。联合国大会因此批准了"发展计划"（1997年6月20日）。这份文件明确了"正如本次议程中所反映的，要加强国际合作促进发展，需要国际社会做出强有力的政治承诺。从各方面调动国内和国际财政资源促进发展是全面和有效执行本次议程的一个重要组成部分。在这一层面，应当加大力度为发展中国家的发展动员提供新的、额外的财政资源"。[1]

出于这样的考虑，联合国建立了一个工作组以核查国际发展合作组织管理制度的参与者的想法。该小组的目的是就制定高级别的国际政府间方案提出一些建议，而这些方案是关于发展筹资问题的。因此，这个小组建议举行一个最高级别的会议来商讨这一问题。而该提案与发展计划相一致。它表明了有必要就发展投资问题建立政府间对话。

---

[1] United Nations, Resolution Adopted by the General Assembly, 1997, http://www.un.org/documents/ga/res/51/ares51-240.htm.

第十章　中国给予拉美的发展资金：摆脱中等收入陷阱的地缘政治途径与新契机

在这一提案的推动下，联合国主持召开了三次国际会议，并且召开了一次特别会议。这一次特别会议是为了应对2008年的全球经济危机而召开的。这些会议于2002年在蒙特雷市、2008年在多哈市、2009年在纽约市、2015年在亚的斯亚贝巴举办召开。

在这些会议中，中国加入了77国集团且与他们统一了立场。如今，这个组织被命名为G77+中国。虽然G77+中国集团与发展融资方面达成的许多协议有着不同意见，但其立场并未使得亚的斯亚贝巴行动议程发生大的改变。在这方面，会议主席乌干达萨姆库泰萨[①]宣布："显而易见的是，这种性质会议的结果不可能完全反映所有国家的利益诉求，但作为所有人的共识，这样的结果值得肯定。"中国在审议中采纳了南南合作模式的立场。[②]

如果说国际发展合作组织是外交政策的工具，那么我们可以认为新的援助国的融资是加强他们地区与国际影响力的一种方式。南方的主要贡献者大多是区域的大国：中国、印度和巴西。因此，这些援助国希望国际社会能够在全球事务中将其视作该区域的代表。从这种意义上来说，融资发展是一种策略，可以使他们赢得战略伙伴并获得其支持以重新定义一个新的国际形势。

然而，非传统的援助者已经为其合作伙伴提供了一系列新的发展融资选择。从绝对意义上讲，援助国提供的援助仍然很微薄，因为它们只占官方发展援助总额的8%。然而，这些非传统援助者的行为与话语有着巨大的象征性意义。另外，对于居住在

---

[①] Kutesa, S., *Statement at the Closing Plenary of the Third International Conference on Financing for Development*, July 16, 2015, http://www.un.org/pga/160715_statement-at-closing-plenary-of-the-third-international-conference-on-financing-for-development/.

[②] Bracho, G., *In search of a narrative for Southern providers*, The Challenge of the Emerging Economies to the Development Cooperation Agenda, Discussion Paper, Bonn: Deutsches Institut für Entwicklungspolitik, 2015.

获得融资援助的国家的人们来说，新的援助者给他们的生活带来的变化是十分显而易见的，因为在大多数情况下，这些基金会都将重点放在物质性的工作上。因此，这些贷款是一种展现具体的发展理念的方式，它们大多用以建设基础设施、体育场馆以及医院（这样的应用在这种贷款中十分常见）。

大量的资源涌入促进非传统援助者的发展领域，这使得人们对其产生了关注并进一步产生怀疑。对于发展援助委员会的一些成员来说，对于非传统援助者利用国际论坛上的合作的讨论，是他们为了逃避作为新兴援助者对责任的意识形态的逃避。相比之下，一些非传统援助者认为发展援助委员会的国家并没有认真对待南南合作的模式。[1]

另外，中国是金砖国家集团的一个部分，而这个集团也是所谓的新兴援助者的一个部分。然而，组成了金砖集团的国家并不一定会遵循传统援助者的模式。考虑到金砖国家集团与发展援助委员会的兼容性，值得注意的是，政治目的的顺位之间存在着本质的区别。金砖国家集团为了发展而形成的合作并不符合西方援助或者是经济合作组织的标准。在这场辩论中，"中国在这一议程中显然扮演着十分重要的角色。在某种程度上，可以认为：事实上，中国是唯一的真正的新兴援助国；其他的都依赖于中国的份额，并且如果没有中国，我们根本不会有这个议程"。[2] 中国并没有使用发展援助委员会的官方定义，因此在将发展援助的概

---

[1] Bracho, G., La identidad de los países de renta media y de México desde la perspectiva de la OCDE, En C. Ayala and J. A. Pérez ( Eds. ), *México y los países de renta media en la cooperación para el desarrollo: ¿hacia dónde vamos?*, 2009, pp. 287 – 315, México, D. F: Instituto Mora.

[2] Bracho, G., *In Search of a Narrative for Southern Providers*, The Challenge of the Emerging Economies to the Development Cooperation Agenda, Discussion Paper, Bonn: Deutsches Institut für Entwicklungspolitik, 2015, p. 12.

# 第十章　中国给予拉美的发展资金：摆脱中等收入陷阱的地缘政治途径与新契机

念化的进程中遇到了困难。中国与他国的合作涉及很广，包括卫生、教育以及农业领域的非优惠贷款、出口信贷、人道主义援助、基础设施建设项目、经济投资以及技术援助，而这与其他援助者实施的非发展援助委员会类项目是类似的，比如说巴西和印度。

米瓦斯和杨（Mwase 和 Yang）提出了"金砖国家援助哲学"的概念。① 他们声称，金砖国家的援助哲学与传统援助国的援助哲学有三个主要的不同点。首先，金砖国家的承诺是建立在互惠互利的基础上的。其次，无论是明确的还是正式的政治条件，它们都不希望在其约束下提供非货币性融资。然而，一些金砖国家集团成员国的战略是设计一些援助，使得它们可以促进并补充外国的直接投资。最后，金砖国家集团更倾向于关注个别项目微观层面上的可持续性，而传统的援助国更关心长期可持续性。②

在新德里举行的第四届金砖国家高峰会议上（2012 年），巴西、俄罗斯、印度、中国以及南非的领导人商讨为一些新兴经济体比如其他的金砖国家以及发展中国家建立一个新的发展银行，为其提供基础设施建设以及可持续发展所需筹集的资金。在福塔莱萨举行的第六届金砖国家峰会期间（2014 年），金砖国家集团的领导人签署了建立新发展银行（NDB）的协议。通过这样的方式，金砖国家集团的成员国从作为一个组织从抽象的话语转为实际的融资行动，在国际发展合作组织中开创了新局面。

---

① Mwase, N. and Yang, Y. , *BRICs' Philosophies for Development Financing and Their Implications for LICs*, Washington：International Monetary Fund, 2012.

② Ibid. .

## 二　中国在发展筹资中扮演的角色

1978年，中国人民银行（PBC）担任中国的中央银行与唯一商业银行。1980年开始，在改革开放的过程中，其他的国家银行渐渐出现，比如说中国银行、中国农业银行、中国建设银行以及中国工商银行。从那时起，中国人民银行摒弃了商业业务，并将业务范围限制在中央银行的职能范围内。到20世纪90年代，许多新的银行建立，这些新的金融机构能够使它们的一部分资金掌握在私人手中。通过这种方式，中国的金融体系得到了扩展，城市、农村和区域内的新实体都被包含进体系中。[1]

目前，中国的三个中央机构参与援助了本国的发展：商务部、中国进出口银行和外交部。它们也认识到，它们并不是中国的金融体系中参与发展援助活动的唯一的参与者，但却是最重要的。商务部带头制定了中国的官方援助政策，而中国进出口银行和国家开发银行（BDC）为购买产品与服务提供优惠贷款与出口信贷。另外，中国的财政部把援助资金分配给了多边组织并且管理着债务的取

---

[1] 国家开发银行（CDB）和中国进出口银行是大部分国际贷款的提供者。1994年，中国政府创建了国家开放银行与进出口银行作为政策性银行，亦即政府的工具。这些银行发放的贷款必须明确地用来支持政府的政治目标。1994年之前，中国的四大银行——中国银行、中国建设银行、中国农业银行和中国工商银行——都在发放此类贷款。中国政府为了使得四大银行像商业银行一样运作，建立了新的银行。通过这种方式，政府想要通过分离政治贷款与商业贷款来降低银行的道德风险。独立的政治银行的建立使得商业银行担负起对于合理的市场贷款的责任（Gallagher，Irwin 和 Koleski，2013）。Coalición Regional，*Papel de los Bancos Nacionales de Desarrollo en la estructura del financiamiento regional en América Latina*，Bogotá：Coalición Regional por la Transparencia y la Participación，2016.

## 第十章 中国给予拉美的发展资金：摆脱中等收入陷阱的地缘政治途径与新契机

消。此外，在没有中央协调的情况下，20多个部委、国家银行与其他机构参与了发展援助活动的管理。对于这些金融机构来说，增加两家由中国牵头的多边银行是十分有必要的，因此新开发银行与亚洲基础设施投资银行（AIIB）应运而生。①

中国进出口银行是一家具有独立的法人地位，由国家创办的国有政策性银行。这是一家直接由国务院管辖的银行，它致力于支持中国的对外贸易、投资活动以及国际经济合作。这家银行在拉丁美洲没有正式的代表，因为它只在巴黎设立了办事处，在约翰内斯堡设立了南非与东非的办事处，在拉巴特以及圣彼得堡设立了北非和西非的办事处。②

国家开发银行成立于1994年，是国务院直接管辖的政策性金融机构。它于2008年12月改为中国国家开发银行股份有限公司。国务院于2015年3月正式将国家开发银行定义为开放性金融机构。国家开发银行注册资本为4212.48亿元人民币。其股东包括中华人民共和国财政部（36.54%）、中央汇金投资有限公司（34.68%）、梧桐投资控股有限公司（27.19%）和全国社会保障基金理事会（1.59%）。国家开发银行提供中长期的融资服务，为中国主要的长期经济与社会发展战略提供服务。截至2016年年底，资产规模增长达到14.34万亿元，贷款余额为10.32万亿元。可持续性和风险管理也得到了进一步的加强，实现了净利润1096.67亿元，资产报酬率（ROA）为0.81%，净资产收益率（ROE）为9.82%，资本充足率为11.57%。专业信用评级机构，包括穆迪、惠誉、标准

---

① Mwase, N. and Yang, Y., *BRICs' Philosophies for Development Financing and Their Implications for LICs*, Washington: International Monetary Fund, 2012.

② The Export-Import Bank of China (n.d.), Brief Introduction, http://english.eximbank.gov.cn/tm/en-TCN/index_618.html.

普尔在内，对于国家开发银行的评级与中国的主权评级相同。国家开发银行目前在中国大陆有37家一级分行与3家二级分行，在香港设有一家分行，在开罗、莫斯科、里约热内卢、加拉加斯和伦敦有5家办事处，员工总人数大约是9000人。其子公司包括国家开发银行金融股份有限公司、国家开发银行证券股份有限公司、国家开发银行租赁股份有限公司和中非发展基金有限公司。此外，国家开发银行是全球最大的开发性金融机构，也是中国最大的外商投资和融资合作、长期贷款与债券发行银行（国家开发银行）。[1]

中国的开发银行网络可以被视为世界银行、国际货币基金组织和亚洲开发银行的在全球范围内的竞争对手。然而对于它们来说，中国开发银行不仅仅是竞争对手，更是与它们互相补充的。也就是说，在IEMG由于监管或政治的原因不提供贷款的领域，中国开发银行会提供贷款。[2] 尽管有了中国开发银行，官方援助却是通过中国进出口银行提供的。[3] 从地理位置上来说，21世纪初，中国的合作活动以非洲（占其外国援助的46%）和亚洲邻国（占33%）为中心。[4]

自2005年以来，中国的拉美发展的资金援助机制有所发展。2005年至2010年间，中国国有银行向该地区提供了750亿美元的借款，比世界银行、美洲开发银行和美国进出口银行

---

[1] China Development Bank (n.d.), About CDB, http://www.cdb.com.cn/English/gykh_512/khjj/.

[2] Vadell, J., La Red de Bancos de Desarrollo de China (RBDC) y sus implicaciones para América latina, *Voces en el Fénix*, 56, 2016, 30–38.

[3] Gallagher, K., Irwin, A. and Koleski, K., *¿Un mejor trato? Análisis comparativo de los préstamos chinos en América Latina*, México, D.F: Universidad Nacional Autónoma de México, 2013.

[4] Morazan, P., Knoke, I., Knoblauch, D., and Schäfe R. T., *The Role of Brics in the Developing World*, Brussels: European Parliament, 2012.

## 第十章　中国给予拉美的发展资金：摆脱中等收入陷阱的地缘政治途径与新契机

都要多。中国在能源资源丰富的非洲国家比如安哥拉、刚果民主共和国和苏丹等进行了基础设施和能源方面的巨额投资。这些项目通常由中国贷款提供资金，最终通过未来的石油等自然资源供应进行偿还。这种做法被称为"安哥拉模式"。21世纪初，中国代表与安哥拉领导人进行了接触以寻找解决方案，来缓解已知的能源短缺问题。基于对这个非洲国家的需求的了解，中国提供了数百万美元的融资来支持该国的重建，该国按照国际石油价格支付。① 中国将这种融资模式同样运用到其他的非洲国家。

大部分的贷款用于执行中国的公司在该地区的在建项目。换句话说，中国的银行将资金借给拉美和加勒比国家以实行中国企业的项目。② 中国的贷款符合"不干涉主义"，也就是说它们不需要受援国改变政府或经济政策来换取融资。通过这种方式，中国的银行可以给予一些特殊的国家融资，这些国家对于有着政治、金融和经济风险的国际信贷机构或试验条件有额外的限制条件。这种情况使得中国在全球范围内增加了议价能力。与此同时，中国也因此能够获得中长期的自然资源和能源资源。此外，这一无条件援助也是中国在非洲和拉丁美洲的重要软实力。③

---

① Olguín, P El compromiso de China con el desarrollo del tercer mundo: el caso Angola, *Revista Estudios de Asia y Àfrica*, 2011, 46（3）: 589 – 649.

② Coalición Regional, *Papel de los Bancos Nacionales de Desarrollo en la estructura del financiamiento regional en América Latina*, Bogotá: Coalición Regional por la Transparencia y la Participación, 2016.

③ 中国的国际金融援助是无条件的，并不像其他政府或国际组织一样要求对于良治或人权有着要求。但是，想要获得这些贷款，受援国要接受一个中国的政策。这一原则包括在国际上支持中国在台湾问题和西藏问题的立场。Amado, C., A China e a coopera São Sul-Sul, *Revista Relações Internacionais*, July 2010, （26）: 39 – 46.

自2012年以来，中国政府一直表现出大幅增进与拉美国家的合作关系的愿望。2012年6月，温家宝总理在访问时提出了建立中国与拉美合作机制。根据这一提议，中国政府提供了15亿美元的初始贷款。这一数额高于发展援助委员会允许的2010年向拉丁美洲和加勒比地区提供的援助总额。这一提案的规模表明，中国的合作可能会改变拉丁美洲和加勒比的发展援助规模，而这与非洲已经发生的情况类似。[1]

另外，中国一直不愿意参与类似于三角合作的合作模式。[2]但是，中国在关于拉丁美洲和加勒比的政策文件中提到，只要项目是由拉美和加勒比国家提供、使用和赞助的，中国就愿意与拉美地区的国家和国际组织进行三方合作。[3]

尽管如此，中国在拉丁美洲的合作活动依然在逐步推进。2014年1月29日，中国与拉美国家在哈瓦那举办了中国—拉美和加勒比论坛。作为会议的主要结果，习近平主席提出成立中国—拉美和加勒比海一体化合作组织。这个机制的目的是促进平等互利和共同发展。这个协议追溯了两个地区之间的合作。而这个机制的名称是"合作1+3+6"。1指的是一个"计划"，即制订中国、拉丁美洲和加勒比地区之间的合作计划，以保证发展战略的全面的高度一致。3指的是"三个引擎"，即在贸易、投资和金融三个领域的相互支持。6指的是"六个领域"的合作：能源、基础设施建设、农业、制造业、科技和信息技术，以实现部门的更好发展。

拉美地区确实非常迫切地需要发展融资，但是发展援助委

---

[1] Abdenur, A. and Marcondes de Souza, D., Cooperación China en América Latina, Las implicaciones de la asistencia para el desarrollo, *Revista íconos*, September 2013, (47): 69–85.

[2] Ibid..

[3] Ministerio de Relaciones Exteriores de China, *Documento sobre la Política de China Hacia América Latina y el Caribe*, 2016, http://www.fmprc.gov.cn/esp/zxxx/t1418256.shtml.

第十章　中国给予拉美的发展资金：摆脱中等收入陷阱的地缘政治途径与新契机

会以及主要金融机构仅仅将海地等国家视作一个合适的成为受援国的对象。而其他国家是中等收入国家，所以并不会受到这种类型的资金援助。因此，拉美国家的政府在考虑时会更加重视中国的融资援助这一选择。毫无疑问，与中国的合作是一个良好的契机，却也充满了风险。另外，中国为该地区的发展项目提供了丰富而快速的融资，但它也带来了四个主要风险：专题优先事项的变化、捐助者的流离失所、公民社会的排斥和地区分散化。中国试图扭转其融资模式的某些方面。① 中国面临的挑战是这些新的金融链不能再现一种从属和依赖的模式。②

## 三　中国对拉美发展的资助

中国国家主席习近平宣布确定2015年至2019年五年期间将要与拉丁美洲和加勒比地区达成的目标，那就是5000亿美元的贸易目标与2500亿美元的直接投资目标。这些承诺显现出了中国对于增强在拉丁美洲影响力的兴趣。与此同时，中国从经济和政治的角度表现出了作为观察员通过不同多边组织参与进拉美事务的明确的兴趣。其中包括里约集团、美洲开发银行、拉丁美洲一体化协会、拉丁美洲和加勒比经济委员会、美洲国家组织以及拉丁美洲国家议会。③ 因此，认为近年来指定用于该地区的信贷反映了它们在过去几年的增长，这一观点是合乎

---

① Besharati, N., *Common Goals and Differential Commitments*, *The Role of Emerging Economies in Global Development*, Discussion Paper, Bonn: Deutsches Institut für Entwicklungspolitik, 2013.

② Slipak, A., América Latina y China: ¿Cooperación Sur-Sur o "Consenso de Beijing"?, *Revista Nueva Sociedad*, 2014, 250: 102–113.

③ Hardy, A., *The World Turned Upside Down: The Complex Partnership Between China and Latin America*, Singapore: World Scientific Publishing, 2014.

逻辑的。

贸易和直接投资的另一方面是发展筹资（图10-1）。这些贷款通常用于拉美政府和半国有企业，用于支持基础设施项目建设。剩余大部分用于支持碳氢化合物和采矿项目。随着时间的推移，贷款量一直在增加，尽管增加幅度并不是一直不变的。尤其是在2010年，中国向拉美政府提供了371亿美元的贷款。2014年，中国银行向拉美政府提供了221亿美元贷款。这笔贷款的数额超过了世界银行和美洲开发银行二者提供的贷款的总额。[1] 事实上，中国的银行为很多国家提供了融资，且数量超过了国际融资组织和西方的银行。[2]

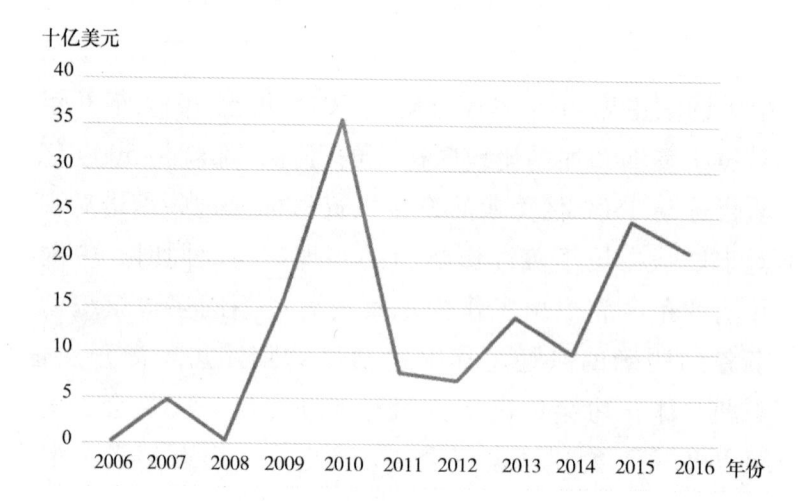

图10-1 2006—2016年中国对拉美和加勒比国家发展融资的演变
资料来源：基于中国—拉美金融数据库。

---

[1] Dollar, D., China's Investment in Latin America, *Geoeconomics and Global Issues Paper*, 2017, 4: 1-19.

[2] Gallagher, K., Irwin, A. and Koleski, K., *The New Banks in Town: Chinese Finance in Latin America*, Washington, DC: The Inter-American Dialogue, 2012.

# 第十章 中国给予拉美的发展资金：摆脱中等收入陷阱的地缘政治途径与新契机

根据中国—拉美数据库（2017年），可以肯定中国的国家开发银行是最重要的贷款人。事实上，在2005年至2016年期间，国家开发银行向拉丁美洲和加勒比地区提供了1143亿美元的贷款，而进出口银行同期提供了270亿美元。这些是中国在该地区最重要的金融机构。其他的贷款提供方包括中国国家外汇管理局、中信集团、中国石油、中国石化和中国的商业银行：中国建设银行、中国银行和中国工商银行。

表10-1　　　　　　　2006—2016年贷款的数量和金额

| 国家 | 贷款数量 | 金额 |
| --- | --- | --- |
| 委内瑞拉 | 17 | 622亿美元 |
| 巴西 | 10 | 366亿美元 |
| 厄瓜多尔 | 13 | 174亿美元 |
| 阿根廷 | 8 | 153亿美元 |
| 玻利维亚 | 10 | 35亿美元 |
| 特立尼达和多巴哥 | 2 | 26亿美元 |
| 牙买加 | 10 | 18亿美元 |
| 墨西哥 | 1 | 10亿美元 |
| 哥斯达黎加 | 1 | 3.95亿美元 |
| 巴巴多斯 | 1 | 1.7亿美元 |
| 圭亚那 | 1 | 1.3亿美元 |
| 巴哈马 | 2 | 9900万美元 |
| 秘鲁 | 1 | 5000万美元 |

资料来源：基于中国—拉美金融数据库。

中国融资的受援国中接受援助的主体反映了地缘政治的援助是如何落后于这种援助的。融资的主要受体首先是委内瑞拉，接受了 622 亿美元以及 17 个项目援助；其次是巴西，接受了 368 亿美元以及 10 个项目援助；再次是厄瓜多尔，接受了 174 亿美元和 13 个项目援助；阿根廷接受了 153 亿美元以及 8 个项目援助；玻利维亚接受了 35 亿美元以及 10 个项目援助。当我们分析那些有相关数据的国家时，很显然地缘政治因素是一个极其关键的因素。授予的贷款主要用于能源部门、基础设施建设和采矿业的推进（图 10-2）。

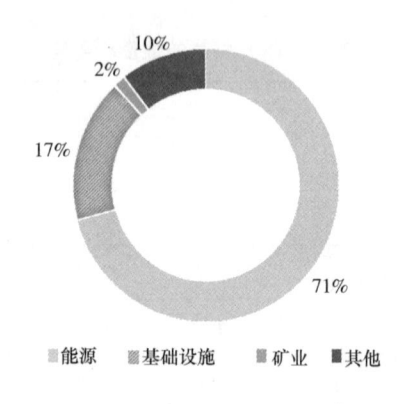

图 10-2　2006—2016 年贷款类型

资料来源：基于中国—拉美金融数据库。

在委内瑞拉，1998 年 12 月，乌戈·查韦斯指挥官赢得总统选举，成为左派和中左派政党联盟的领导人，被称为爱国极。自那时起，委内瑞拉就成为了政治经济体系的参照点，这个体系越来越与西方倡导的新自由主义原则脱节。通过这种方式，委内瑞拉在国际上成为了拉丁美洲另一种模式的代表。委内瑞拉政府很快被列为不民主并且远离善政的典例——找到中国作为它的金融盟友，然后启动它所需的重要基础设施工程的建设。同时，中国也将委内瑞拉视作合适的合作伙伴，以满足中国日益增长的能源需求。中国总共资助了 17 个项目，它们中的 12 个都是能源部门的项目，总计融资额达 550 亿美元。

# 第十章　中国给予拉美的发展资金：摆脱中等收入陷阱的地缘政治途径与新契机

中国和巴西是经济条件不同、有着密切却不对称的关系的两个国家，它们中一个是有着明确的经济方向的国家，而另一个经历了经济的转型。① 巴西是金砖国家集团的成员，因此，这个国家从两个方面来说都是中国的重要合作伙伴。从政治层面来看，巴西是前面所说的新的发展范式的一部分。因此，贷款是南南合作的原则下横向合作话题的一部分。此外，巴西也成为了中国经济重要的原材料供应国。2016 年，中国是巴西主要的出口目的地，出口了价值 351 亿美元的货物。而这些出口的货物中，主要出口产品是大豆。

就委内瑞拉而言，能源部门获得的资金援助是最多的。该部门获得资助的项目有 8 个，总融资额为 343 亿美元。这些贷款发放的时间恰逢巴西左翼政府统治的 13 年（2003 年至 2016 年间）。由金属工人 LuizInácioLula da Silva 领导，后来由前游击队员迪尔玛·罗塞夫（Dilma Rousseff）领导。

2005 年至 2016 年期间获得最多资金援助的第三个国家是厄瓜多尔。2007 年 1 月至 2017 年 5 月，厄瓜多尔一直处于拉斐尔·科雷亚总统的统治下。在担任总统之前，科雷亚是 2005 年的经济部长。在担任这一职务时，他反对与美国签署自由贸易协定。同时，他力求加强与拉美国家的合作。担任总统时，科雷亚摒弃了新自由主义政策，拒绝承认华盛顿共识。

与委内瑞拉和巴西的情况不同，厄瓜多尔获得的贷款更加平衡。在收到资助的 13 个项目中，6 个属于能源部门，另外 7 个属于其他类别。在第一个例子中，资助金额为 60.9 亿美元。其他贷款包括财政预算赤字（20 亿美元）、通往基多机场的道路建设（8000 万美元）、2015 年度投资计划（15 亿美元）、一些项目与运输、教育和医疗保健（53 亿美元）、雅谢教育中心的建设

---

① Salama, P., Brasil y China: caminos de fortalezas y desconciertos, *Revista Problemas del Desarrollo*, 2017, 188 (48): 9 – 28.

(1.98亿美元）以及非自由裁量和基础设施的建设（20亿美元）。

关于阿根廷，中国在2007年至2014年之间给予了中央贷款。这些投资包括支持出口部门的发展（3000万美元）和基础设施培训系统（100亿美元）的建设。此外，中国资助了高速列车等基础设施建设（2.73亿美元）、可再生能源项目（2亿美元）、水电大坝建设（25亿美元）、贝尔格拉诺装载列车线路（21亿美元）和其他为这条铁路购置的车辆（1.62亿美元）。需要指明的是，这笔融资是在2007年至2015年，克里斯蒂娜·费尔南德斯·德基什内尔担任主席期间授予的。正如其他例子一样，阿根廷政府将自己定位为正处于一种民众运动中，与由经济自由主义派生出的霸权模式截然相反。

## 四　结　论

拉丁美洲和加勒比地区绝大多数国家的贫困率高，社会部门非常脆弱。除海地外，这些国家大多并不符合援助的传统标准，亦即难以成为国际援助发展的受援国。因此，官方发展援助有着显著的减少甚至消失的迹象。而决定着这一迹象的原因便是，该地区的大多数国家都被认定为中等收入国家。因此，这些国家不得不求助于发展筹资的新参与者并同意其条件。

这样说来，中国为这些国家内具有发展潜力的发展项目提供了新的资金来源，并且从西方国家的角度来看，并没有违反任何与融资援助有关的理念或是相关规范的政策条件。与此同时，如果这些资金来源不能清楚地解决中等收入陷阱的问题，那么拉美国家的这种融资来源会造成并加剧真正的风险。

事实上，中国涉足非洲和拉丁美洲的发展融资有着积极的影响，但从其他的一些角度来看，它会导致一些负面的看法。中国

### 第十章　中国给予拉美的发展资金：摆脱中等收入陷阱的地缘政治途径与新契机

参与拉美发展进程被认为是其经济成功模式传播的一部分。① 这些国家获得的融资有利于其进一步获得更多有助于发展的信贷。因此，由于西方国家对于这些国家的评判是建立在其收入的基础上的，又或是它们不符合西方国家治理的标准，它们无法获得贷款，此时中国便是一个可行的替代方案。中国的贷款重点放在基础设施和重工业的建设与发展，不涉及其他政治、社会和环境目的。② 然而，这种对基础设施投资的集中关注可能会影响到泛美开发银行的新战略，这体现在基础设施建设贷款的增加。③ 这样看来，中国被视作发展的战略伙伴。

存在的一个问题是，援助和融资项目的计量标准是看其是否促进了发展。在大多数情况下，中国至少缺少四个捐赠要素中的一个要素，或并没有将量化官方发展援助纳入考虑范围。

从这方面来说，中国提供的援助资金中只有23%符合经济合作组织对于官方发展援助（ODA）的严格定义，而美国提供的援助中的93%都符合该定义。这一事实表明，作为对这种"不公平竞争"的含蓄的回应，一些传统的援助者已开始渐渐放宽量化规则，打破了发展援助委员会在官方发展援助和商业活动之间设置的障碍。④

总的来说，两种模式都有各自的缺陷，它们也并没有解决中

---

① Amado, C., A China e a cooperação Sul-Sul, *Revista Relações Internacionais*, July 2010, (26): 39 - 46.

② Gallagher, K., Irwin, A. and Koleski, K., *¿Un mejor trato? Análisis comparativo de los préstamos chinos en América Latina*, México, D. F: Universidad Nacional Autónoma de México, 2013.

③ Abdenur, A and Marcondes de Souza, D., Cooperación china en América Latina, Las implicaciones de la asistencia para el desarrollo, *Revista íconos*, September 2013, (47): 69 - 85.

④ Bracho, G., *In Search of a Narrative for Southern Providers*, *The Challenge of the Emerging Economies to the Development Cooperation Agenda*, *Discussion Paper*, Bonn: Deutsches Institut für Entwicklungspolitik, 2015, p. 12.

等收入陷阱的问题。实际上，受援国有责任确定和实施能够提高居民生活质量的最佳项目，从而为发展做出贡献。发展筹资是实现这一目标的工具，但必须谨慎使用。

丹尼尔·莱穆斯·德尔加多（Daniel Lemus Delgado）
卡洛斯·塞尔达·埃纳斯（Carlos Cerda Dueñas）

# 第十一章 中国和巴西：从中等收入陷阱到可持续发展的转变？从社会学的视角看消费、不平等与中等收入陷阱

作为新兴国家，巴西和中国正面临着发展的挑战，它们可以互相借鉴对方的发展经验。与大多数拉丁美洲国家一样，巴西一直备受高度不平等的困扰，尽管这些不平等的状况在近几年已经得到了缓解。根据拉加经委会和乐施会（2016年）的资料，拉丁美洲被认为是世界上不平等状况最为严重的地区。在2014年，该地区最富有的10%的人口占有了总财富的71%。

中国本身也在经历着不断扩大的不平等差距。多年来，这两个国家都在与其不平等状况进行着斗争，而这很有可能会使得它们采用折中的策略从而在它们的战略上进行让步以促进消费主导型经济的发展。皮克提指出不平等会阻碍消费市场的扩张。本章研究了不平等、市场包容性以及中等收入陷阱带来的发展与挑战之间的关系。[1]

卡拉斯和哈林德尔提出，在经济体易于陷入贫困陷阱的阶段之后，是经济体易于陷入中等收入陷阱的阶段。那些避免了贫困陷阱并且达到了中等收入水平的发展中国家，会在实现高收入水

---

[1] Piketty, T., Brasil não cresce se não reduzir sua desigualdade, *Folha de São Paulo*, São Paulo, 2017, http://www1.folha.uol.com.br/mercado/2017/09/1922435-brasil-nao-cresce-se-nao-reduzir-sua-desigualdade-diz-thomas-piketty.shtml.

平的道路上面临经济和社会方面的新挑战。

韩国是从基于资源和低成本劳动力的增长模式向生产力驱动型增长模式转变的一个例子。① 与此同时，巴西却没能避开中等收入陷阱：它陷入了人均GDP自20世纪70年代以来大幅波动的周期。这一事实表明，拉美和东亚经济体采取的发展政策存在着重大差异，后者在维持长期增长方面更加成功。

东亚经济体的政府为了从中等收入水平发展至更高的水平都做了什么呢？有三个关键的转型可以通过一些特定的政策实现以避免中等收入陷阱：专业化、全要素生产率的提高以及分散化。在社会与经济发展的层面上，这三个因素是制定政策的目标，而这些政策能够提供生产专业化，在特定领域发展国家与全球的品牌，并且提供社会安全网、技能再培训计划以及急需的、将这些产品在内部消化的中产阶级。至于提高生产力水平，政策制定者应该为针对第三产业的教育提供必要的变革。这些政策的范围应该足够广泛以包含与积累大量的高技能专业人员。因此，在安全宜居的城市提供有吸引力的机会和生活方式，成为避免中等收入陷阱的必要策略。权力下放是解决地方的机遇和收入分配差距的重要步骤，因为地方政府可以比中央行政部门更快地处理这些需求。

中等收入陷阱理论的一些怀疑论者不同意发展步骤的观点，并且对政策制定者应该把重点放在哪些方面发表了批评。例如，劳伦斯萨默斯和兰特布里切特等经济学家指出，如今的快速增长是未来经济放缓的预兆，而不是缓慢稳定可持续的增长。他们担心，导致经济放缓的误导性迹象可能导致政策制定者去尝试解决错误的问题（经济缺乏快速的增长）。但仍存在着未解决的问题，

---

① Lin, J. Y. and Treichel, V., *Learning from China's Rise to Escape the Middle-income Trap-A New Structural Economics Approach to Latin America*, Washington, D. C., World Bank, 2012.

## 第十一章　中国和巴西：从中等收入陷阱到可持续发展的转变？
### 从社会学的视角看消费、不平等与中等收入陷阱

这些问题对于提供长期稳定性至关重要，例如工农业基础设施投资不足。①

根据卡拉斯和哈林德尔的观点，现代经济的复杂性要求快速的决策与更加务实的政策制定方法，这是由于为了达到实施的有效性所要求的信息量以及对于结果的关注所决定的。胡特指出，虽然统计分析有助于理解社会变化，但它是一个被过于频繁提及的话题，且仅仅只在科学的界定范围内，这导致"数学表达式胜过口头表达，其他一些社会学家怀疑运用更多的数学进展会比运用社会学进行得快得多"。② 与经济学家不同，社会学家"倾向于认为消费是具有某种社会意义或象征意义的社会行为，而不是单纯的经济行为"。③ 出于这样的原因，对于上下文含义的交流与讨论以及数据的潜在含义值得我们探讨，而不是简单地采用基于来自非文本化模型的万能的解决方案。

中国和巴西是具有大陆性和多样性的国家。由于金砖国家与经济全球化的关系日益密切，这些国家对市场力量的整体依赖度有所提高，但与此同时，它们的政府做出的经济决策能够影响全球经济。发展那些支持更大的经济自由的机构，同时依赖市场的竞争力可能是它们获得长期成功的决定性因素。④ 卡拉斯和哈林

---

① Fernholz, T., The Myth of the Middle-income Trap, *Qurtz*, 2014, https://qz.com/310657/the-myth-of-the-middle-income-trap/.

② Hout, M., Economic Change and Social Mobility, In G. Therborn (Ed.), *Inequalities of the World* 2006, pp. 119-135, London: Verso.

③ Tian, F., The Stratification of Consumption among Social Classes, Occupational Groups, and Identity Groups in China, In P. Li, M. K. Gorshkov, C. Scalon and K. L. Sharma (Eds.), *Handbook on Social Stratification in the BRIC Countries: Change and Perspective*, 2013, p. 652, Singapore: World Scientific.

④ Boskin, M. J., Can the BRICS Escape the Middle-income Trap?, *World Economic Forum*, 2015, https://www.weforum.org/agenda/2015/06/can-the-brics-escape-the-middle-income-trap/.

德尔指出,为了避免陷入中等收入陷阱,强有力的政治领导是十分必要的,不仅能够改变上层正式机构,而且能够通过政策带来那些价值观与行为上的改变。中国在过去几年中表现出了强大的政府领导能力,但对于它将如何影响新中产阶级以及它如何成为高收入国家的计划并不清楚。

## 一 不平等与中等收入陷阱

目前世界各地的机构所持的主流观点似乎是,要想获得持续性的增长必须解决不平等问题。世界银行的"贫困与共享繁荣"报告指出,想要在2030年消除极端贫困,解决不平等至关重要;[①] 2017年10月,国际货币基金组织发布了"解决不平等问题"的财政监测报告;[②] 联合国将不平等视作可持续发展目标应解决的挑战之一,第十个目标被称为"减少的不平等"。此外,世界经济论坛也越来越重视不平等。其于2017年发布的全球风险报告认为,不平等是经济增长的主要障碍,也是全球经济面临的五大风险之一。[③]

现存的经济模型指出,随着收入分配变得更加不平等,内需的增长速度将超过国内生产总值,在缺乏财政政策干预的情况下,将停滞不前。这两种现象最终都可能导致中等收入陷阱,因为它们会广泛增加中下阶层的债务负担,从而可能导致金融体系不稳定。卡拉斯和科利认为关于中等收入陷阱的讨论中存在着不平等的中心性,并强调通过再分配减少不平等,以拉丁美洲一些

---

① World Bank, *Poverty and Shared Prosperity* 2016: *Taking on Inequality*, Washington D. C.: World Bank, 2016.

② International Monetary Fund, *IMF Fiscal Monitor*: *Tackling Inequality*, 2017, https://www.imf.org/en/Publications/FM/Issues/2017/10/05/fiscal-monitor-october-2017.

③ World Economic Forum, *Global Risks Report*, 2017, http://www3.weforum.org/docs/GRR17_Report_web.pdf.

# 第十一章 中国和巴西：从中等收入陷阱到可持续发展的转变？
## 从社会学的视角看消费、不平等与中等收入陷阱

国家的债务融资为例，支撑国内需求。①

表 11 - 1　　　　　　　　有关增长的不平等的论点

| 有关增长的不平等的论点 | |
| --- | --- |
| 1. 投资的"信用约束"和"不可分割性" | 在信贷约束下，不平等导致许多人无法做出社会所偏好的投资，从而影响经济发展。投资的不可分割性加剧了这种有害影响，因为在这种情况下，小额储蓄无法帮助克服信贷限制的影响 |
| 2. 选举政治 | 在不平等的情况下，收入的中位数将低于平均收入。根据"中间选民定理"，选民通过选举将高收入人群的收入分配给低收入人群。这种再分配的预期将减少人们的投资动机并影响经济增长 |
| 3. 政治（不一定是选举政治） | 不平等将导致社会政治动荡，这会吓跑投资者并影响增长 |
| 4. 消费 | 不平等限制了消费需求，约束了国内市场，并成为增长的障碍 |

2014 年由伊斯兰汇编整理，笔者进行了修改。数据来源：阿莱辛纳和罗德里克（Alesina 和 Rodrik），1994 年，1996 年；本哈比卜和鲁斯蒂奇尼（Benhabib 和 Rustichini），1996 年；贝纳布（Benabou），1996 年；贝托拉（Bertola），1993 年；加洛尔和泽拉（Galor 和 Zeira），1993 年；古普塔（Gupta），1990 年；海布斯（Hibbs），1973 年；卡拉斯和科利（Kharas 和 Kohli），2011 年；皮凯蒂（Piketty），1997 年；佩罗蒂（Perotti），1993 年；佩尔森和塔贝里尼（Persson 和 Tabellini），1994 年；皮凯蒂（Piketty），2017 年；斯蒂格利茨（Stiglitz），2013 年；威尼里兹和古普塔（Venieris 和 Gupta），1986 年；伊斯兰（Islam），2014 年。

根据那兹鲁·伊斯兰的研究，中等收入陷阱与不平等直接相

---

① Islam, N., Will inequality lead China to the Middle Income Trap, *Frontiers of Economics in China*, 2014, 9 (3): 398 - 437.

关。① 作者认为，存在着与中等收入陷阱相关的不平等陷阱，高收入不平等阻碍了不平等状况的缓解，并且使得其一直存在着。他将"东亚模式"的成功归因于高增长率与公平分配的结合。然而，中国可能被认为是一个例外，因为中国允许不平等达到一个较高的水准，与陷入中等收入陷阱的国家的情况相类似。作者认为不平等已经成为中国进一步发展的阻碍，目前的宏观经济失衡、资本配置效率的下降以及社会局势日益紧张，这些发生的原因都可以追溯到收入和资产分配的高度不平等。伊斯兰提出了四个观点来解释不平等与经济增长之间的关系。在本章中，笔者主要关注第四种观点，并研究消费、不平等和发展之间的关系。②

## 二 中国和巴西的不平等问题

北半球的许多国家都在讨论发展和社会政策，而它们的社会背景与发展中国家大不相同，无论是制度的稳定性、有利的经济因素还是相对的社会财富与平等状况。例如，与南半球国家相比，斯堪的纳维亚国家面临的问题则与不平等相关问题迥异。许多发展中国家的不平等问题是国家政府面临的主要社会和经济挑战之一。

在世界所有地区，发展中国家都处于高度不平等的境地。但是，拉丁美洲和加勒比地区的情况尤其严重。尽管过去十年在减少赤贫方面取得了相当的成功，但该地区仍被认为是世界上最不平等的地区。2014 年，拉丁美洲最富有的 10% 的人口占有该地区总财富量的 71%。"从 2002 年到 2015 年，拉丁美洲亿万富翁的财富每年平

---

① Islam, N., Will Inequality Lead China to the Middle Income Trap, *Frontiers of Economics in China*, 2014, 9 (3): 398 – 437.

② Ibid..

第十一章　中国和巴西：从中等收入陷阱到可持续发展的转变？
从社会学的视角看消费、不平等与中等收入陷阱　　231

均增长21%——乐施会估计的这一增长率是整个地区GDP增长的6倍"。① 拉丁美洲和加勒比经济委员会（拉加经委会）和乐施会提出了警告：包容和可持续增长应该是这些国家的优先事项。

巴西也不例外。不平等现象自历史上便深深植根于巴西，尽管近期经济出现了增长，但不平等现象仍然存在。② 然而，中国与拉丁美洲的情况不同，因为它不平等状况加剧的原因主要是市场自由化。下一节我们将讨论中国和巴西不平等的演变。

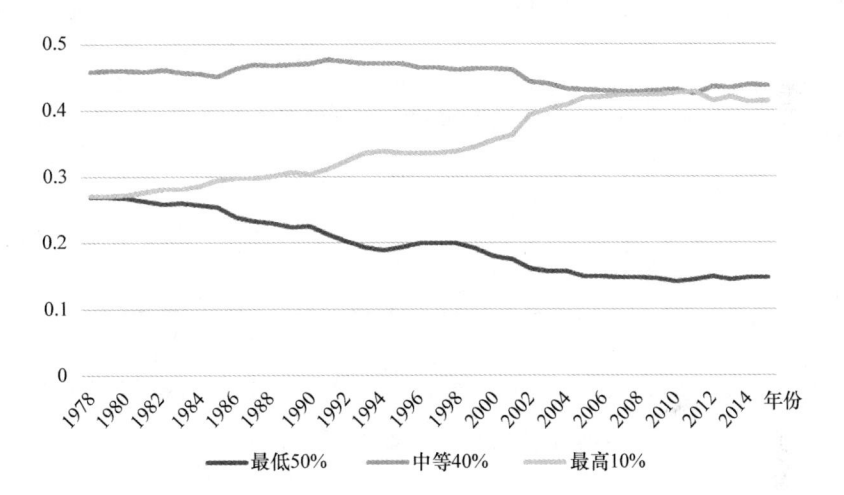

图11-1　中国收入不平等（1978—2015年）占总数的比重（%）

注：*中国最近还与巴西和秘鲁两国签署了协定，将开始推进横贯大西洋和太平洋的铁路建设项目。

资料来源：WID 2017a。

---

① Bárcena, A. and Byanyima, W., Latin America Is the World's Most Unequal Region, *ECLAC*, 2016, https://www.cepal.org/en/articles/2016-latin-america-worlds-most-unequal-region-heres-how-fix-it.

② Scalon, C., Social Stratification and Its Transformation in Brazil, In P. Li, M. K. Gorshkov, C. Scalon and K. L. Sharma (Eds.), *Handbook on Social Stratification in the BRIC Countries: Change and Perspective*, 2013, pp. 3-20, Singapore: World Scientific.

图 11-1 显示了中国收入不平等的发展情况，数据来自 1978 年至 2015 年的世界财富与收入数据库（2017a）。①

然而，与图 11-2 中的巴西可用数据相比，考虑到社会最低 50%、中等 40% 和最高 10% 的税前国家收入份额，可以注意到不平等的严重延续。尽管 2004 年世界银行的一份报告指出了巴西经济发展中持续存在的不平等的意义，但布吉尼翁、费雷拉和莱特将该国的情况评估为"不可接受的稳定"之一。② 根据这两种不同的情况，以下两节将更详细地探讨每个案例。

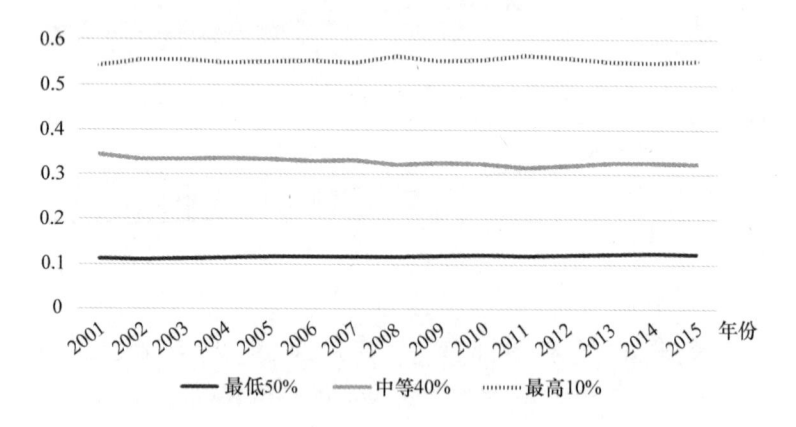

图 11-2　巴西收入不平等（2001—2015 年）占总数的比重（%）

注：＊ 因为巴西 2001 年以前数据不可得，所以这两张图不符合相同的时间轴。

资料来源：WID 2017b ＊③。

---

① WID (2017a), Income Inequality, China, 1978 - 2015, http://wid.world/country/china/.

② Bourguignon, F., Ferreira, F. and Leite, P., *Ex-Ante Evaluation of Conditional Cash Transfer Programs: The Case of Bolsa Escola*, Washington D. C.: World Bank, 2002.

③ WID (2017b), Income Inequality, Brazil, 2001 - 2015, http://wid.world/country/brazil/.

# 第十一章 中国和巴西：从中等收入陷阱到可持续发展的转变？
## 从社会学的视角看消费、不平等与中等收入陷阱

### （一）中国日益增长的经济和社会差距

自改革开放和 20 世纪 80 年代的经济实验以来，中国的收入差距不断加大。从今天来看，即使按照国际标准，它的收入差距扩大的速度也是很高的，如图 11-3 所示。美国中央情报局根据基尼系数将中国列为世界第 30 位最不平等的国家，该系数衡量的是 150 个国家中每个国家的收入分布情况，其数据来自 1993 年至 2016 年。[①] 家庭成员人均收入水平一直处于上升状况，而社会经济差异化程度也呈现增长趋势。在这个经济增长和社会转型的时期，收入的增加伴随着消费水平的提高，这是中国进入大众消费阶段的重要过程。然而，消费增长并没有保持与中国的收入增长同等的速度。本节分析了中国不平等的发展及其在消费分层中的反映。

**图 11-3　1982—2006 年中国收入分配基尼系数的变化**

资料来源：毕宪平和姜新华（2002）收集的 1982—2006 年基尼系数数据；2000—2005 年国家统计局年度统计数据；2006 年他们的研究小组在全国抽样调查中获取的数据。

中国近年来收入差距格局的结构性变化表明"人口的相对分

---

① Central Intelligence Agency, *The World Factbook*, 2017, https://www.cia.gov/library/publications/the-world-factbook/rankorder/2172rank.html.

布正在走向收入分配的两个极端。……这一趋势将对中国扩大中等收入人口的目标构成严峻挑战"。①

在中国，收入最高的 20% 的这一人群的收入呈现上升趋势，而其他人群的收入份额则普遍下降。我们将 1996 年作为参考以理解这一过程。今年之前，各阶层份额出现波动，收入不平等主要是由于最高收入阶层比例增加和最低收入阶层人口比例下降所致。然而，1996 年以后，四个低收入群体的收入份额一直在下降，而最高收入群体的收入份额一直在增加，因此收入比率一直在稳步上升，到 2005 年达到 22 倍以上。② 中国收入不平等的主要特征可以通过城乡二分法和地区间差异来分析，③ 如表 11-2 和图 11-4 所示。

表 11-2　　　　　　　中国城乡收入差距的历史全景

| 阶段 | 描述 | 城市 | 农村 |
| --- | --- | --- | --- |
| 第一阶段<br>(1978—1984 年) | 城乡收入差距缩小 | 城市改革还没有开始（城市居民收入仍然由国家通过计划经济来决定） | 农村经济改革（全面推行家庭联产承包责任制），农产品定价改革和农业生产技术进步 |
| 第二阶段<br>(1985—1994 年) | 城乡居民收入差距不断扩大（城镇居民收入水平比农村居民收入水平增长更快） | 微观层面的经济改革开始（允许企业提高员工工资、奖金和福利） | 乡镇企业的快速发展提供了新的收入来源 |

---

① Chen, G., Structural Characteristics and Trends of Income Inequality in China, In P. Li, M. K. Gorshkov, C. Scalon and K. L. Sharma (eds.), *Social Stratification in the BRIC Countries: Change and Perspective*, 2013, pp. 481-498, Singapore: World Scientific.

② Ibid..

③ Li, S., Recent Changes in Income Inequality in China, In F. Caillods & M. Denis (Eds.), *World Social Science Report: Challenging Inequalities: Pathways to Just World*, 2016, pp. 84-89, Paris: UNESCO Publishing.

# 第十一章　中国和巴西：从中等收入陷阱到可持续发展的转变？
## 从社会学的视角看消费、不平等与中等收入陷阱

续表

中国城乡收入差距的历史全景

| 阶段 | 描述 | 城市 | 农村 |
| --- | --- | --- | --- |
| 第三阶段（1994—1997年） | 中国城乡居民收入差距再次缩小（农村非农业收入增速相对较快） | 大规模的国有企业重组（调整了企业与员工的利益关系）导致大量裁员，城市涌现大批贫困人口 | 农村乡镇企业也经历了类似的改革，促进了农村非农业经济的发展 |
| 第四阶段（1998年至今） | 城乡收入差距继续扩大 | 市场经济的进一步发展助长城乡分化的深层因素（教育差距，对农民工的剥削等）。尽管农民的非农业收入随着农民工群体的扩大而增加，但他们的收入增长并未像城镇居民一样加快 | |
| 可能的下一阶段 | 农民工再次迁入农村 | 由于城乡家庭之间的差距缩小，2008年以来农村地区汇款增加与收入不平等缩小相吻合。主要是因为农民工的工资比熟练的城镇工人的工资和农村社会政策的工资要快得多 | |

资料来源：陈。[1]

---

[1] Chen, G., Structural Characteristics and Trends of Income Inequality in China, In P. Li, M. K. Gorshkov, C. Scalon and K. L. Sharma (eds.), *Social Stratification in the BRIC Countries: Change and Perspective*, 2013, Singapore: World Scientific.

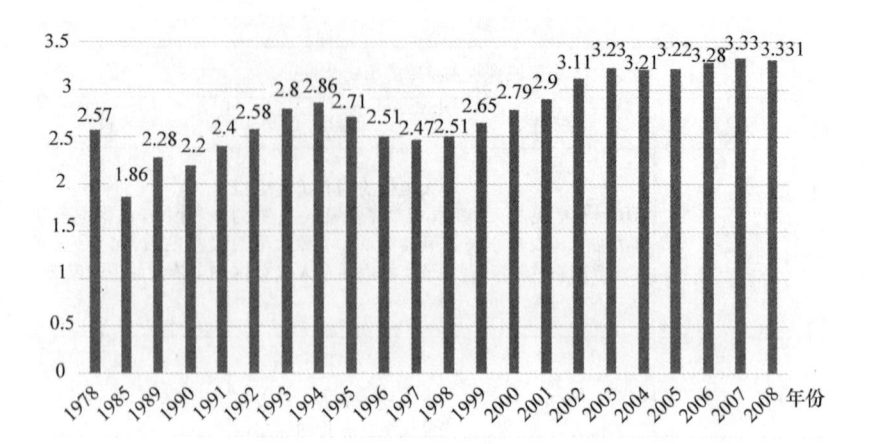

图 11-4　1978—2008 年中国城乡居民收入差距趋势

资料来源：各年中国统计年鉴，中国统计出版社，Apud. 陈，第 488 页，2013 年[1]。

通过分析城乡居民消费不平等情况，我们可以看出农村居民消费占比呈下降趋势，城镇居民消费占比呈上升趋势。主要的问题是农村的信贷难问题，这在 21 世纪初确实阻碍了消费的增加。[2] 根据田丰的统计，尽管农村居民在全国总人口中的比例逐渐下降，但农村居民的消费比例下降的速度要快于人口占比的下降。就城市消费分层而言，高收入群体与其他收入群体之间的差距正在迅速扩大，而农村地区的差距仍然比较平稳，没有集中的

---

[1] Chen, G., Structural Characteristics and Trends of Income Inequality in China, In P. Li, M. K. Gorshkov, C. Scalon and K. L. Sharma (Eds.), *Social Stratification in the BRIC Countries: Change and Perspective*, 2013, p. 488, Singapore: World Scientific.

[2] Yuan, Y., & Xu, L., Are Poor Able to Access the Informal Credit Market? Evidence from rural households in China, *China Economic Review*, 2015, 33: 232-246.

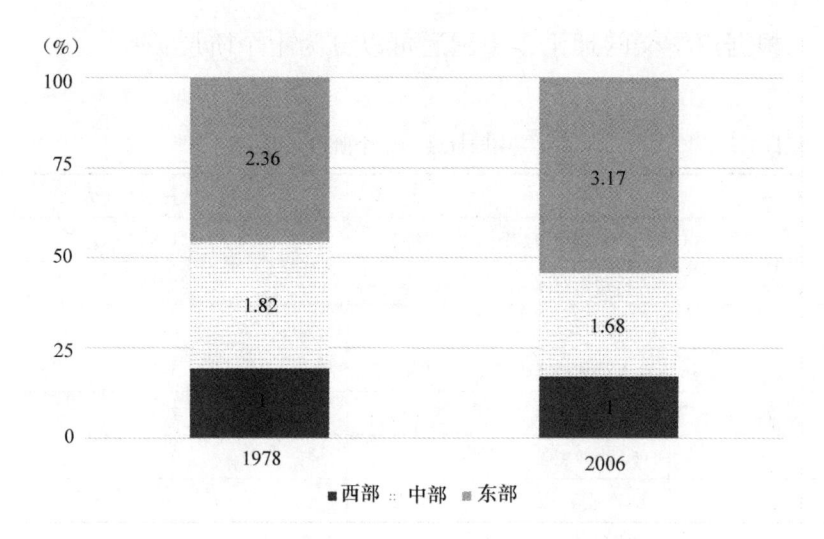

## 第十一章 中国和巴西：从中等收入陷阱到可持续发展的转变？
### 从社会学的视角看消费、不平等与中等收入陷阱

迹象。[1]

图 11 – 5　属于华东、华中和西部的 GDP 份额

资料来源：根据李的数据。

关于不同地区之间的收入不平等问题，中国可以分为三个存在显著发展差距的地区：东部、中部和西部地区（见图 11 – 5）。尽管区域间差距并未像城乡差距一样迅速扩大，但重要的是要考虑东部地区与中西部地区之间日益扩大的差距。这些差距是历史进程中产生的不对称投资、国家政策、市场机会和资源利用方式作用的结果，这些都使该国东部地区受益最多。

"农村居民收入的地区间差距大于城镇居民收入差距的这一事实表明，中西部农村地区城市经济发展的辐射和促进作用弱于

---

[1] Tian, F., The Stratification of Consumption among Social Classes, Occupational Groups, and Identity Groups in China, In P. Li, M. K. Gorshkov, C. Scalon and K. L. Sharma (Eds.), *Handbook on Social Stratification in the BRIC Countries: Change and Perspective*, 2013, pp. 649 – 674, Singapore: World Scientific.

东部地区；一个重要的证据是，东部农村非农经济比中西部地区要先进得多"。①

根据卢学义的理论，中国还可以分为十个阶层：②

表 11-3　　　　　　　　中国社会的十个阶层

| 阶层 | 阶层所占比例*（%） |
|---|---|
| 1. 国家和社会管理者 | 1.8 |
| 2. 私营企业家 | 1.3 |
| 3. 公司经理 | 2.4 |
| 4. 专业人员和技术人员 | 5.1 |
| 5. 文员 | 7.3 |
| 6. 小业主 | 9.1 |
| 7. 产业工人 | 15.8 |
| 8. 下级服务部门雇员 | 11.6 |
| 9. 农业工人 | 39.8 |
| 10. 失业和未充分就业的人 | 5.7 |

注：* 根据 2008 年的研究，调查认为一个家庭中阶层最高的成员代表了这个家庭的社会阶层。
资料来源：陈，2013③。

---

① Chen, G., Structural Characteristics and Trends of Income Inequality in China, In P. Li, M. K. Gorshkov, C. Scalon and K. L. Sharma (Eds.), *Social Stratification in the BRIC Countries: Change and Perspective*, 2013, p. 492, Singapore: World Scientific.

② Chen, G., Structural Characteristics and Trends of Income Inequality in China, In P. Li, M. K. Gorshkov, C. Scalon and K. L. Sharma (Eds.), *Social Stratification in the BRIC Countries: Change and Perspective*, 2013, Singapore: World Scientific.

③ Chen, G., Structural Characteristics and Trends of Income Inequality in China, In P. Li, M. K. Gorshkov, C. Scalon and K. L. Sharma (Eds.), *Social Stratification in the BRIC Countries: Change and Perspective*, 2013, pp. 481-498, Singapore: World Scientific.

# 第十一章 中国和巴西：从中等收入陷阱到可持续发展的转变?
## 从社会学的视角看消费、不平等与中等收入陷阱

阶层内部收入不平等也与理解阶层内部的社会和经济差异有关，特别是私人企业家、公司经理和小业主这三个阶层。虽然这些阶层间巨大的收入不平等可以解释为这些阶层依靠经济资源和商业运作获得收益，但依靠专业技能和劳动力获得收益的其他阶层表现出较小的阶层内部不平等。

尽管田丰将中国分为不同的阶层，但他的消费分析表明，属于富裕阶层的"私人企业主"阶层是最高阶层，也是唯一没有成员在"基本生活"线或贫困线上的阶层。[①] 这再次证明，这个阶层作为"先富"的阶层是从中国的社会经济改革中获益最多的阶层。

作者后来总结到，在毛泽东时期，社会阶层之间的收入和社会福利的差异是基于政治地位和职业地位的差异。在计划经济下，由国家领导的平均主义分配和消费体系，尽管阶级之间存在着微小的收入差距，但消费水平却相当类似。改革开放时期的变化带来了社会经济差异性的加大，"原来相当简单的社会结构包括'两个阶级，一个阶层'（工人阶级、农民阶级和知识分子阶层）过渡到十大社会阶层"，而且"各阶层的消费水平、消费结构和消费模式也在不断分化"。[②]

中国政府一直采取一系列措施落实相关政策，以应对城乡收入差距扩大的趋势，以及不同地区和社会阶层之间的收入差距扩大的趋势。其中特别包括增加向农村地区、西部地区和不利群体的现金转移支付的举措。此外，政府通过制定旨在扩大人民收入和消费以及改善社会保障网的社会经济政策，设想了全面收入分配改革计划。[③] 这些政策在减少中国社会不平等状况方面的效果

---

[①] Tian, F., The Stratification of Consumption among Social Classes, Occupational Groups, and Identity Groups in China, In P. Li, M. K. Gorshkov, C. Scalon and K. L. Sharma (Eds.), *Handbook on Social Stratification in the BRIC Countries: Change and Perspective*, 2013, pp. 649-674, Singapore: World Scientific.

[②] Ibid., p. 673.

[③] Ibid..

尚未得到评估。

### (二) 巴西：一个陷入不平等陷阱的国家

巴西是拉美最大的经济体，占该地区 GDP 总量的近 40%。在 21 世纪初期，基于其丰富的资源基础，获得大约 6% 的经济增长率，无论是从短期来看还是从长期来看，巴西一直呈现出拉丁美洲典型经济体的表现。过去的几十年，社会上最重大的转变之一就是劳动力持续从农村向城市转移的这一过程。与 1960 年相比，当时巴西约 55% 的人口生活在农村，而现在城市人口占 85%，这一占比在世界上是最高的。[①] 在军事独裁期间，1965 年巴西人均收入为 1700 美元（2007 年美元），是最富有的发展中国家之一。到 1978 年，人均国内生产总值达到了 5500 美元，年均增长率接近 9.5%。[②]

在 20 世纪 80 年代初期，拉丁美洲进入了长期的经济衰退和停滞期，伴随着去工业化进程，这使巴西仅在 1995 年和恶性通货膨胀危机发生后的短期内超过了 1978 年的人均收入。[③] 1997 年东亚危机爆发后，宏观经济的动荡再次令巴西的经济陷

---

[①] Scalon, C., Social Stratification and Its Transformation in Brazil, In P. Li, M. K. Gorshkov, C. Scalon and K. L. Sharma (Eds.), *Handbook on Social Stratification in the BRIC Countries: Change and Perspective*, 2013, pp. 3 – 20, Singapore: World Scientific.

[②] Kharas, H. and Kohli, H., What Is the Middle Income Trap, Why do Countries Fall into It, and How Can It Be Avoided? *Global Journal of Emerging Market Economies*, 2011, 3 (3): 281 – 289.

[③] Kharas, H. and Kohli, H., What Is the Middle Income Trap, Why do Countries Fall into It, and How Can It Be Avoided? *Global Journal of Emerging Market Economies*, 2011, 3 (3): 281 – 289. Scalon, C., Social Stratification and Its Transformation in Brazil, In P. Li, M. K. Gorshkov, C. Scalon and K. L. Sharma (Eds.), *Handbook on Social Stratification in the BRIC Countries: Change and Perspective*, 2013, pp. 3 – 20, Singapore: World Scientific.

## 第十一章 中国和巴西：从中等收入陷阱到可持续发展的转变？从社会学的视角看消费、不平等与中等收入陷阱

入瘫痪。直到 21 世纪中叶，得益于商品经济的繁荣，巴西的人均收入再次超过 1978 年的人均收入。30 年过去了，巴西收入水平没有任何显著的改善。直到今天，巴西仍无法像 20 世纪 70 年代那样获得持续快速的增长，确保与高收入经济体保持一致。[①]

与其他拉丁美洲国家一样，巴西的不平等问题具有深厚的历史根源。南美国家不仅在收入和社会指标方面存在着不平等，而且在经济活动方面也存在着不平等。诺贝尔奖获得者阿马蒂亚·森声称，不平等和贫穷造成的贫困不能从绝对的角度来理解。它不能仅仅从收入不稳定的角度来考虑，必须以更复杂的方式来理解，因为缺乏导致"脆弱性、排斥性、接触恐惧和暴力、缺乏权力、参与度和话语权"的基本能力，这相当于排除基本的权利和福利。[②] 正如世界银行（2004 年）关于这个问题的报告所述，尽管塞拉利昂、尼加拉瓜、中非共和国、巴拉圭和危地马拉等大多数不平等社会"往往是发展水平较低的国家，但巴西的不平等程度表现得与其他中等收入国家相比更为突出"[③]。考虑到巴西的国家规模，它的不平等程度变得更加明显。

斯坎隆在对巴西社会阶层的研究中指出，社会的流动性（2001—2009 年间）十分有限，47.6% 的城市劳动力仍然集中在

---

[①] Kharas, H. and Kohli, H., What Is the Middle Income Trap, Why do Countries Fall into It, and How Can It Be Avoided? *Global Journal of Emerging Market Economies*, 2011, 3 (3): 281 – 289.

[②] Scalon, C., Social Stratification and Its Transformation in Brazil, In P. Li, M. K. Gorshkov, C. Scalon, & K. L. Sharma (Eds.), *Handbook on Social Stratification in the BRIC Countries: Change and Perspective*, 2013, pp. 3 – 20, Singapore: World Scientific.

[③] World Bank, *Inequality and Economic Development in Brazil*, Washington, D. C.: World Bank, 2004.

手工业。这反映在巴西社会阶层的结构中。① 来自巴西人口研究协会的数据将人口分为 A 类至 E 类，并将 B 类和 C 类分别划分为两个子类别（表 11-4）。②

表 11-4　巴西标准下的家庭平均收入估计，以巴西雷亚尔度量

| 社会经济阶层 | 家庭平均收入 |
| --- | --- |
| A | R $ 20888 |
| B1 | R $ 9254 |
| B2 | R $ 4852 |
| C1 | R $ 2705 |
| C2 | R $ 1625 |
| D-E | R $ 768 |
| 合计 | $ 3130 |

资料来源：ABEP，2016。

图 11-6 和图 11-7 显示了 2016 年巴西社会阶层所占百分比，其中来自巴西人口研究协会的数据按区域和全国各主要大城市地区而有所区别。可以看出，巴西在阶层分布方面存在着显著的差异，特别是在该国贫穷的北部和东北部地区，这可以通过大都市地区的数据加以证实。这一严峻的不平等水平导致了地区之间的政治和文化差异。他们还在城市内以及用地域的标准界定巴西人的身份，这对于消费者的行为产生了极大的影响。

---

① Scalon, C., Social Stratification and Its Transformation in Brazil, In P. Li, M. K. Gorshkov, C. Scalon and K. L. Sharma (Eds.), *Handbook on Social Stratification in the BRIC Countries: Change and Perspective*, 2013, pp. 3-20, Singapore: World Scientific.

② ABEP, *Brazilian Criteria* 2015 *and Social Class Distribution Update for* 2016, São Paulo: Associação Brasileira de Empresas de Pesquisa, 2016.

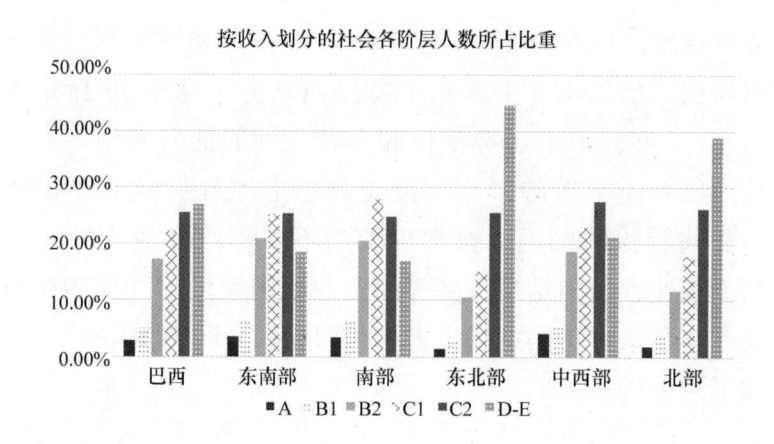

# 第十一章　中国和巴西：从中等收入陷阱到可持续发展的转变？
## 从社会学的视角看消费、不平等与中等收入陷阱

图 11-6　巴西社会阶层（从 A 到 E）在国家和宏观地区上的分布

资料来源：ABEP，2016。

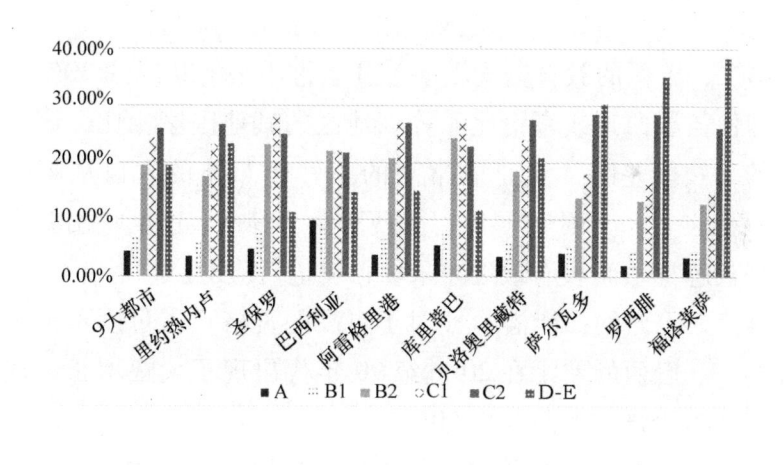

图 11-7　巴西 9 个大都市的社会阶层分布（从 A 到 E）

资料来源：ABEP，2016。

根据世界银行发布的一份报告，① 尽管最近的宏观经济政策和社会计划一直在帮助减少（极端）贫困，但巴西的高度不平等

---

① World Bank, *Inequality and Economic Development in Brazil*, Washington, D.C.: World Bank, 2004.

依然非常稳定。根据1993年至2016年的基尼系数数据，美国中央情报局在列出的150个国家中将巴西列为全球第19位最不平等的国家。① 布吉尼翁、费雷拉和莱特在他们的研究中将这种情况评估为巴西不平等的"不可接受的稳定性"。② 这种情况主要归因于公共转移的倒退、教育分配的不平等以及较大的工资差距。与之相比，美国是最不平等的工业化国家之一（美国中央情报局的上述名单将美国列为世界第40位最不平等的国家），报告指出如下三个因素：③

第一，巴西的公共转移不那么顺利。根据世界银行的报告，尽管大多数社会方案是渐进式的，但占社会支出的最大份额（<50%）的退休金（特别是公共部门）"严重偏向于高收入群体"。此外，养老金占政府支出的5%以上，巴西将其资源份额中比这更大的一个占比（与美国相比）用于这些福利。

第二，巴西的教育分配不平等几乎占不平等状况的30%。因此，即使与墨西哥或哥伦比亚等该地区的其他国家相比，该国劳动力的"技能差距"也是非常高的。只有35%的人口从高中毕业（相比之下，美国为94%，墨西哥为52%），这反映出教育长期以来被忽视，而政府最近才采取行动进行应对。

第三，巴西的技能溢价（对于更高的资格）占过度不平等的三分之一。巴西的差距在20世纪90年代出现了大幅增长，现在比美国和墨西哥的差距高出50%。

因此，一个已经不平等的资产分配被配置到更加不平等的劳

---

① Central Intelligence Agency, *The World Factbook*, 2017, https://www.cia.gov/library/publications/the-world-factbook/rankorder/2172rank.html.

② Bourguignon, F., Ferreira, F. and Leite, P., *Ex-Ante Evaluation of Conditional Cash Transfer Programs：The Case of Bolsa Escola*, Washington D. C.：World Bank, 2002.

③ World Bank, *Inequality and Economic Development in Brazil*, Washington, D. C.：World Bank, 2004.

第十一章　中国和巴西：从中等收入陷阱到可持续发展的转变？
从社会学的视角看消费、不平等与中等收入陷阱

动力市场，这反过来又作用于更加不平等的资产分配，从而形成恶性循环。技能溢价当然部分取决于正规教育（获得技能）。这种发展受到技术发展以及该国经济中高技能工人相对短缺的影响。因此，在教育、养老金和劳动力资格等领域采取的国家政策将对该国稳定的高收入不平等状况具有长期影响。

## 三　中国和巴西消费领域的公共政策

经济发展是嵌入在历史和文化背景下的，它以不同的方式与宏观和微观经济决策相互作用。社会和经济政策是由一个国家的背景决定的，并且反过来影响产生它们的社会。如上所述，在社会不平等方面，现在人们普遍认识到，收入分配极度分化对经济增长是有害的。它可能会使新兴国家面临无法实现高收入水平或履行国际义务的风险，例如无法实现他们对可持续发展目标的承诺。[1]

目前仍处于争议中且将继续存在的情况是，消费债务融资以及类似的措施最终将被证明是经济可持续的，并且如果将它们视作短期解决方案，或者也可以相反地将它们视作未来危机背后的原因。然而存在较少争议的是，高度的不平等水平对于一个旨在从中等收入阶层向高收入阶层转化、从低工资劳动密集型制造业转向高技术生产率以及出口的国家来说是十分有害的。

包括卡拉斯和科利[2]、斯蒂格利茨和皮凯蒂在内的学者提出

---

[1]　Piketty, T., Brasil não cresce se não reduzir sua desigualdade, *Folha de São Paulo*, São Paulo, 2017, http://www1.folha.uol.com.br/mercado/2017/09/1922435-brasil-nao-cresce-se-nao-reduzir-sua-desigualdade-diz-thomas-piketty.shtml.

[2]　Kharas, H. and Kohli, H., What Is the Middle Income Trap, Why do Countries Fall into It, and How Can It Be Avoided? *Global Journal of Emerging Market Economies*, 2011, 3(3): 281-289.

的政策建议指出，刺激消费和扩大信贷的政策是支持这一进程的途径。① 中国正处于成为消费社会的十字路口，但直到最近仍然将自己视作劳动密集型的生产国。他们对于这一转变提出了非常有趣的看法。巴西在历史上便是不平等的社会，在过去的几十年中不得不应对一些经济危机，已经过渡到消费为中心的经济。下面将讨论这个决定能够在多大的程度上将经济可持续性和更加社会公平的增长结合起来的可能性。

不平等应该成为发展中国家讨论发展问题的焦点话题。胡特指出，"过去20年许多国家社会不平等的加剧导致了各种社会和经济问题。"作者称"跨部门的不平等夸大了问题，因为今天的不平等将被未来的社会流动所消除"。胡特将社会流动的乐观主义批评为"错位"。② 虽然社会流动确实存在，但即使在西欧最开放的社会中，它也远远不够完美。平均而言，一个人在社会中的地位与其社会出身有着强烈的正相关——富裕国家的系数大概在0.25至0.40之间。此外，不论其社会出身如何，发生的大多数流动性反映了每个人的职业发展与经济增长。虽然这可能掩盖了继承特权的一些社会后果，但并不否定它们。

### （一）中国政策：走出困境的方式

过去几十年来，中国自改革开放初期以风险投资和出口导向型增长政策进行首次试点以来，就被称为世界工厂和增长奇

---

① Piketty, T., Brasil não cresce se não reduzir sua desigualdade, *Folha de São Paulo*, São Paulo, 2017, http：//www1. folha. uol. com. br/mercado/2017/09/1922435-brasil-nao-cresce-se-nao-reduzir-sua-desigualdade-diz-thomas-piketty. shtml.

② Hout, M., Economic Change and Social Mobility, In G. Therborn (Ed.), *Inequalities of the World* 2006, pp. 119 - 135, London：Verso.

# 第十一章　中国和巴西：从中等收入陷阱到可持续发展的转变？
## 从社会学的视角看消费、不平等与中等收入陷阱

迹。[1] 面对地区和全球范围内一些经济和金融危机动荡的全球环境，以及日益稳定的城市中产阶级急剧变化的国内局势，北京的决策者现在转向国内消费和创新以保持高增长水平。[2]

这个转变过程中最重要的标志之一，可以从邓小平关于"以经济建设为中心"的宣言中看出来。伴随着重大改革，"团结一切力量迎接未来挑战"，由此产生的所有制结构的深刻变化导致非公有制经济迅速增长以及产生了私营企业主的新社会阶层。在中国不断发展的东海岸和内陆大都市中，空前的城市化速度和快速工业化将两亿的农民转变为"新工人"。与此同时，城市中间阶层的显著增长最终将成为消费驱动的经济体系的支柱。所有这些也伴随着严重的节育和自20世纪70年代以来的独生子女政策造成的重大人口变化，同时也伴随着不平等的急剧扩大，尤其是城乡差距。尽管20世纪80年代初的城市基尼系数仅为0.16，但近年来这些比例已升至0.5左右的高水平。[3] 如前所述，中国现在已经跻身世界30个最不平等的国家之列。

由改革引起的利益格局变化包括中央和地方政府之间的收入和支出共享，导致私人、外资和乡镇企业形成了自己的独立

---

[1] Kuijs, L. and Wang, T., *China's Pattern of Growth: Moving to Sustainability and Reducing Inequality*, Washington, D. C.: World Bank, 2005; Li, S., Recent Changes in Income Inequality in China, In F. Caillods & M. Denis (Eds.), *World Social Science Report: Challenging Inequalities: Pathways to Just World*, 2016, pp. 84 – 89, Paris: UNESCO Publishing.

[2] Lardy, N., China: Toward a Consumption-Driven Growth Path, *Policy Briefs in International Economics*, 2006, 6: 1 – 13.

[3] Xie, Y., & Zhou, X., Income Inequality in Today's China, *Proceedings of the National Academy of Sciences of the United States of America*, 2014, 111 (19): 6928 – 33; Li, S., Recent Changes in Income Inequality in China, In F. Cailloids & M. Denis (Eds.), *World Social Science Report: Challenging Inequalities: Pathways to Just World*, 2016, pp. 84 – 89, Paris: UNESCO Publishing.

利益。① "税收与营利" 政策大大改变了经济的运行，特别是长期支配中国经济的改革后的国有企业，这些企业可以轻易获得基金和信贷。② "让一些人先富起来" 的做法，加上城市和省份之间日益激烈的竞争以及地区间的利益分歧，造成了相对的不平等。③

20 世纪 80 年代，中国家庭消费平均略高于国内生产总值的一半，但这一比例从 20 世纪 90 年代的 46% 下降到 2005 年的 38%，到 2015 年只有 36%。这是所有主要经济体的最低份额之一，而世界平均水平比如英国和印度约为 60%，美国则为 70%。④ 居民就业和收入状况的差异扩大了收入差距，降低了消费对经济增长的贡献率，而在同一时期，资本投资对中国经济增长的贡献占了一半以上。⑤

---

① Wong, C. P. W., Central-Local Relations in an Era of Fiscal Decline: The Paradox of Fiscal Decentralization in Post-Mao China, *The China Quarterly*, 1991, 128: 691 – 715.

② Zhigang, Y., Vercueil, J. and Boyer, R., A Growth Model with Chinese Characteristics, *Revue de La Régulation, Capitalisme, Institutions, Pouvoirs*, 21, 2017, http://regulation.revues.org/12315.

③ Zacharias, J., Emergence of a Central Space in a New Chinese City: the Case of Shenzhen, Paper presented at 47th ACSP Annual Conference, Milwaukee, 2007, https://doi.org/10.13140/2.1.4586.6567; Li, S., Recent Changes in Income Inequality in China, In F. Caillods and M. Denis (Eds.), *World Social Science Report: Challenging Inequalities: Pathways to Just World*, 2016, pp. 84 – 89, Paris: UNESCO Publishing.

④ Lardy, N., China: Toward a Consumption-driven Growth Path, *Policy Briefs in International Economics*, 2006, 6: 1 – 13; Hsu, S., China's Efforts to Boost Consumption: Are They Enough? *The Diplomat*, 2015, https://thediplomat.com/2015/05/chinas-efforts-to-boost-consumption-are-they-enough/.

⑤ Zhigang, Y., Vercueil, J. and Boyer, R., A Growth Model with Chinese Characteristics, *Revue de La Régulation, Capitalisme, Institutions, Pouvoirs*, 21, 2017, http://regulation.revues.org/12315.

## 第十一章 中国和巴西：从中等收入陷阱到可持续发展的转变？
### 从社会学的视角看消费、不平等与中等收入陷阱

2004年12月，中国领导层决定将其政策从投资和出口导向发展转向消费驱动型增长发展。在2006年全国人大常委会上，温家宝总理强调了这一意图，并强调了这并不意味着领导层想要放慢经济增长速度，主要目标是改变消费需求结构并提高投资效率。政府认为，如果通过扩大中国家庭的消费，而不是通过中国企业的投资激增和"全球贸易顺差的膨胀"，更有可能达成可持续的快速增长。①

自从政府做了这个决定以来，政府便开始实施为了农村和低收入家庭制定的政策，包括发放农业补贴与免除农业税。20世纪90年代，农村家庭的累计税收占到了该群体平均收入的10%，而这对于农村家庭来说是极其沉重的负担。根据李（Li）的观点，这些废除累进税的改革对缓解城乡收入差距扩大产生了积极的影响。② 自20世纪90年代以来，现金转移计划低保在逐步实验性地实施中，它的目的是保障贫困和低收入家庭的最低收入。它迅速扩大，并且覆盖到农村和城市地区，2013年约5400万人受惠于此政策。③ 此外，健康保险例如"新型农村合作医疗"和"新型农村养老保险"等政策得到迅速发展。截至2013年年底，已有8亿多农村人口参加该健康保险，覆盖中国近99%的农村地区。戈兰、西库勒和尤玛帕西④指出了该计划

---

① Lardy, N., China: Toward a Consumption-driven Growth Path, *Policy Briefs in International Economics*, 2006, 6: 1–13.

② Li, S., Recent Changes in Income Inequality in China, In F. Caillods and M. Denis (Eds.), *World Social Science Report: Challenging Inequalities: Pathways to Just World*, 2016, pp. 84–89, Paris: UNESCO Publishing.

③ Golan, J., Sicular, T. and Umapathi, N., *Any Guarantees? China's Rural Minimum Living Standard Guarantee Program* Washington, D.C: World Bank, 2014.

④ Ibid..

对农村收入的间接影响。①

虽然李认为政府的经济政策是"平等分享增长和和谐社会的结果""刺激投资和出口增长以鼓励增加消费"的举措，② 但拉迪③认为，随着消费刺激措施（如住房部门）尚未生效，向消费驱动型增长过渡的起步缓慢，甚至"可能大幅度延迟"。④

自中国改革开放以来，随着更多市场化政策的采用，与之前财富分配状况相比，如今的不平等状况加剧。东部沿海城市以及后来较大的内陆城市工业发展极速的增长模式无疑加剧了城乡差距。但是，必须要指出的是中国政府已经做出努力以减少这些状况。随着其增长模式的改变，数亿农民工中的许多人可能会迁回农村家园，并将有关金钱和观念的变化带回农村。未来对家庭关系、健康和社会保障融资的影响以及经过三十年严格的计划生育后的社会老龄化仍有待观察。⑤

日益发展的消费主导的经济，其影响不仅在经济方面，而且与社会和环境科学也有关系。中国的新消费模式必然伴随着能源生产、固体废弃物和自然资源管理的彻底改变。此外，为了确保社会文化和环境可持续发展，正如生态社会理论所说，我们要对资源有限的脆弱自然体系内的自然—社会关系和人类认同有新的认识。

---

① Li, S. Recent Changes in Income Inequality in China., In F. Caillods & M. Denis (eds.), *World Social Science Report*: *Challenging Inequalities*: *Pathways to Just World*, 2016, pp. 84 – 89, Paris: UNESCO Publishing.

② Ibid..

③ Lardy, N., China: Toward a Consumption-driven Growth Path, *Policy Briefs in International Economics*, 2006, 6: 1 – 13.

④ Hsu, S., China's Efforts to Boost Consumption: Are They Enough? *The Diplomat*, 2015, https://thediplomat.com/2015/05/chinas-efforts-to-boost-consumption-are-they-enough/.

⑤ Dreger, C. and Zhang, Y., Prospects for Consumption-Based Growth in China, *DIW Economic Bulletin*, 2014, 2 (2): 3 – 6.

第十一章　中国和巴西：从中等收入陷阱到可持续发展的转变？
从社会学的视角看消费、不平等与中等收入陷阱　251

## （二）巴西为逃避中等收入陷阱的基于消费的增长战略

许多人认为巴西是一个陷入中等收入陷阱的国家的典型例子。如上所述，在过去的一个世纪中，该国从20世纪60年代和70年代的持续而强劲的增长走向了从20世纪80年代到2000年经济整体停滞的时期。后一阶段的停滞使得它将生活水平提高到与高收入经济体所享有的类似的水平。近期的经济繁荣受到大宗商品价格的支持，并导致消费扩张，但这些时期往往会戛然而止。① 正如纳西夫所观察到的那样，这种增长模式引发了一个问题，那就是巴西中产阶级的扩张和该国21世纪的经济增长是否表明数百万人确实已摆脱贫困并进入中产阶级，② 还是这仅仅只是临时经济繁荣的影响。根据纳西夫的说法，2003年至2009年期间有2400万人的生活水平超过了贫困线，但在危机之后，仅2015年就有大约370万巴西人重新陷入贫困。③

造成中等收入陷阱的主要原因是中等收入国家的工资水平较高，这使中等收入群体无法在生产低技能劳动密集型产品方面享有比较优势。与此同时，中等收入国家往往无法与高收入国家竞争高技术产品的生产。林和特雷克尔将中等收入陷阱定义为无法从低附加值产业升级为高附加值产业的状况，二者在许多拉美国

---

① Kharas, H. and Kohli, H., What Is the Middle Income Trap, Why do Countries Fall into It, and How Can It Be Avoided? *Global Journal of Emerging Market Economies*, 2011, 3 (3): 281–289.

② Nassif, A., An Analysis of Brazil's Economic Situation: 2014–2017, the Short-term Outlook and Policy Alternatives, *Brazilian Keynesian Review*, 2017, 3 (1): 95–108.

③ Caleiro, J. P., Crise empurra 3, 7 milhões de volta para fora da classe C, *Exame*, 2016, http://exame.abril.com.br/economia/noticias/crise-empurra-milhoes-de-volta-para-fora-da-classe-c.

家都有发生。①

巴西一直采取主要基于消费导向型增长的战略以解决这个问题。这一战略依靠国家的市场规模和产业基础来促进国内需求的增长。事实上，历届政府都采取了一系列刺激内需的措施：在整个 21 世纪初，国家银行经济和社会发展银行（BNDES）、巴西银行（BB）和巴西联邦储蓄银行（一家公有金融机构）一直在用信贷灌溉市场以促进消费。政府的消费刺激计划通常基于减税、住房补贴和社会计划。2009 年，政府向宏观经济运行注入了 204 亿美元，其中一部分是为了应对全球金融危机的影响。②

有趣的是，尽管政府一直在发生着变化，但刺激需求却是持续的政策趋势。2011 年 12 月，当时的工人党（"Partido dos Trabalhadores" 或 PT）政府推出了一系列措施来提振消费，包括免除和减少工业品税（IPI），临时豁免对于某些公司利润的特定援助（PIS / COFINS），通过"我的家我的生命"计划增加获得信贷和扩大政府住房补贴。③ 五年之后，2016 年 1 月，新的特默政府宣布将通过扩大信贷渠道分配 830 亿巴西雷亚尔以促进消费和投资。④

---

① Lin, J. Y. and Treichel, V., *Learning from China's Rise to Escape the Middle-income Trap-A new Structural Economics Approach to Latin America*, Washington, D. C., World Bank, 2012.

② Ferrari Filho, F. and Paula, L. F., A Critical Analysis of the Macroeconomic Policies in Brazil from Lula da Silva to Dilma, *Brazilian Keynesian Review*, 2015, 1 (2): 218 – 227.

③ Federal Government of Brazil., Governo adota pacote de estímulo à economia, 2011, http://www.brasil.gov.br/governo/2011/12/governo-adota-pacote-de-estimulo-a-economia.

④ Federal Government of Brazil., Governo lança medidas para injetar R$ 83 bi na economia e incentivar o crescimento, 2016, http://www.brasil.gov.br/governo/2016/01/governo-lanca-medidas-para-injetar-r-83-bi-na-economia-e-incentivar-o-crescimento.

### 第十一章 中国和巴西：从中等收入陷阱到可持续发展的转变？
从社会学的视角看消费、不平等与中等收入陷阱

因此，巴西一直注重基于消费的增长战略，以此作为通过拉动内需实现增长的手段。巴西政府通过获得信贷和减税刺激需求，同时实施社会计划以减少极端贫困和不平等。该国认为，消费及具体阶级认同的中心概念带来了对于需求的关注。人们通过消费模式认为自己属于中产阶级，尤其是拥有一个房屋。① 因此，政策制定者可能认为通过减少赤贫和刺激中产阶级的消费实现发展。

然而，根据一些学者的说法，虽然消费拉动增长政策已经显示出其相关性，但这一战略还不足以让该国摆脱中等收入陷阱。正如日本、韩国和新加坡等东亚经济体所证明的那样，通过创新和出口导向型增长来形成具有竞争力的经济是至关重要的。在不同的经济发展阶段，这些经济体都将从农业经济转向服务业和高科技经济。东亚经济体通过提高在其GDP中占比较高的商品业和服务业的份额，从而实现长期维持更高的生活水平。如果巴西没有成功实现工业基础多样化，那么它将面临非工业化进程增加的风险。②

如果不能恰当地解决极端不平等和缺乏生产力和竞争力的问题，巴西可能将长期囿于中等收入水平。为了提高中等收入水平以外的生活水平，巴西必须将适当的社会政策与促进更具生产力和竞争力的经济政策结合起来。有关中产阶级、消费和发展之间的关系，可能有人认为中产阶级可以为长期的发展做出贡献，但它的角色并不局限于在经济走向好的时候成为国家的信用消费者。

---

① O'Dougherty, M., *Consumption Intensified: The Politics of Middle-Class Daily Life in Brazil*, Durham: Duke University Press, 2002.

② Tjong, E., *Evaluating Sino-Brazilian Economic Relations: Which Roads for Development in a Resource-Rich Country*, Shnaghai: Fudan University, 2014.

## 四　结　论

几十年来，伴随着国内消费市场的扩大趋势，中国和巴西的国民收入总体呈增长趋势。然而，想要更好地理解这个过程，我们有必要关注在这些不平等社会不断变化的背景下建立的新的主体。随着两国从生产主导型政策转向消费型主导政策，重要的是了解公民从工人到消费者的转变。在消费者市场上创造公民"民主包容"的话语权的氛围是不够的，必须深入研究这一过程中出现的新的不平等和隔阂。

消费——作为权力、代理人和想象力的来源，其内涵超越了采购行为，它在现代经济主体中扮演着核心角色，在界定个人界限的同时也扮演着社会归属的角色："这是一种在他们进行社会结构的转化的过程中监禁与解放个人的行为。"[1]

不平等、消费和经济增长是复杂的事情，不仅涉及经济分析，而且要求研究人员明白货币再分配不是促进平等和社会正义的唯一途径。"不平等有许多不同的原因与派生的问题，不能将其归结为经济领域的重叠。……不平等的许多方面都是分配赋权，不仅包括经济，还包括文化和政治等等"。[2]

过去二十年来，巴西实施了一系列刺激消费和减少极端贫困的社会政策，成功地急剧缩小了收入不平等差距。然而，最近在社会公平方面的进展似乎受到该国目前的经济和政治危机的威

---

[1] Pinheiro-Machado, R. and Scalco, L. M., Rolezinhos: Marcas, consumo e segregação no Brasil, *Revista Estudos Culturais*, 2014, 1 (1): 1–20.

[2] Costa, L. G. and Scalon, C., Income Inequality and Social Stratification in Brazil: Key Determining Factors and Changes in the First Decade of the 21st Century, In P. Li, M. K. Gorshkov, C. Scalon and K. L. Sharma (Eds.), *Social Stratification in the BRIC Countries: Change and Perspective*, 2013, p. 289, Singapore: World Scientific.

## 第十一章 中国和巴西：从中等收入陷阱到可持续发展的转变？
### 从社会学的视角看消费、不平等与中等收入陷阱

胁。巴西的不平等现象具有多层次和多方面的特点，其严格的阶级结构导致通过不平等的机会提供不平等的再生产。这种情况给巴西打击不平等的长期进程带来了更多困难。

反过来，中国的政策是将其经济增长从受投资和出口驱动的模式转变为以国内私人消费为基础的新模式。作为这项政策的潜在结果，消费预计将成为未来 GDP 增长的关键。尽管如此，这一过程面临着一系列障碍，例如历史上的高储蓄率，特别是由低水平的社会保障和高度受监管的金融市场以及城乡差距所驱动的。[①]为了更好地理解这一过程，必须关注参与这种转变的代理人背景和经验。中国以前的发展周期在低工资增长支付的出口市场上具有价格竞争力。曾经被称为工人（生产公民）的公民现在不得不作为消费者（消费公民）在社会中找到新的位置。"当生产这一主题重新出现在抽象世界的链条中时，它是一个负面的虚幻的过程，生产的'我'必须进入一个与'他人'消费的识别或主观化的过程。"[②]

尽管消费是两国为实现持续经济增长而推动的战略，但我们应该谨慎处理潘·恩指出的"民主表演"——一场所有人都可以参与的消费"革命"。消费者可以加强原有的社会不平等结构，甚至创造新的种族隔离方式，正如作者在她的民族志中所观察到的那样，她们是在 20 世纪 90 年代中期从农村迁移到城市中心的女性移民劳工。这些人陷入了一场复杂的权力斗争，与此同时，她们追求通过消费来增强她们的文化资本并拓宽她们在城市的见识，她们在尝试挑战新的消费空间时面临着歧视

---

① Dreger, C. and Zhang, Y. , Prospects for Consumption-Based Growth in China, *DIW Economic Bulletin*, 2014, 2（2）: 3 – 6.

② Ngai, P. , Subsumption or Consumption? The Phantom of Consumer Revolution in "Globalizing" China, *Cultural Anthropology*, 2003, 18（4）: 469 – 492.

和羞辱，因为她们没有得到承认作为"合格"的个体来整合这些动力。

正如皮耶罗·马卡多和斯卡格（2014）在"角色现象"中观察到的那样，巴西也可以观察到新的不平等动态的出现，其特征是来自低收入群体的大量年轻人在购物商场和其他精英消费者中心散步，这阐明消费市场对于边缘人群和旧的社会结构的包容性。① 然而，这些事件引起了传统上占据这些空间的精英消费者和店主的骚动，他们甚至试图否认这些年轻消费者在商场中流动的权利。这种现象引发了一场关于包容和复制旧的不平等现象的复杂辩论，例如种族隔离，以及作为民主"城市权利"的新的不平等。

中国和巴西对以消费为基础的发展项目的投资，扩大巴西的信贷或改善中国的社会保障，可能不足以实现该项目的成功。采取以消费为主导的发展模式来避免中等收入陷阱只有在我们关注正在进行这一转变过程的个人以及在这种背景下建立的新的主体时才会成功。必须使可持续的包容性发展战略超越宏观经济，通过人类学的视角和人种学的敏感性，来理解参与发展的矛盾和悖论的代理人的观点。发展必须以全面的方式来理解，因为它不仅仅是通过一个国家的收入水平来表达的。无论是以经济增长还是危机为导向，经济水平的变化都会影响个人如何相互作用和相互感知，如何生产和消费商品和服务，以及如何看待自己在社会中的地位作为阶级身份的来源。

本章旨在通过采取更广泛的视角，为关于中等收入陷阱的讨论及其对中国和巴西发展的潜在挑战做出贡献。可以认为，中等收入陷阱带来的挑战超出了经济增长的范围；它还通过影响包容性和社会正义以及一个国家的环境可持续性来影响社会和阶级结

---

① Pinheiro-Machado, R. and Scalco, L. M., Rolezinhos: Marcas, consumo e segregação no Brasil, *Revista Estudos Culturais*, 2014, 1（1）：1-20.

# 第十一章 中国和巴西：从中等收入陷阱到可持续发展的转变？
## 从社会学的视角看消费、不平等与中等收入陷阱

构。这种对发展的整体理解的例子是中国近期的"十三五"规划，该规划提出了需要跨学科辩论的项目，其中跨文化贡献可以带来创造性的解决方案。

总之，我们希望通过提出一个更综合的方法来解决中等收入陷阱和发展挑战问题：我们应该超越单纯从经济角度考虑可持续增长的观点，而不是与其他方面孤立开来考虑。消费驱动的增长对不平等和收入水平的影响必须通过整合社会可持续性的方法加以研究，特别是在包容性和社会正义以及环境可持续性的领域。

玛丽安娜·哈泽·尤塔（Mariana Hase Ueta）
埃里克·张（Erick Tjong）
尼可拉斯·维尔纳·魏因斯（Niklas Werner Weins）

# 第十二章　中国和巴西的气候变化：影响、政治反应和挑战

如果最初温室气体排放只被认为是一个突出的环境问题，那么这种现象的复杂性已经将这个问题转变为 21 世纪的一大挑战：除了影响环境、经济和政治问题外，这个问题也会影响发展和公共卫生。温室气体排放及其直接后果——气候变化——威胁了人类的生存。政府间气候变化专门委员会的两份报告总结了这些威胁。①

控制温室气体排放的政策直接影响生产和消费之间的关系，从这个意义上说，中国和其他国家在努力平衡经济增长的生产和维持与减少排放上，面临着巨大的挑战。

从 20 世纪 80 年代开始，由于人类活动的不断增加，中国与巴西的温室气体排放量呈指数级增长。这些排放加剧了全球变暖，导致大气污染物的高度聚集、生态系统变化、海平面升高、

---

① IPCC, Climate Change 2007: Synthesis Report, In: R. K. Pachauri e A. Reisinger (eds.), Contribution of Working Groups Ⅰ, Ⅱ and Ⅲ to the Fourth Assessment Report of the Intergovernmental Panel on Climate Change, Cambridge: Cambridge University Press, 2007; IPCC, Working Group I Contribution to the IPCC Fifth Assessment Report, Climate Change 2013: The Physical Science Basis, Summary for Policymakers, Cambridge: Cambridge University Press 2013.

# 第十二章　中国和巴西的气候变化：影响、政治反应和挑战

沙漠化、飓风、台风和旋风发生频率增加，全球部分地区气温升高。①

考虑到气候变化影响到每一个人，而且不能够从单一角度去考虑，所以科技进步、经济发展、现代社会的工业化和激进化倾向导致的一系列环境风险必须从全球化的视角去处理。②

从这个意义上说，为了处理21世纪的环境问题，我们需要考虑新的政治和经济策略，以减少排放和促进适应。我们知道这是我们必须做的，毕竟，即使排放停止，我们也会在未来很长时间承受气候变化造成的恶果。③

本章旨在了解中国和巴西温室气体排放的性质，讨论两国气候变化的主要经济和社会影响；同时，梳理两个国家在国家层面和国际层面上的关于气候变化问题的政治运作。对此，笔者使用的主要数据是排放报告、立法、国家规划；次要数据是文献回顾。

本研究由巴西坎皮纳斯州立大学环境研究与研究中心（NEPAM）的全球南方国家全球环境变化社会影响实验室（LABGEC）负责进行，由莱拉·达科斯塔·费雷拉（Leila da Costa Ferreira）教授负责协调。莱拉教授调查了全球南方国家，特别是巴西、中国和莫桑比克的气候变化。我们的目标不是在各国之间进行比较分析，而是从实证研究得到的经验着手，着眼于更大的

---

① Beck, U., *Sociedade de Risco-Rumo a uma outra modernidade*, São Paulo: Editora 34, 2010; Giddens, A., *A Política da mudança climática*, Rio de Janeiro: Zahar, 2010; Ferreira, L. and Barbi, F., Questões ambientais e prioridades políticas na China, *ComCiência*, 2012, 137.

② Beck, U., *Sociedade de Risco-Rumo a uma outra modernidade*, São Paulo: Editora 34, 2010.

③ Barbi, F. and Ferreira, L., Governing Climate Change Risks: Implications for Mitigation and Adaptation, *Fudan Journal of Humanities and Social Sciences*, 2016, 9 (4): 589–606.

社会学问题——全球环境变化,并使我们能够理解克服中等收入的问题。这将帮助我们从环境问题和人对自然的影响的角度,思考如何解决中等收入陷阱的问题。由此,本章将从不同角度,从跨学科和整体性的视角研究环境问题。

## 一 中国与巴西的温室气体排放

中国自2007年起超越美国,[①] 成为世界上温室气体排放最多的国家,占全球2015年排放总量的29%。中国温室气体排放增长很快,从1990年到2010年增长了300%。

这个增长来自于1978年"四个现代化"发展计划所带来的社会变革,它使得中国重新成为世界经济体系的一员。"四个现代化"发展计划旨在发展农业、工业、国防、科技,使得中国在2050年之前成为世界主要力量之一。[②] 邓小平说这个发展计划的目的是吸收外国投资和科学技术,使得国民生产总值翻四番,并通过改革开放政策将中国开放给全世界。[③] 大量温室气体排放与化石燃料,主要是煤,直接相关。直到今天,中国的能源使用仍然遵照这个模式,煤占据了超过60%的年能源产量,[④] 并且中国使用超过全球煤矿产量的50%。这些年,参考"十一五"国家能源战略计划,政府开始加大对再生能源(例如风能和太阳能)

---

[①] IEA-International Energy Agency, *World Energy Outlook* 2015, OECD/IEA, 2015.

[②] Gamer, R. E., *Understanding contemporary China*, Colorado: Lynne Rienner Publishers 1999; Leite. A C., *A industrialização de áreas agrícolas na China: uma consequência do recente desenvolvimento chinês*, Revista da Sociedade Brasileira de Economia Política, 2013, 36: 91–116.

[③] Hsü, I., *The Rise of Modern China*, New York: Oxford University Press, 2000.

[④] Liu, Zhu, *China's Carbon Emissions Report* 2015, Cambridge: Harvard Kennedy School, 2015.

第十二章　中国和巴西的气候变化：影响、政治反应和挑战

的投资，煤炭作为主要能源的情况在缓慢改善，目标是实现第十三个五年计划（2015—2020年）中提到的降低18%的温室气体排放。在风能和太阳能之外，"十三五"计划也希望让中国水力发电产能翻番，并且建造超过30个核电站，核电站计划在2011年日本福岛事件后产生了很多争议。①

1980年以来温室气体排放的迅速增长，与中国发生的深层次变革相关：包括工业化的迅猛发展，制造业的国际化、城市化、土地使用的变化，人口增长和中产阶级的崛起等种种因素。②

中国大量出口低价值的商品使得中国重新加入全球化市场。生产的大量增长造成对能源的大量需求，这种需求又由煤炭焚烧来实现。工业与能源产业成为了温室气体的主要排放者，接下来是混凝土行业及交通业——这两个行业与城市化进程及人口分布变化密切相关。③

混凝土行业的扩张使得城市能够建造大量房屋来容纳从农村涌入的人口。这个有史以来最大的城市化进程，有超过3亿人被重新安置。④ 所以，建筑数量和混凝土使用大量增加。混凝土行业被认为是全球变暖的主要贡献者和主要二氧化碳的工

---

① Basso, L. and Viola, E., Chinese Energy Policy Progress and Challenges in the Transition to Low Carbon Development, 2006 - 2013, *Revista Brasileira de Política Internacional*, 2014, 57: 14 - 16.

② Shapiro, J., *China's Environmental Challenges*, Malden: Polity Press, 2012.

③ Shi, H. and Zhang, L., China's Environmental Governance of Rapid Industrilisation, *Environmental Politics*, 2006, 15 (2): 271 - 292.

④ He, Qinglian, Who is Responsible for China's Environment? *Big Country, Small World 37*, China Rights Forum, n. 1, 2006, http://www.hrichina.org/sites/default/files/PDFs/CRF. 1. 2006/CRF - 2006 - 1_Responsible. pdf.

业排放者。① 中国生产了几乎全球混凝土的一半，在制造混凝土过程中燃烧了大量煤炭，产生大量二氧化碳及其他重金属，如铊、镉、汞和铅。②

大量人口从农村到城市的重新安置对中国社会结构及运行造成很大的影响。在1980年，80%的中国人生活在农村。到2014年，53%的中国人生活在城市，只有47%生活在农村。③ 快速的变化已经导致更大的生态压力。毕竟，城市中心的规模越大，需要消耗的能源和水就越多，排放的温室效应气体和其他气体与颗粒物也越多。

全球化和中国改革开放造成了中国在80年代城市的扩张和新生活方式的建立。一个新的中产阶级从而产生，他们有着西方的消费和生活习惯，包括拥有一辆车、在每间房间都有空调或暖气、消费更多不必要的商品和肉类、制造更多的垃圾，这直接导致了温室气体排放的增加。温室气体排放是气候变化的主要元凶。④

中国已经拥有全世界最大的汽车市场，在2010年的汽车销量超出美国1720万辆。⑤ 奢侈品市场也发展迅猛，世界20%的奢侈品消费，包括珠宝、手表、服装、鞋等，都发生在中国。这

---

① Rehan, R. and Nehdi, M., Carbon Dioxide Emissions and Climate Change: Policy Implications for the Cement Industry, *Environmental Science and Policy*, 2005, 8: 105 – 114.

② Gerth, K., *As China Goes, So Goes the World: How Chinese Consumers are Transforming Everything*, New York: Hill and Wang, 2010.

③ United Nations, Department of Economic and Social Affairs, Population Division, *World Urbanization Prospects: The 2014 Revision*, New York: United Nations, 2014.

④ Shapiro, J., *China's Environmental Challenges*, Malden: Polity Press, 2012; Zhang, L. and Ong, A., *Privatizing China: Socialism from Afar*, New York: Cornell University Press, 2008.

⑤ Shapiro, J., *China's Environmental Challenges*, Malden: Polity Press, 2012.

## 第十二章　中国和巴西的气候变化：影响、政治反应和挑战

是一个很清晰的例子，表明通过互联网和新媒体的应用，西方文化正越来越被中国接受，中国人越来越多去国外，同时有越来越多的外国人来中国。

我们观察到一个全球运动，中国在其中进口生活方式。然而，由于在20世纪80年代推进的现代化，中国成为了一个巨大的风险出口国，正如乌尔里希·贝克（Ulrich Beck）的研究中提到的，科技发展制造出了新的后工业时代的全球风险，这种风险会影响每件事每个人，是无法感知、无法描述和无法预测的。在这些风险中，有与生态相关的风险，如环境和气候变化，这也是这一章节的主题。[1]

气候变化是21世纪最紧急、最深刻和最严重的环境危机。它最紧急，因为我们几乎没有时间使得温室气体在大气层中以可接受的程度稳定下来。它最严重，因为它使得沙漠化、水资源和生态多样性危机更加严重。此外，它破坏了很多现有的基础设施和经济活动，极大影响穷人的生活。它最深刻，因为直到今天我们仍没有解决问题的技术手段。[2]

尽管中国在气候变化及温室气体排放问题上处于显著位置（由于大量温室气体排放，中国被认为是一个可以主导全球气候变化的主要力量），巴西在世界温室气体排放量上排在第七，[3] 但也因为它在解决气候问题上的努力，被国际认可。

与中国不同，巴西的温室气体排放主要与土地使用和农耕相关。然而，在过去的几十年，我们观察到由于能源生产造成的温

---

[1] Beck, U., *Sociedade de Risco-Rumo a uma outra modernidade*, 2010, São Paulo: Editora 34.; Ferreira, L., *O Desafio das Mudanças Climáticas: Os Casos Brasil e China*, Jundiaí: Paco editorial, 2017.

[2] Beck, U., *Sociedade de Risco-Rumo a uma outra modernidade*, 2010, p. 10, São Paulo: Editora 34.

[3] OC-Observatório do Clima, *Emissões do Brasil sobem 9% em 2016*, Presskit, SEEG, 2017.

室气体排放在增加,如图 12-1 所示。

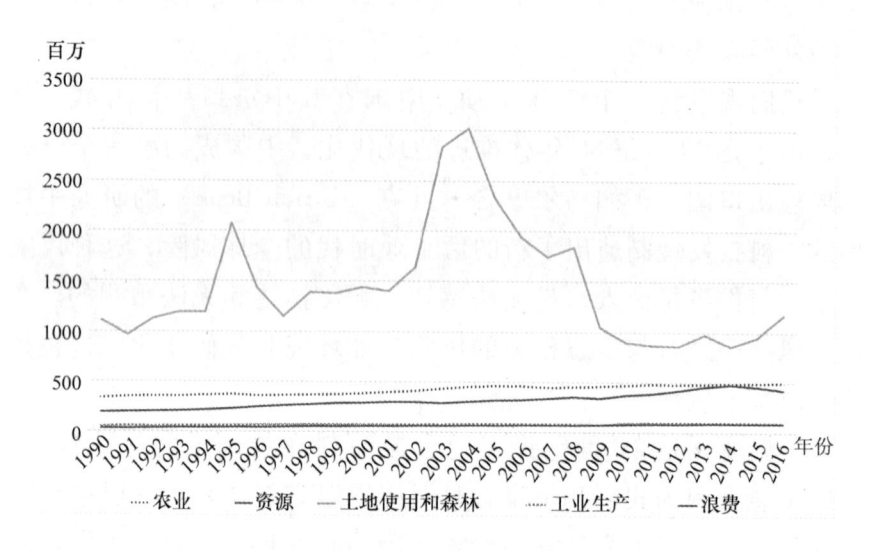

图 12-1　巴西温室气体排放量（1990—2016 年）

资料来源：OC-Observatório do Clima, SEEG, 2017。

在 2016 年温室气体排放中,由土地使用变化导致的排放达到 51%,与 2015 年 23% 相比有显著增长。[1] 这个增长是由于亚马孙地区的去森林化导致的,并与大宗商品（比如大豆和奶牛）到中国和其他国家的出口增长密切相关。2009 年,中国成为巴西的主要贸易伙伴,[2] 最近中国在农产品上的相关立法或许将使这种伙伴关系进一步发展。从 2017 年 5 月起,中国将不再限定农产品最低价格。之前,农产品最低价格遏制中国国内农产品生产,鼓励农产品进口。于是,巴西在商业上和经济上均受益,出

---

[1] OC -Observatório do Clima, *Emissões do Brasil sobem* 9% *em* 2016, Presskit, SEEG, 2017.

[2] Mortatti, C. M., Galvão de Miranda, S. H. and Bacchi, M. R., Determinantes do comércio Brasil-China de *commodities* e produtos industriais: uma aplicação VECM, *Economia Aplicada*, 2011, 15 (2): 331-335.

## 第十二章　中国和巴西的气候变化：影响、政治反应和挑战

口更多的饲料谷物、肉类、水果和其他大宗商品。然而，这些出口对环境造成了很大影响，因为需求增加造成了去森林化的加剧和巴西农业的扩张。

就气候变化而言，去森林化不仅导致温室气体排放，还破坏了一个重要的碳汇——森林。碳汇是指能够吸收（相比排放）更多碳的资源，比如森林、土地和水。去森林化会造成更大的气候变化，而且就亚马孙森林这个案例来说，它直接影响这个地区，与巴西东南部情况相同。进入大气层的蒸汽减少，导致更少的空气河形成，造成巴西东南部降雨减少。这只是很多由去森林化导致的主要气候变化的案例之一。[1]

与中国不同，巴西显示了一个农业国家的温室气体排放分布，农业与畜牧业是全国第二大温室气体排放行业。当我们把土地变化行业和农业与畜牧业放在一起时，这两个行业造成了超过70%的所有温室气体排放。很有意思的是，巴西温室气体排放正发生在严重的经济衰退时期，"巴西是世界上仅有的经济体，只增加污染，却没有增加社会财富"。[2]

在巴西，能源行业，这个中国最大的温室气体排放行业，只能排到第三，因为巴西的能源行业主要是水力发电。水力发电与煤炭发电（中国广泛使用）相比，排放温室气体要少很多。2016年的温室气体减排的主要原因有：使用风能和太阳能；2014年旱灾之后蓄水池水位恢复使得2014年和2015年使用火电厂；经济衰退。

在像里约热内卢和圣保罗这样的大型城市，温室气体排放主要由燃烧化石燃料导致。这两个城市总共占据全国温室气体排放的3%。

---

[1] Nobre, A. D., *O Futuro Climático da Amazônia*, Relatório de Avaliação Científica, São José dos Campos: Edição ARA, CCST-INPE e INPA, 2014.

[2] OC-Observatório do Clima, *Emissões do Brasil sobem 9% em 2016*, Presskit, SEEG, 2017, p. 2.

巴西与中国温室气体排放现状的不同，表明了两个国家需要使用不同政策来降低温室气体排放。尽管从全球角度看，温室气体排放造成的危害是相同的（都造成全球气候变化），它在不同地区造成的危害却不同，我们将在下一主题中看到。

## 二 中国与巴西的温室气体排放造成的经济和社会影响

自从工业革命以来，人类活动被认定为是温室气体排放增长的主要始作俑者，从1970年到2004年增加了超过70%。有强有力的科学证据表明全球变暖主要是由温室气体浓度的增加引起的，例如二氧化碳（$CO_2$）、甲烷（$CH_4$）、氧化亚氮（$N_2O$）和卤代烃。这些气体排放的加剧增加了温室效应。温室效应是一种自然现象，通过控制地球表面的温度，使人类能够生存。然而，人为排放已经将温室效应变成一个问题，它升高了大陆和海洋的温度，融化极地冰盖使海平面升高，让沙漠化出现，加剧台风、旋风和飓风，使降水和温度等气候模式发生变化。[①] 臭氧层的破坏减少了到达地球表面（对流层）的太阳辐射量，使地球吸收了更多的太阳辐射并保留了更多的热量。

人们开始感受到世界各地气候变化的影响。科学越来越多地致力于理解这个问题。此外，政府政策、公共和私营部门，以及非政府组织一直关注这些转变的后果对人类生活许多方面的影响。

---

① IPCC, Climate Change 2007: Synthesis Report, In: R. K. Pachauri e A., Reisinger (eds.), Contribution of Working Groups I, II and III to the Fourth Assessment Report of the Intergovernmental Panel on Climate Change, Cambridge: Cambridge University Press, 2007; IPCC, Working Group I Contribution to the IPCC Fifth Assessment Report, Climate Change 2013: The Physical Science Basis, Summary for Policymakers, Cambridge: Cambridge University Press 2013.

## 第十二章 中国和巴西的气候变化：影响、政治反应和挑战

如果在对问题的反思和讨论刚开始时，发达国家被视为应当负责实施温室气体减排政策，因为自19世纪工业革命以来，它们是主要的温室气体排放国。那么今天大多数参加国际协议的国家，已经在计划考虑它们的国家计划，来减缓和适应全球性气候变化。

值得注意的是，在应对气候变化时，我们在应对一种全球现象。例如，中国的污染后果并不仅止于它的国家地界。众所周知，加利福尼亚直接受到中国产生的有毒气体和颗粒物质的影响，这些物质被风吹到了美国海岸。[①] 同样，除了排放加剧全球变暖的温室气体外，亚马孙森林砍伐还影响巴西和南美其他国家的降雨形成，这对农业生产和发电有直接影响。正如将在本章的最后部分所看到的那样，温室气体排放作为一种全球现象，需要全球性的治理。

在20世纪后期人们已经感受到温度升高，这是自1880年测量开始以来最温暖的时期，并且预测表明，直到21世纪末，温度将继续升高至少2°C。根据政府间气候变化专门委员会最悲观的预测，即RCP 8.5预测，我们可能会看到2100年之前温度升高6°C。这种温度升高将对经济、社会、健康、食品安全等带来一些影响。

政府间气候变化专门委员会最后一份报告指出，气候变化必将直接影响农业生产，减少肥沃土地，影响物种繁殖和结对。[②] 这将使各国农业格局发生变化，可能会加剧仍然遭受粮食短缺的

---

[①] Ewing, S. A., Christensen, J., Shaun, T. B., Vancuren, R. A., Steven, S. and Depaolo, D. J., Pb Isotopes as an Indicator of the Asian Contribution to Particulate Air Pollution in Urban California, *Environmental Science Technology*, 2010, 44 (23): 8911 – 8916.

[②] IPCC, Working Group I Contribution to the IPCC Fifth Assessment Report, Climate Change 2013: The Physical Science Basis, Summary for Policymakers, Cambridge: Cambridge University Press 2013.

最贫穷国家的饥饿状况，使大宗农业商品价格上升，使人类需要消费的基本商品越来越贵。大卫·洛贝尔及其团队进行的研究发现，1980年至2008年间，全球市场上农产品价格由于气候变化的影响提高了大约20%。①

直到2050年，由于人口增长，农产品需求增加14%，农业生产力下降2%，② 饥饿问题可能会受到广泛争论，毕竟，全球南方国家可能是最受此影响的。尽管气候变化的影响是全球性的，但并非所有个体都会以同样的方式体验——富裕的人将受到较小的影响，在已经存在饥饿和贫困的地方，问题会变得更加严重。在这种情况下，巴西和中国将受到广泛影响。

在巴西，水稻（东南部）和大豆（中部地区）的种植受影响最大，而南美洲和中美洲的玉米种植受影响最大。巴西东北部的半干旱地区可能变成一个干旱地区，因为未来气候变暖，这将直接影响自给农业，以及社会和经济发展水平低下的人口生存。水供应量的减少（已经很低）和健康人口指数的下降可能会导致人们迁移。考虑到大面积地区将受到干旱的影响，中国的问题将更加严重，干旱要求增加灌溉。然而，中国今天的人均用水量已经很低。③ 不同的农业物种将无法以足够快的速度适应气候变化，这可能会减少其可耕种性并改变其种植面积。就巴西而言，我们证实了温带气候水果，如葡萄、梨、桃子和苹果可能会减产；然而，像甘蔗这样的热带气候水果可以种植到较冷的地区。

---

① Lobell, D. B., Schlenker, W. and Costa-Roberts, J., Climate Trends and Global Crop Production since 1980, *Science*, 2011, 333 (6042): 616 – 620.

② Nahur, A. C., Guido, F. L. and Gildi dos Santo, J. A., *As Mudanças Climáticas: Riscos e Oportunidades*, Programa Água Brasil, 2015, http：//www.bb.com.br/docs/pub/siteEsp/uds/dwn/mudclimatica.pdf.

③ Shapiro, J., *China's Environmental Challenges*, Malden: Polity Press, 2012.

## 第十二章　中国和巴西的气候变化：影响、政治反应和挑战

　　海洋的温度变化和水酸化（由于海洋中的二氧化碳含量较高）也改变了鱼类的供应，因为它们会为寻找更适合自身生存和繁殖的温度而迁移。这会直接影响到仍然以捕鱼为主要经济活动的人群。

　　干旱的存在加上食物和饮用水的供应减少可能加剧环境难民的发生，即由于他们所居住地区的环境条件而不得不放弃家园的个人。联合国预测，到2050年，由于气候变化，全世界将有超过2.5亿环境难民——其中大多数来自贫穷国家。这是一场重大的人道主义危机。①

　　中国肥沃土壤的减少以及对农业、能源和矿产资源的寻求使中国在种植和开采领域对新的供应商——非洲、亚洲和南美洲的几个国家感兴趣，一些国家则希望利用中国投资来应对自21世纪后期以来影响几个经济体的经济危机。对大宗商品的旺盛需求意味着中国能确保经济增长；在这个游戏中，中国开始直接影响产品价格和交易规则。②

　　这种粮食短缺、环境难民、经济增长减缓的情景可能会扭转目前的减贫趋势，在许多国家造成更严重的贫困程度，从而加剧社会不平等。21世纪气温升高2.5°C可能导致全球收入的0.2%至2%的减少；除了这种损失之外，我们需要花费更多费用来遏制全球变暖的影响。③

　　除了贫困增加、粮食缺乏和商品价格高涨外，气候变化将直

---

① UNHCR-United Nations High Commissioner for Refugees, Climate Change, Natural Disasters and Human Displacement: A UNHCR Perspective, Geneva: UNHCR, 2008.

② Moyo, D., *O vencedor leva tudo: a corrida chinesa por recursos e seu significado para o mundo*, Rio de Janeiro: Objetiva, 2013.

③ Nahur, A. C., Guido, F. L. and Gildi dos Santo, J. A., *As Mudanças Climáticas: Riscos e Oportunidades*, Programa Água Brasil, 2015, http://www.bb.com.br/docs/pub/siteEsp/uds/dwn/mudclimatica.pdf.

接影响人类健康。流行病学研究表明，空气污染增加了患心脏病、肺癌的风险，导致死亡率上升。世界卫生组织报告称，2015年有超过700万人死于环境污染和气候变化。[1] 降水量和温度上升的变化改变了疾病媒介的传播分散，加速了疟疾、霍乱、登革热和兹卡热等疾病的传播。

在巴西，2016年埃及伊蚊传播的病毒造成734人死亡，约有200万例登革热、兹卡热和基孔肯雅病例。《柳叶刀倒计时报告》指出，全球变暖增加了这些由蚊子传播的疾病的传播能力——自1950年以来疾病传播能力增加了9.4%。[2]

在中国，最大的公共卫生问题是污染，一年内造成超过36.6万人死亡。如果污染指数保持不变，到2030年这个数字可能会达到130万人。此外，中国超过45%的死亡与受温度升高巨大影响的心脑血管疾病相关，使风险群体（例如老年人和小孩）的死亡风险升高。

为了避免这些后果，需要我们有效地实施减少温室气体排放的措施，并促进政策调整以应对当前的全球变暖效应。这是应对气候变化面临的最大挑战。

## 三　中国和巴西的气候变化政策

在国家政策方面，十多年来关于气候变化的讨论一直是巴西和中国政治议程的一部分。但是，未来几年仍有许多重要问题需要解决，这些问题可能会指导各国的政治和经济行动。

---

[1] World Health Organization, *Reducing Global Health Risks Through Mitigation of Short-Lived Climate Pollutants*, *Scoping Report for Policy-makers*, Geneva: WHO Press, 2015.

[2] Watts, Nick, et al., The *Lancet* Countdown on Health and Climate Change: from 25 Years of Inaction to a Global Transformation for Public Health, *The Lancet*, 2017, 391: 581–591.

# 第十二章　中国和巴西的气候变化：影响、政治反应和挑战

该主题充满了不确定性。科学研究为气候变化可能产生的负面影响提供了几种观点：海平面上升导致的沿海洪水；极端气候事件的强度增加；对人类健康、基础设施和环境的负面影响；水质下降。① 环境社会学和跨学科研究必须观察气候变化在人类和社会层面的影响，这一点往往被忽视，因为这个问题通常被视为一种物理现象。考虑人类和社会方面的影响意味着认识到社会经济不平等是政策的一大障碍，因为弱势人口变得更容易受到气候变化的影响，所以我们需要更多不仅仅是减少温室气体排放的对应政策。我们有必要了解，全球南方国家有自己的需求，例如：卫生设施、收入分配、获得饮用水、适足住房、消除饥饿——这些都与减缓和适应全球气候变化的政策有关，尽管表面上这些政策对未来的影响较小。

米尼奥罗（Mignolo）认为关于气候变化的理论大部分来自北半球，这支持了如下观点——知识的地缘政治是存在的。如果北半球有理论经验，南半球就有实践经验。南北之间的划分不仅仅是地理上的划分，而是发达国家、欠发达国家和发展中国家的社会学隐喻。考虑到受影响最大的国家位于南半球，全球政策主要出自北半球，南半球国家需要进行更多理论生产，将其社会和人文因素纳入气候辩论中。② 在生态风险的辩论中，我们需要充分

---

① IPCC, Working Group I Contribution to the IPCC Fifth Assessment Report, Climate Change 2013: The Physical Science Basis, Summary for Policymakers, Cambridge: Cambridge University Press 2013; Ferreira, L., *O Desafio das Mudanças Climáticas: Os Casos Brasil e China*, Jundiaí: Paco editorial, 2017.

② Mignolo, W., Os esplendores e as misérias da 'ciência': Colonialidade, geopolítica do conhecimento e pruri-versalidade epistêmica, In: Santos, B. (Ed.), *Conhecimento Prudente para uma Vida Decente: 'Um Discurso Sobre as Ciências' Revisitado* 2004, pp. 667 – 709, São Paulo: Cortez.

考虑到古典工业社会中的风险（如不平等、收入分配、失业、疾病）① 在后工业时代可能造成的影响。在这方面，仅仅在过去二十年中，中国才与南半球的发展有关。

在气候变化问题上，中国在 2007 年有两个里程碑：这是中国温室气体排放量超过美国排放量的第一年；也是中国批准国家气候变化计划的第一年。这一年，中国展示了其对气候变化重要性的了解，对国际谈判的开放，并在谈判中改变方式。在第十五届缔约方会议上，中国制定了减排自愿目标，尽管其他发达国家（美国、欧盟和日本）并没有承担可能损害其经济发展目标的责任。

在发展中国家中，中国是第一个提出气候变化计划的国家。为了加强该计划并加强对该主题的辩论，中国建立了若干研究中心，并允许在国家媒体上披露污染数据。

国家气候变化计划是自 20 世纪 90 年代以来制定和改进的立法和计划的结果。环境政策可以追溯到 20 世纪 70 年代斯德哥尔摩联合国会议，会议鼓励联合国制定一份促进环境保护和减少污染的政府文件。1979 年，《环境保护法》开始实施，应对空气污染、水污染和固体废物处理。1989 年，联合国对该法进行了审查和扩展，从而确立了四项原则：环境保护协调、污染防治、污染国家的责任以及环境管理的重要性。

1992 年，中国参加了"里约 92"会议，这是一项提出"21 世纪议程"的联合国公约，通过调和环境保护、社会公正和经济效率来捍卫新的环境意识发展模式。在签署协议的发展中国家中，中国是唯一一个真正制订计划并开始实施的国家。

"21 世纪议程"和中国的内部问题，如空气污染的指数增加、水污染、环境灾害的加剧、国际压力以及中国参与贸易协定（如世界贸易组织）等因素，鼓励中国制定新的法律，创建部委和部

---

① Beck, U., *Sociedade de Risco-Rumo a uma outra modernidade*, 2010, São Paulo: Editora 34.

门处理环境问题。20世纪90年代中国排放量的增加导致了社会和历史责任的增加，这使得中国改变了对国际协议和国家计划的立场，认为环境因素对国家未来的发展至关重要。"在中国，气候变化被视为与可持续国家发展和国际合作战略相关的主题"。①

中国制定环境政策的过程可以分为三个阶段：(1) 第一阶段是指在1974年建立环境保护局（EPB）后建立的指挥控制系统，后来并入城乡施工部。(2) 第二阶段是环境政策和环境管理工具的采用。中国在1990年成立国家环境保护局（NEPA），2003年成立国家环境保护局。从2002年起，社会力量，如非政府组织，认识到他们参与的重要性，因此在约翰内斯堡作为自治实体参加"里约+10"会议。(3) 第三阶段是通过政府鼓励和允许信息披露来制定关注环境管理的议程和国家政策的变化，将经济发展与环境保护同等重视，并将环境保护和发展的科学方法纳入其中。要做到这一点，就需要在国家政策中寻找将国家、市场和民间社会融为一体的模式。②

尽管由于中国在执行上有差距，但中国拥有世界上最先进的环境立法之一。所以中央政府必须指导环境政策，地方政府必须根据当地情况采取适当措施。从这个意义上说，一个主要的障碍是以牺牲环境保护为代价来优先考虑经济发展。另一个困难是许多监测员工缺乏技术知识，以及当地实施的项目缺乏透明度。

---

① Moreira, H. M. and Ribeiro, W., A atuação da China no G77, Basic e Brics nas negociações internacionais do clima, In: Ferreira, Leila C., *O Desafio das Mudanças Climáticas*: *Os Casos Brasil e China*, 2017, p. 61, Jundiaí: Paco editorial.

② Raman, G. V., Environmental Governance in China, *Theoretical Economics Letters*, 2016, 6: 583-595.; Barbi, F., Governing Climate Change in China and Brazil: Mitigation Strategies, *Journal of Chinese Political Science*, 2015, 21 (3): 357-370.

中国中央政府近年来一直表现出对环境管理的重视。然而，由于在地区层面，每个地区有不同特点以及每个地区不同的发展阶段，一个单一的经济发展、现代化和可持续发展的模式是不合适的。这表明需要建立一个连通的环境管理制度，使得国家中央领导人能向不同部门的地方领导人更好地了解某个地区的需求，以促进环境保护，减少排放和适应气候变化的最佳途径。

与中国类似，巴西于 1972 年在联合国会议上启动了环境政策，并于 1973 年成立了环境国务部（Secretaria de Estado do Meio Ambiente）。巴西在"斯德哥尔摩会议"中起了"第三世界"国家的带头作用，认识到环境可能成为现代化的巨大障碍。从这个意义上讲，巴西的初步立场为这样的观点辩护，即环境保护不能牺牲经济发展，"第一世界"国家，即对环境恶化最应该负责的国家，应当承担责任并支付解决环境问题的费用。[1]

在"斯德哥尔摩会议"之后的几年里，巴西都没有改变不惜一切代价发展经济的态度，无论环境后果如何。虽然已经制定了一些政策来对抗城市地区的污染，但其有效实施却受到鼓励重工业和经济强劲发展的其他政府计划的阻碍。即使在向民主过渡之后，巴西也没有改变其对环境政策的立场，仍然专注于自身的经济发展。

然而，到 1987 年随着住房、城市化和环境部的成立，人们重新看到了希望。环境问题有望成为政府讨论的一部分。1988 年宪法的一章完全用于治理环境问题，它提出了一系列新规，给予州政府和地方政府财政和政治实力，让他们为环境问题做出改善。1970 年至 1980 年期间是巴西治理环境问题的第一阶段，其

---

[1] Guimarães, R., Política, o elo perdido na interação ciência-políticas públicas, In: Ferreira, L. (Ed.), *A questão ambiental na América Latina*, 2011, pp. 127 – 139, Campinas: Unicamp; São Paulo: Fapesp.; Ferreira, L., *O Desafio das Mudanças Climáticas: Os Casos Brasil e China*, Jundiaí: Paco editorial, 2017.

## 第十二章 中国和巴西的气候变化：影响、政治反应和挑战

环境问题的内部化程度较低，而且实施不力。

"里约92"会议成为巴西环境政策的历史里程碑。会议促进了环境问题在巴西社会的传播。巴西表现出更加全球化的态度，支持"21世纪议程"的制定，并认可将环境问题视为全球性问题，在国际议程中被视为优先事项。与中国类似，巴西公开辩护说，考虑到共同但不同责任的观念，富裕国家应支付更高的成本——气候政策应该符合历史责任。

时任巴西总统伊塔马尔·佛朗哥（Itamar Franco，1992—1994年）巩固加强了环境部。该部在促进巴西政府对环境问题的重视时取得了成功。在20世纪90年代末和21世纪初期，巴西创建不同的机构和系统以促进所需的环境政策，使得环境问题更加内化。2002年，政府在不同社会部门的参与下发布了"巴西21世纪议程"，鼓励地方政府和州政府采取行动促进可持续发展。

关于具体的气候变化政策，政府的第一个行动是在2000年创建了巴西气候变化论坛（Fórum Brasileiro sobre Mudança），以便为社会提供有关环境和气候变化的辩论和动员。2007年，它成立了气候变化部际委员会（the Comitê Interministerial sobre Mudança do Clima），以制定和实施国家气候变化计划。由于民间社会、组织、研究机构和公共当局之间的合作，该计划于2009年获得批准。同年，巴西气候变化专家组（Painel Brasileiro de Mudanças Climáticas）根据政府间气候变化专门委员会（IPCC）模型创建，旨在收集、综合和评估巴西气候变化的科学信息，并提供报告和各种信息，以帮助关于环境问题的决策过程。[1]

在第15届缔约方会议（第15届"公约部分会议—联合国哥本哈根气候变化框架"）中，巴西采纳了将温室气体减少到38／

---

[1] Barbi, F., Governing Climate Change in China and Brazil: Mitigation Strategies, *Journal of Chinese Political Science*, 2015, 21 (3).

36.1%的自愿目标，即2020年预计总排放量的9%。① 这个目标得到了国会的批准，是国家气候变化政策（第12.187/2009号法律）的一部分。国家气候变化政策定义了实现这一目标的原则、指南和工具。② 考虑到政府不想定义量化的排放目标，这一减少目标是民间社会和私营部门施加压力的结果。③

2010年，新的法律得到批准，制订了减缓和适应气候变化的行业计划，旨在刺激低碳经济，从而减少排放并确保人口的长期福祉。

2016年，通过民间社会、私营部门和州政府的合作，巴西建立了适应气候变化的国家计划。此计划通过风险管理来促进减少气候变化造成的脆弱性。11个部门参与了该计划的制订，包括农业、水资源、粮食和营养安全、生物多样性、城市、灾害风险管理、工业和采矿、基础设施、人口和弱势群体、健康和沿海地区。

尽管这是一项国家计划，考虑到气候变化的影响可能在地方层面更明显，政府鼓励每个城市制订自己的适应计划，以减少在不久的将来可能产生的影响。这需要我们认识到气候变化加剧了已经存在的脆弱性。这就是为什么城市的主要重点应该是促进环境卫生、可持续城市排水、住房、斜坡支护结构、改善供水和污水处理系统。

尽管该计划从根本上极其重要，其实施情况仍然很差。该计划是巴西作为全球应对气候变化努力的一部分向联合国提供的帮

---

① Governo do Brasil, Política Nacional sobre Mudança do Clima—PNMC, 2009, http://www.brasil.gov.br/meio-ambiente/2010/11/plano-nacional-sobre-mudanca-do-clima.

② Nahur, A. C., Guido, F. L. and Gildi dos Santo, J. A., *As Mudanças Climáticas: Riscos e Oportunidades*, Programa Água Brasil, 2015, http://www.bb.com.br/docs/pub/siteEsp/uds/dwn/mudclimatica.pdf.

③ Ferreira, L., *O Desafio das Mudanças Climáticas: Os Casos Brasil e China*, Jundiaí: Paco editorial, 2017.

助的一小块。考虑到2016年的排放量增加以及巴西实现2009年提出的温室气体减排目标的可能性更小，我们必须进一步努力实现既定目标。

## 四 结论：气候变化的挑战

全球气候变化意味着一个巨大的挑战：我们必须尽可能地减少排放，同时也必须适应这些变化带来的影响。[①] 目前的排放水平使我们需要在未来几十年内感受到严重后果。尽管我们制定了若干国家计划和全球协议，但现在采取行动的紧迫性与过去几十年缺乏有效行动有关。

气候变化这个主题已经讨论了20多年，但实际上并没有采取什么措施来减少温室气体排放。排放量每年都在增加，警告信号已经发出。尽管2008年的全球经济危机导致排放量减少，但总体排放量每年仍增加2.2%左右。工业化、人口增长和能源需求的增加是21世纪排放增加的原因。结果，极端气候现象的发生越来越激烈：2017年夏季到达欧洲和美国的强烈热浪、亚洲气温超过50°C、加勒比地区强烈飓风、东非干旱、季风洪水等都是与气候变化密切相关的事件。

目前的挑战是发展低碳经济，这需要新的清洁能源投资模式，如风能和太阳能。政府需要通过吸引投资，减少关键部门的税收以及建立研究和技术中心等方式，积极参与向低碳经济转型的过程。气候变化为那些愿意以环境保护、社会包容和发展为基础促进经济的国家带来了新的机遇。[②]

---

[①] Barbi, F. and Ferreira, L., Governing Climate Change Risks: Implications for Mitigation and Adaptation, *Fudan Journal of Humanities and Social Sciences* 2016, 9 (4): 589–606.

[②] Albuquerque, J. A. and Ferreira., *China & Brasil: desafios e oportunidades*, São Paulo: Annablume, 2013.

实现减排目标并不意味着阻止该国的经济增长，因为减排甚至不会影响国内生产总值（GDP）；真正的挑战是将减排与经济和社会发展相结合，气候变化有助于发掘新的发展模式和新技术。中国可能是一个值得关注的典范：该国一直在大力投资科学和技术，是生产太阳能光伏板的主要生产国。中国面临的挑战是停止依靠低技术和廉价劳动力生产廉价制成品的经济增长，并尝试生产替代品以应对气候变化的挑战，同时中国也有可能克服中等收入陷阱，实现可持续和有社会责任的增长。中国需要做的是发展国际伙伴关系，在创新和教育方面进行投资，实现环境管理的有效进步，并实现拟议的减排目标。

如果不采取必要的适应和减缓措施，各国将面临经济停滞和巨额经济损失，陷入中等收入陷阱的风险。在中国，由于污染和环境影响造成的经济损失估计在 1985—2005 年占 GDP 的 7% 至 20%。每年因污染造成的死亡人数超过 366000 人，造成很高的医疗保健费用和社会成本。这个数字在 2030 年可能达到 130 多万人。[1] 如果不采取措施促进有效改变的话，由于极端事件的加剧，每年估计的损失超过 320 亿美元。[2] 这是一个非常高的值，不能被忽略。由于气候变化导致的损失加剧（由极端现象加剧、环境破坏加剧等引起）和费用增加（公共卫生、水污染、建设渠道、灌溉等）可能导致各国内部账户的不平衡。这表明了维持社会、生产、经济和金融均衡的新战略方向的必要性。[3]

---

[1] Shuxiao, W., New Study: Air Pollution from Coal a Major Source of Health Burden in China, *Health Effects Institute*, 2016, https://www.healtheffects.org/system/files/HEI-GBD-MAPS-China-Press-Release.pdf.

[2] Liu, C., Milhões de chineses fazem seguro climático, *Scientific American Brasil*, 2014, http://www2.uol.com.br/sciam/noticias/milhoes_de_chineses_fazem_seguro_climatico.html.

[3] Hu, G., *The Cost of Development in China*, Singapore: Springer, 2017.

## 第十二章 中国和巴西的气候变化：影响、政治反应和挑战

根据圣保罗大学进行的一项研究预测，巴西与中国相比受到气候变化的影响较小，到 2050 年由于气候变化的影响可使其国内生产总值减少 0.5% 至 2.3%。[1] 此外，由于穷人更容易受到气候变化的影响，贫困可能会增加。如果这一点成为现实，国内消费市场可能萎缩，食品变得更加昂贵，中等收入陷阱可能成为现实。

气候变化的另一个严重后果是水资源供应减少，这将影响人口、农业和工业生产，并且导致酸雨、荒漠化、耕地减少的增加。温室气体排放增加直接影响任何国家的经济发展和进步。中国可能会受到这些后果的制约，不得不花钱来减轻这些影响，减少其他更具战略意义领域的投资。中国和巴西将继续发展具有相对的能源自主权和较少的温室气体排放的领域，由此对新技术的投资和为能源提供多样性的发展至关重要。从这个意义上讲，巴西对生物燃料（如乙醇）的投资，是采取新的方式来刺激经济增长和技术创新的一个例子。

环境管理作为一个全球性问题，需要采用一个新的方式与诸多社会领域、行动者和政治机构联动。环境管理需要采取多方位、多参与者和多层次的行动来应对气候变化。多方位管理包括适应气候变化的尺度、不同管理层面适应气候变化的责任意识，以及行政规模与适应气候变化问题之间紧张关系的处理方法。[2] 这是一种直接与多层次管理（即环境管理）相关的有效管理策略，用来找到解决复杂和横向问题的方案。即使某一个层面实施了自己的适应和减缓气候变化政策，它最终还是会影响到所有其

---

[1] Margulis, S., Dubeux, C. and Marcovitch, J., *The Economics of Climate Change in Brazil: Costs and Opportunities*, São Paulo: FEA/USP, 2011.

[2] Dewulf, A., Meijerink, S. and Runhaar, H., Editorial: The Governance of Adaptation to Climate Change as a Multi-level, Multi-sector and Multi-actor Challenge: a European Comparative Perspective, *Journal of Water and Climate Change*, 2015, 6: 1-8.

他层面。所以这些问题必须由公共部门的多个层面（地方、区域、州、国家、跨国和全球）共同来考虑。[1]

多参与者的管理也关注公共责任和私人责任在公共和私人参与者互动中的分配，以及非政府组织和民间社会在其中发挥的具体作用。在对待这些多个参与者时，我们不仅涉及国家/政府（公共领域），还涉及公司/市场、科学/研究中心、媒体、社会/非政府组织，所有这些都是环境管理的重要参与者。他们的行动相互关联，可以建立伙伴关系和支持网络。[2]

从这个意义上讲，巴西和中国以及其他金砖国家（巴西、俄罗斯、印度和南非）必须加强相互合作，利用相互学习的机会，交流经验和教训，改善环境管理。金砖国家之间最重要的合作领域之一是可持续发展和环境管理领域。金砖国家也面临全球化的不利之处，例如贫困、不平等和社会紧张局势，所以它们应该聚在一起讨论制定和解决有关健康、饥饿、能源、环境、能源安全、饮用水和粮食安全的问题的更好方法。通过共同努力，它们可以促进全球政府部门的行动，以满足其可持续经济和社会发展的需要。

玛丽安娜·德尔加多·巴比里（Mariana Delgado Barbieri）<br>莱拉·达科斯塔·费雷拉（Leila da Costa Ferreira）<br>法比亚·娜巴比（Fabiana Barbi）

---

[1] Dewulf, A., Meijerink, S. and Runhaar, H., Editorial: The Governance of Adaptation to Climate Change as a Multi-level, Multi-sector and Multi-actor Challenge: a European Comparative Perspective, *Journal of Water and Climate Change*, 2015; Newell, P., Pattberg, P. and Schroeder, H., Multiactor Governance and the Environment, *Annual Review of Environment and Resources*, 2012, 37: 365 – 387.

[2] Dewulf, A., Meijerink, S. and Runhaar, H., Editorial: The Governance of Adaptation to Climate Change as a Multi-level, Multi-sector and Multi-actor Challenge: a European Comparative Perspective, *Journal of Water and Climate Change*, 2015.

# 结　　语

中国和大多数拉美国家政府如今都面临着这一严峻挑战：怎样找到避免或摆脱中等收入陷阱的方法，又如何付诸实践。本书旨在分析中国和拉美国家应怎样支持和激励经济的发展，共同探寻走出中等收入陷阱之路。一方面，正如冈萨雷斯和莱穆斯（González 和 Lemus）所说，拉美国家生产率的增幅已经连续下降了几十年。另一方面，中国在经历了二十年的高速增长之后也面临着中等收入陷阱的威胁。因此，尽管走过的路不同，中国和拉美都走到了同一个十字路口。两国现在需要面对的问题是，如何保证包容性的经济增长从而战胜中等收入陷阱。冈萨雷斯和莱姆斯阐明了这样一点：中等收入陷阱的确对新兴经济体构成了重大挑战。据统计，除了13个取得高收入地位的国家外，1960年时处于中等收入水平的101个国家到了2008年还是中等收入国家。

从中国—拉共体合作计划确定的发展议程中不难看出，中国业已认识到其与拉美关系的战略意义。它意识到必须重塑与拉美国家间的关系。虽然商品贸易是中国与拉美之间伙伴关系的基石，但只有贸易是不够的，中国需要找到适合彼此的新的发展领域。科尔特斯（Cortes）在其章节中讨论了拉美如何利用中国援助谋求发展。对拉美国家来说，最大的困难是保证生产力和竞争力的长期增长。要走出中等收入陷阱，拉美国家必须考虑到社会各阶层的利益与要求，以人力资本积累和先进技术基础设施为导向，制定创新政策。科尔特斯认为，中国与拉美可以把创新力作为聚焦点，重新设计双方的经济关系，开拓合作的新领域。事实证明，要脱离中等收入陷阱，创新是必不可少的发展引擎。拉美国家必须具备相应的技能、知识以迎合世界市场的需要，参与创新和价值创造的活动，重视人才培养以提升人力资本水平，从而推动国家的创新进程。

与科尔特斯类似，费尔德曼（Feldmann）也认为，发展技术创新对于摆脱中等收入陷阱是不可或缺的，但不同于前者，他提出拉美国家必须在技术领域建立大型的跨国公司。只有培养起一批实力雄厚的跨国公司，拉美才能进入那些不愿对外界开放的发达国家集团。事实上，拉丁美洲原本有一些强大的公司，这些公司在19世纪时还占据着国民经济的重要领域，但到21世纪却式微了。费尔德曼说，一个国家要参与全球竞争，发展面包、饮料、水泥、采矿、农业、渔业或钢铁这样的行业固然无可厚非，但只有这些行业还远远不够。近期，拉美国家的出口增长主要还是在农业、渔业和采矿业上。于是，为了出口木材，越来越多的森林被砍伐，为了农耕和畜牧，越来越多的土地被开垦。

正如费尔德曼所解释的那样，拉美的企业还需要一个去政治化的、非腐败的、适当的法律框架。此外还有强大的资本市场、具有更高储蓄水平的现代金融服务体系。在拉美国家，由于长期融资机制少，企业一般很难获得信贷。目前，解决宏观经济问题是必要的，但仅仅提高总体竞争力还不够。费尔德曼总结道，我们必须小心留意并尽快采取措施解决企业的微观问题，协助它们提高国际竞争力。

自由贸易协定（Free Trade Agreements，FTA）是最强有力的国际合作形式之一。博尔克斯（Borquez）说，中国和拉美之间的自由贸易协定旨在深化双边合作。比内蒂（Binetti）分析了南方共同市场与中国之间关系的演变，把重点放在南方共同市场成员（巴西、阿根廷、乌拉圭和巴拉圭）的发展上。他强调了南方共同市场作为一个整合机制的优势和缺陷，并提出：各成员国可以对该组织进行改革，从而加深一体化，建立一致的对华政策，进而利用现有机会打破中等收入陷阱。比内蒂认为，在结交中国这一重要贸易伙伴之前，南方共同市场的发展已经停滞了多年。然而，中国的到来也为这些国家带来了重大挑战，国内社会、政治和经济领域的种种势力要求维持现状，力图保护他们的特殊利益。为此，南方共同市场的成员必须团结一致，设计出一个适合于21世纪的融合机制，利用体制和技术工具，在工业发展，服务贸易和创新方面吸引中国政府的兴趣。很多迹象表明中国愿意与南方共同市场国家建立多元化的关系，而不是只有制成品贸易的单一格局。中国在一带一路倡议（the Belt and Road Initiative）中纳入阿根廷和巴西、在拉美地区投入数百万美元的产业创新和技术改进基金，都是对此的确证。

目前，"一带一路"倡议是中国国际合作的中流砥柱，也是中国在全球体系中彰显身份的一种方式。拉美已经加入了"一带一路"倡议，其中也包括接受中国的外部援助。埃尔南德斯进一步指出，中国的合作包括商品交换和外商直接投资。

中国正在打造新的体制结构以直接分配财政和技术资源。从而将大部分可用资源分配给亚洲、非洲和拉丁美洲的欠发达国家。中国的国际合作更多地集中在外商直接投资和国际贸易领域。从中国的经济外交政策来看，拉美已经成为其重要的合作伙伴，甚至更多的是作为直接投资与贸易伙伴，而不是作为援助对象。从这个意义上讲，拉美对中国的地缘政治固然重要，但对于其地缘经济利益则更为关键。该地区一直都是中国产品重要的原材料供应地和销售市场。

凭借"一带一路"倡议，中国既影响着全球金融，又改变着地缘政治的格局。在这方面，中国政府加强了区域性的自由贸易协定，创造了新的金融机构，并对传统的金融机构产生影响。中国领导人认为，各国的发展应该以本国政策为基础。这一信念来自他们的切身经验，中国就是用自己的方式解决了国内贫困问题。因此，任何形式的双边合作都不能作为摆脱中等收入陷阱的灵丹妙药。埃尔南德斯总结道，中国规避中等收入陷阱的方式是一个典型例子。但它不足以成为一种一般的模式，而拉丁美洲不得不找到它自己的路子。

博尔克斯（Borquez）专注于研究中智自由贸易区的案例。他分析了自由贸易协议时如何逐步融入新条款，把重点放在金融、技术和科研合作的发展上，成为更加复杂的法律工具。在这样的背景下，中国—智利自由贸易协定作为经济合作之外的另一种选择，的确能够帮助智利这样的小经济体走上发展之路。通过签署自由贸易协定，中国和智利将两国间简单的商品交换关系提升到了更为复杂的水平。

博尔克斯解释说，通过自由贸易协定，中国正对智利、哥斯达黎加、秘鲁这些意识形态温和的国家施加越来越大的影响。而中国值得称道的地方在于，它在很短的时间内就已经认识到拉美并不是一个社会政治统一体。拉美国家间有很大的差异性。为此，中国根据不同的国家的情况制定了不同的合作方案。据观察，在中国与哥伦比亚、巴拿马和乌拉圭就自由贸易协定进行谈判之后，未来几年内双边合作的趋势将继续加强。这场合作浪潮无疑将成为拉丁美洲在地缘政治困境下的一次重大变动。中国不仅吸引了委内瑞拉和厄瓜多尔等国家的关注，还与那些更倾向于实用主义的国家建立了密切合作。

在同样的主题下，周、巴尔德雷和蒙托亚（Zhou，Valderrey和Montoya）描绘了墨西哥和中国通过自由贸易协定达成合作的潜在图景。他们评估并比较了自由贸易协定对两国经济的潜在影响，发现两国都能从中获益。不幸的是，与大多数拉丁美洲经济体一样，从现状来看墨西哥仍会持续陷于中等收入陷阱之中。而中国的情况完全不同。它不仅有能力走出中等收入陷阱，甚至还能引领拉美国家走出困境。实际上，中国正经历着从制造业到服务业的产业结构转型。在此过程中，中国也为拉美企业创造了持续增长的机会。因此，周、巴尔德雷和蒙托亚指出，中国和墨西哥必须探索不同的合作机制以推动经济增长。两国可以对教育、研发和基础设施等领域进行重大改革。此外，中国在拉美日益增长的影响力最终可能带来一场酝酿已久的领导层变革，曾经美国在拉美地区的话语权或许会交到中国手中。毕竟，美国对该地区长达数十年的领导并没能使拉美国家享受持续的繁荣。

塞万提斯和哈特曼（Cervantes 和 Hartmann）承接前面对中墨关系的分析，根据费尔德曼提出的跨国公司重要性，分析了四家墨西哥跨国企业进入中国的情况。与传统国际商业理论相悖的是，这些跨国企业不仅迁移到了文化相似、区位接近的国家，还进入了无论是地理还是文化上都相去甚远的国家，比如中国。这些企业面临的主要挑战是：激烈的竞争、文化差异（即使在饮食口味上）、监管体系的差异以及剧烈的需求波动。此外，中国人对墨西哥及其文化和产品普遍并不了解，也为这些企业带来困难。然而，这些公司并不畏惧陌生环境，并且找到了应对这些挑战的方法。如今，所有人都意识到了中国的巨大潜力，也意识到其作为东亚和东南亚门户的重要地位。经济学家一致认为，亚洲是未来几年增长潜力最大的地区。所以，拉美国家的所有跨国企业都需要明确的战略，灵活地应对不断变化的环境和法律法规。在这一点上，我们期待更加深入的针对跨国企业的研究，总结其经验和问题，为后来的企业提供借鉴。正如费尔德曼所说，强大的跨国公司是拉美战胜中等收入陷阱的基础。

另外，雷加拉多、蒙托亚和萨帕塔（Regalado，Montoya 和 Zapata）还分析了跨国企业的影响。不过，与塞万提斯和哈特曼不同的是，他们研究的是中国跨国公司在拉美的影响。

冈萨雷斯和莱穆斯（González 和 Lemus）另辟蹊径，提出了一条摆脱中等收入陷阱的方法：创意经济。他们认为，创意经济能提高收入、创造就业机会，同时促进社会包容、文化多样性和人类发展。事实上，创造力、知识和信息是经济增长的强大动力，也是推动全球化发展的绝好方式。简单来讲，在全球化时代，创造力和知识是实现经济增长、社会发展的基础。许多事实表明，创意经济对发展中国家是有利的。冈萨雷斯和莱穆斯从创意城市的角度分析了中国的创意经济。并解释了这如何能为拉美国家的经济增长提供借鉴。中国的经验表明，支持传统经济活动转变为创造性经济活动的公共政策至关重要。冈萨雷斯和莱穆斯认为，中国的经验为拉美国家发展类似产业提供了启示。

莱穆斯和塞尔达（Lemus 和 Cerda）则采取不同的分析方法，探究了国际发展合作的主题，他们解释说，非传统援助者的出现动摇了国际发展合作的格局。莱穆斯和塞尔达把中国的国际合作模式作为典型范例来研究，认为中国模式是与众不同而极富挑战性的。中国对拉美地区始终有着强有力的支持。两位作者在书中提到：2014 年，中国的银行向拉美政府提供了 221 亿美元的贷款。这个数字超过了世界银行和美洲开发银行提供的贷款总和。2014 年 1 月 29 日，中国与拉丁美洲国家共同创立了中国—拉共体合作组织。中国国家主席习近平宣布了在拉美和加勒比地区进行 500 亿美元贸易的目标，并宣布中国在五年期间（2015—2019 年）将对拉美进行 250 亿美元的直接投资。中国向拉丁美洲提供了一个新的发展项目融资来源，而且不附加任何与西方的经济援助理念和规则有关的政策条件。中国的贷款专注于基础设施和重工业，而不带有其他政府、社会或环境的目的。因此，中国被拉美国家视为发展的良友。到现在为止，没有任何国际发展合作的模式是完美的，也没有任何合作能成为摆脱中等收入陷阱的整体解决方案。实际上，受援国有责任确定和实施能够提高居民生活质量、促进发展的最佳合作项目。

哈泽、张、维尔纳和胡恩奎拉（Hase，Tjong，Werner 和 Junqueira）从另一角度分析了中等收入陷阱问题——消费。他们对巴西和中国进行了比较研究。他们解释说，最近巴西和中国都试图通过投资本国消费来阻止经济放缓。在此背景下，作者对两国政府为刺激消费采取的政策以及这些政策对增长、收入分配产生的效应进行了比较分析。随着中国和巴西的经济从生产导向逐渐转为消费导向，公民的内涵也逐渐从"劳动者"转向"消费者"，人们必须注意到这样的变化。哈泽（Hase）等人认为，仅仅在消费者市场上讨论"民主包容"是不够的，这一过程产生的不平等和隔离需要更加深入的分析。

中国和巴西对基于消费的开发项目的投资、巴西的信贷扩张、中国的社会保障改善可能不足以带来该项目的成功。只有当个体层面的转变乃至新的主观性的建立时，消费导向的发展模式才会取得成功。哈泽等人总结说，政府必须将可持续和包容性的发展战略置于宏观的经济规划之上，透过民族、人种乃至人类学的视角，理解在发展进程中卷入重重矛盾纠缠中的各方心态。

最后，德尔加多、达·哥斯达和巴比（Delgado, da Costa 和 Barbi）以一种更为新颖的角度分析了全球气候变化给中国和拉美带来的挑战，并将其与中等收入陷阱联系起来。具体而言，他们的研究旨在厘清巴西和中国温室气体排放的性质及其对气候变化的影响，并分析政府对该问题的反应。德尔加多等人解释说，各国必须在经济发展与缓解温室气体排放之间取得平衡。环境治理必须是多层次（地方、国家和全球）、多方参与的、以推动负责任的环境发展为目标的。巴西和中国这两个温室气体排放大国在制定和实施关于适应、缓解全球气候变化的公共政策方面发挥着根本性作用，它们在这一问题上的作为能够为本国可持续的未来做出贡献。如果没有采取必要的适应和缓解措施，那么各国将面临经济停滞和巨大经济损失的风险，最终困于中等收入陷阱中。

在这本书中，中等收入陷阱的问题已经得到了完整的分析和多角度的观察。作者们指出，陷入中等收入陷阱的国家必须实施基于人力资本积累和先进技术基础设施的创新政策。对于拉美国家而言，支持创意经济的发展并刺激其国内市场的消费也很重要。另外，拉美国家还应该大力培植跨国公司，促使其进入国际，特别是拉美和中国市场。此外，拉美国家不得不在国际合作项目中依赖中国的人力和实物资本，并将其用于可产生巨大价值和社会影响的项目，就像在中国—拉共体合作项目中那样。此外，它们还得依靠中国的银行及其他金融机构提供的大笔贷款。而自由贸易协定又是另一种非常有效的合作和发展形式（中国—智利自由贸易协定就是一个成功案例）。另外，拉美政府必须利用中国在该地区的利益，将一些国家和地区纳入中国"一带一路"的宏大战略。最后，环境问题也同样重要。中国和拉美必须相互支持，共同削减温室气体排放，应对气候变化的影响。

然而，本书中提出的任何建议都不是解决问题的灵丹妙药。只有运用智慧，以努力和诚实的态度做好各项工作，国家、企业和公民才能走出中等收入陷阱，迎接更高的经济和社会福利水平。

丹尼尔·莱穆斯·德尔加多（Daniel Lemus Delgado）

米格尔·蒙托亚（Miguel A. Montoya B.）

毛里西奥·塞万提斯·塞佩达（Mauricio Cervantes Zepeda）

# 作者介绍

安德烈亚斯·哈特曼（Andreas M. Hartmann）

安德烈亚斯·哈特曼是墨西哥蒙特雷科技大学的副教授，教授战略管理、跨文化管理和跨文化谈判。他主要研究跨国公司、知识型企业和跨文化的管理。他是一位土生土长的德国人，精通英语、西班牙语和法语。在现任职位之前，他在欧洲和墨西哥担任过语言教师、自由撰稿人和会议口译员。Andreas M. Hartmann在蒙特雷科技大学获得了国际商务的博士学位和工商管理硕士，并且在海德堡大学获得了翻译和会议口译的双硕士学位。

安德烈斯·博尔克斯（Andres Borquez）

安德烈斯·博尔克斯是复旦大学国际政治博士候选人，也是复旦亚太中心的研究的合作人。他同时也在智利瓦尔帕莱索大学的国际工商学院担任助理教授。安德烈斯撰写了《中国后毛时期的经济转型：超越资本主义和市场社会主义了吗?》（2015）和其他著作，探索分析中国和拉美国家的合作模式以及国际经济政治。

布鲁诺·比内蒂（Bruno Binetti）

布鲁诺·比内蒂是华盛顿特区的智库美洲国家对话组织的兼职研究院，并且是阿根廷布宜诺斯艾利斯的托尔夸托迪特拉大学（Torcuato Di Tella University）的客座讲师。他在乔治华盛顿大学艾略特国际事务学院获得了国际事务的文学硕士学位，并且是富布赖特学者。他的研究兴趣包括拉美和中美的关系、地区在国际政治经济中的作用和拉美的政治。

卡洛斯·塞尔达·埃纳斯（Carlos Cerda Dueñas）
卡洛斯·塞尔达·埃纳斯是蒙特雷科技大学的一位国际关系学的教授。他主要研究和教授国际发展合作和墨西哥的对外政策。

丹尼尔·莱穆斯·德尔加多（Daniel Lemus Delgado）
丹尼尔·莱穆斯·德尔加多是蒙特雷科技大学社会科学和政治学院的亚太区域教授，也是墨西哥国家研究系统的一位研究人员，学术领域是区域创新系统，重点关注构建创新架构。

艾瑞克·张（Erick Tjong）
World Bank's Doing Business 报告的合著者，主要以拉美和东亚为主要研究对象，研究五十个国家商业法规的质量和效率。在加入世界银行之前，他在 PwC 为中国在巴西的投资事务提供咨询服务，并在巴黎市政厅的国际关系局工作。Erick 获得了 University of São Paulo-USP（Brazil）国际关系的学士学位，Sciences Po Paris（France）和复旦大学（中国）亚欧关系的双硕士学位。他的硕士论文通过分析关于中国贸易和投资对巴西的经济发展影响的案例，探讨了发展和自然资源的联系。

法比亚·娜巴比（Fabiana Barbi）
法比亚·娜巴比是巴西坎皮纳斯大学环境研究与研究中心（NIPAM）的博士后研究员。她目前的研究包括了巴西和中国的气候变化政策，涉及国家和地方层面的缓解战略。她同时也是地球系统治理项目的研究人员，撰写了《气候变化与城市的政治回应》一书（2015 年于巴西出版）。

周华

周华是同济大学经济与管理学院副教授，北京大学世界经济的博士学位。其研究主要针对 FTA 形成的蔓延效应，发表了多篇关于自由贸易网络下 FTA 的文章，最近也开始致力于利用 GAP 框架研究 FTA 的影响。

弗朗西斯科·巴尔德（Francisco J. Valderrey）

弗朗西斯科·巴尔德是一位蒙特雷科技大学教授。他获得了西班牙瓦伦西亚大学的管理和市场营销的博士学位。他参与了两本关于市场营销基本原理的教科书的编写。他主要的研究领域包括中国的市场营销、多文化环境和跨文化研究的谈判策略。他出版了一系列关于亚太地区、国际商务外交和金字塔底层的商务模型的书籍章节和文章。他曾在亚洲和欧洲担任过客座教授。

加布里埃尔·萨帕塔（Gabriel A. Zapata）

加布里埃尔·萨帕塔是秘鲁应用科学大学（UPC）的工业工程师，项目管理学（PMP）的专家。有着十年以上关于过程改进、项目管理和管理学的经验。

胡安冈·冈萨雷斯·加西亚（Juan González García）

胡安冈·冈萨雷斯·加西亚是科利马大学经济系的教授，主要教授亚太经济和区域发展。他的研究主要集中在亚太经济和墨西哥的比较研究上。他著有许多关于墨西哥和中国的比较研究的书籍。近期两项研究是关于全球对于"一带一路"项目的看法和二十世纪的中国梦。

莱拉·达科斯塔·费雷拉（Leila da Costa Ferreira）

莱拉·达科斯塔·费雷拉是哲学和人类科学研究协会和巴西坎皮纳斯大学（UNICAMP）环境学习和研究中心的教授。她是地球系统治理项目的成员，也是《拉美环境问题》（2011年发表于巴西）和《气候变化的挑战：巴西和中国》（2017年发表于巴西）的作者。

玛丽安娜·德尔加多·巴比里（Mariana Delgado Barbieri）

玛丽安娜·德尔加多·巴比里是巴西坎皮纳斯大学（UNICAMP）环境研究与研究中心（NEPAM）的博士候选人。她目前的研究包括中国的气候变化和公民社会。她有社会学的经验，注重环境社会学、环境治理和社会运动。她是 LABGEC（南方世界全球环境变化社会维度实验室）的成员之一。

玛丽安娜·哈泽·尤塔（Mariana Hase Ueta）

玛丽安娜·哈泽·尤塔是巴西坎皮纳斯大学（UNICAMP）的博士候选人，参与了关于中巴研究的社会科学研究生项目，导师是 Tom Dwyer。她在 UNICAMP 主攻人类学并获得社会科学的学士学位，在中国复旦大学社会发展与公共政策学院获得中国社会和公共政策的硕士学位。她的研究注重于分析中巴战略伙伴关系间的跨文化交流。Mariana 参与了联合国人居署和国际展览局组织的"上海手册：第二十一世纪城市可持续发展指南"研究团队。她在中国研究、人类学、社会学和国际关系领域有充足的经验。在博士期间，她参与了从社会包容视角出发看中国与巴西发展的比较研究。

毛里西奥·塞万提斯·塞佩达（Mauricio Cervantes Zepeda）

正教授，专攻全球商务和金融，CONACYT, SNI 1 的国家制度研究员。拥有行政专业金融博士，MBA，并是一位电子工程师。

他目前是"新兴经济的战略和组织管理"中心的研究教授。另外，他创办和指导"Fudan-Tec de Monterrey"中拉研究的研究中心。他是北京对外经济贸易大学、美国波特兰州立大学、厄瓜多尔基多大学旧金山分校、秘鲁 ESAN 大学的客座教授。他的研究领域为微观经济、经济模型、全球商务和新兴市场。

米格尔·蒙托亚（Miguel A. Montoya B.）

米格尔·蒙托亚是墨西哥蒙特雷科技大学国际商务和经济的教授，是墨西哥全球市场的专家。他发表了多篇学术性文章，也同时参与了众多学术讨论会。他在西班牙、英国、墨西哥和瑞士撰写过不同的书和章节。他是国际商业科学院、国家技术与科学委员会和网络产业竞争与管制编辑委员会成员，被授予巴塞罗那自治大学的博士学位。

尼可拉斯·维尔纳·魏因斯（Niklas Werner Weins）

巴西库里蒂巴联邦科技大学帕拉纳分校科技和社会方向研究生，导师是 Christian Luiz da Silva 教授。他 2015 年获得了 Ruhr-Universität Bochum 东亚政策和经济的学士学位，并在同济大学和墨西哥城自治都市大学访学。他在发展、环境研究和国际关系方面有研究和实践经验，重点研究政治经济学。自 2015 年以来，他是 Tatiana Gadda 教授的研究助理，主要研究工作室城市和生物多样性。目前他是公共政策和动态区域发展小组的研究助理，主要研究库里蒂巴都市圈生态系统服务付费制度安排（PES）及中国、巴西的发展比较。

保罗·罗伯特·费尔德曼（Paulo Roberto Feldmann）

Paulo Roberto Feldmann 是圣保罗大学的教授，主讲世界商业环境与公司的关系。他同时负责外国直接投资和创新/科技与经济的联系的相关研究项目。他也是三所匈牙利大学的客座教授，分别是：佩奇大学，考文纽斯大学和 SZE-Széchenyi 大学。著有《拉美管理学：全球化世界中的威胁和机遇》《拉美的管理学》《机器人：有它很糟，没有它更糟》。担任过巴西保罗电力公司、compucenter 和 Iron Mountain 三家公司的 CEO，巴西安永的合伙人。

奥托·雷加拉多·佩萨（Otto Regalado Pezúa）

秘鲁 ESAN 工商管理大学商学院副教授。拥有法国尼斯大学组织管理学博士学位，法国格勒诺布尔大学量化市场学的硕士学位，伊桑大学商务管理学硕士学位和利马大学的学士学位。

罗伯托·埃尔南德斯（Roberto Hernández Hernández）

罗伯托·埃尔南德斯是瓜达哈拉大学地区一体化进程和亚洲外交政策的教授。他主要研究和教授中国现当代历史、中国外交政策、亚太地区一体化进程和中国与墨西哥的对外贸易。

西尔维娅·科尔特斯（Silvia Cortés C.）

西尔维娅·科尔特斯是哥斯达黎加大学国际政治观察站的研究合作者，负责研究和分析当前的国际事务，特别是东亚和跨太平洋关系。她还是哥斯达黎加投资促进局（CINDE）的投资促进主管，主要关注不同投资领域的研究。她取得了哥斯达黎加大学政治学本科学位，以及荷兰格罗宁根大学国际关系和国际组织硕士学位。在担任现职之前，她曾担任哥斯达黎加大学政治研究中心的研究助理，负责各种学术项目的设计和执行。她的研究兴趣包括中国在拉丁美洲带来的经济增长、外国直接投资、可持续发展和公共外交方面的国际影响。

# 复旦发展研究院

复旦发展研究院成立于1993年，是改革开放以来国内最早设立的智库之一，从早期的"基金会智库"到现在的新型高校智库，研究院25年发展史堪称中国智库的缩影。研究院在体制机制创新的道路上形成自身特色，在国内具有相当知名度——目前，研究院是复旦重点建设的综合性智库平台，拥有一支国内独创、30人规模的"智库运营团队"，聚集一支数百人的专家团队，创造性地设立"政策规划学社"为智库培养和储备下一代人才。

研究院每年举办上海论坛、中国大学智库论坛，并与高校高端智库联盟秘书处、上海高校智库研究和管理中心等合署办公。研究院围绕区域经济、科技创新、产业发展、全球城市、网络治理等五大研究领域，已建和在建数据库近20个。国际化是研究院的鲜明特色，研究院国内首创"海外中国研究中心"，在美国、丹麦、墨西哥、中亚、大洋洲布局智库分支机构；研究院国内首创"国际智库中心"，形成了涵盖37个国家78家机构的国际智库网络，两年内吸纳国际访问学者逾150人次；研究院国内首创拉美大学联盟，与6个拉美国家12所高校形成深度协同关系。复旦发展研究院是光明日报"十大影响力智库"，入选中国社科院"AMI核心智库"，在各类智库排名中稳居国内高校智库前十。

联系方式：
网址：http://fddi.fudan.edu.cn
邮箱：fdifudan@fudan.edu.cn
电话：86-21-55670203
传真：86-21-55670203

# Fudan Development Institute

Founded in 1993, Fudan Development Institute (FDDI) has been exploring institutional innovation to build up a key comprehensive think tank of Fudan University. The Institute is operated by a staff team of 30 people, and it gathers a research team of hundreds of experts depending on the comprehensive disciplinary advantages of Fudan University in arts, science, medical science and engineering. FDDI is also a pioneer in establishing Students Consulting and Decision – making Society in order to achieve better performance on training and fostering talents. It hosts a variety of national and international conferences, including the Shanghai Forum and the China University Think Tank Forum, and undertakes daily managements and operations of several institutions including the University High – End Think Tank Alliance and the Center for Think – Tanks Research and Management in Shanghai.

FDDI conducts researches in five key areas: Regional Economics, Technology & Innovation, Industrial Economics, Urban Development and Digital Governance. It has been establishing nearly 20 databases covering these areas. FDDI takes the lead in promoting globalization of think tanks in China, and is the first domestic think tank to establish "Overseas Center for China Studies" in the United States, Denmark, Mexico, Kazakhstan and New Zealand. It establishes the "Global

Think Tank Center" and has formed a global think tank network, which covers nearly 80 institutions from 37 countries, and allows the visit of over 150 international visiting scholars within two years. The Institute initiates the Fudan – Latin America University Consortium (FLAUC), which actively pursues the cooperation with 12 prestigious universities from 6 Latin American countries. FDDI is one of the TOP 10 "Key Think Tanks in China" according to *Guangming Daily*, and is selected as the "AMI Key Think Tanks" according to Chinese Academy of Social Sciences.

Contact:
Website: http://fddi.fudan.edu.cn
Email: fdifudan@fudan.edu.cn
Tel: 86 – 21 – 55670203
Fax: 86 – 21 – 55670203